리더가 되기를 갈망하는 매니저들에게 딱 한 가지 조언을 한다면, 나는 [illegible] 싶다. 전략가처럼 보는 법 [illegible] 배우며, 전략가라면 해야 할 [illegible]기를 자신 안에서 찾으라고 말하고 싶다.

KB125615

전략은 단순히 경쟁에서 앞서기 위한 도구가 아니라, 리더가 자신의 기업을 만들어가는 데 있어 갖춰야 할 가장 강력한 수단이다. 전략은 당신의 기업이 앞으로 무엇이 될 것인지에 대한 선택에서 시작된다. 즉 가장 근원적인 의미에서 기업이 세상에 무엇을 안겨줄 것인지, 기업이 왜 중요해질 것인지를 선택하는 것에서부터 전략이 시작된다고 할 수 있다.

이런 선택들은 기업이 행하는 모든 일의 방향을 정해주고 의미를 부여한다. 만약 이 같은 분명한 목적이 없을 경우, 기업과 리더는 쉽지만 잘못된 일에 뛰어들게 될 뿐 아니라, 힘들지만 옳은 일을 할 수 있는 기회를 놓치게 될 것이다.

신시아 A. 몽고메리

당신은 전략가입니까

The Strategist
Copyright © 2012 by Cynthia A. Montgomery

All rights reserved.
Published by arrangement with HarperCollins Publishers.

Korean translation copyright © 2013 by Leader's Book Publisher,
an Imprint of Woongjin Think Big, Co., Ltd.
Korean translation rights arranged with HarperCollins Publishers
through EYA(Eric Yang Agency).

The Summer Day
House of Light by Mary Oliver, Published by Beacon Press Boston
Copyright © 1990 by Mary Oliver
Reprinted by permission of The Charlotte Sheedy Literary Agency Inc.

"The Thought Leader Interview: Cynthia A. Montgomery"
by Ken Favaro and Art Kleiner reprinted with permission
from the Spring 2013 issue of strategy+business magazine,
published by Booz & Company Inc. Copyright © 2013.
All rights reserved.
www.strategy-business.com 〈http://www.strategy-business.com〉

"How Strategists Lead" by Cynthia A. Montgomery
이 글은 McKinsey Quarterly(www.mckinsey.com/insights/mckinsey_quarterly)에
게재되었던 원문을 저작권자의 허가 하에 한국어판으로 번역하여 재출판한 것입니다.
모든 저작권은 McKinsey & Company에 있으며,
저작권에 따라 보호를 받는 저작물이므로 무단전재와 복제를 금합니다.

This article was originally published in McKinsey Quarterly,
www.mckinsey.com/insights/mckinsey_quarterly.
Copyright (c) 2012 McKinsey & Company.
All rights reserved.
Translated and reprinted by permission.

세계 0.1%에게만 허락된 특권, 하버드경영대학원의 전설적 전략 강의

당신은 전략가입니까

신시아 A. 몽고메리 지음 | 이현주 옮김

리더스북

옮긴이 이현주

서울대학교 서양사학과를 졸업하고 매일경제신문사 편집국 편집부에서 근무했다. 현재 인트랜스 번역원 소속 전문 번역가로 활동하고 있다. 옮긴 책으로 《넥스트 컨버전스》, 《상식의 실패》, 《하이퍼 컴피티션》, 《탐욕 주식회사》, 《슈퍼클래스》, 《유혹과 조종의 기술》, 《뉴미디어의 제왕들》, 《에펠》, 《팀장 정치력》, 《리서치 보고서를 던져버려라》, 《남자의 미래》, 《2009 세계대전망》 등이 있다.

세계 0.1%에게만 허락된 특권, 하버드경영대학원의 전설적 전략 강의

당신은 전략가입니까_특별증보판

초판 1쇄 발행 2013년 2월 6일
개정판 1쇄 발행 2014년 1월 24일
개정판 19쇄 발행 2023년 9월 4일

지은이 신시아 몽고메리 **옮긴이** 이현주

발행인 이재진 **단행본사업본부장** 신동해
편집장 김예원 **마케팅** 최혜진 백미숙 **홍보** 반여진 허지호 정지연 송임선
국제업무 김은정 **제작** 정석훈

브랜드 리더스북
주소 경기도 파주시 회동길 20
문의전화 031-956-7363(편집) 031-956-7129(마케팅)
홈페이지 www.wjbooks.co.kr
인스타그램 www.instagram.com/woongjin_readers
페이스북 www.facebook.com/woongjinreaders
블로그 blog.naver.com/wj_booking

발행처 ㈜웅진씽크빅 **출판신고** 1980년 3월 29일 제406-2007-000046호

한국어판출판권© ㈜웅진씽크빅 2013
ISBN 979-119507-104-3 (03320)

리더스북은 ㈜웅진씽크빅 단행본사업본부의 브랜드입니다.
이 책의 한국어판 저작권은 에릭양에이전시를 통해
HarperCollins Publishers와 맺은 독점계약으로 ㈜웅진씽크빅에 있습니다.
저작권법에 따라 국내에서 보호받는 저작물이므로 무단전재와 복제를 금지하며,
이 책 내용의 전부 또는 일부를 이용하려면 반드시 저작권자와
㈜웅진씽크빅의 서면 동의를 받아야 합니다.

* 책값은 뒤표지에 있습니다.
* 잘못된 책은 구입하신 곳에서 바꾸어드립니다.

| 추천의 글 |

변화된 경영환경, 이제 당신이 전략가가 되어야 한다

'전략'을 의미하는 영어 단어 'Strategy'는 1799년 프랑스의 군사사상가 기베르(Guibert) 백작이 사용하기 시작(La Strategique)했다고 전해진다. 그런데 이런 군사용어가 현대 경영학에서 쓰이기 시작한 것은 얼마 되지 않는다. 전략경영의 선구자로 알려진 H. 이고르 앤소프(H. Igor Ansoff)가 지난 1965년 그의 저서《기업전략*Corporate Strategy*》에서 이 말을 사용한 것이 효시이며 경영학의 일부로 그 이론이 연구되기 시작했다. 이후 지난 수십 년간 여타 경영학 분야처럼 전략이론은 큰 발전을 이루어온 것이 사실이다.

그러나 1990년대 이후 경영학이 받아온 비판이 예외 없이 전략이론에도 적용되어왔다. 예를 들어 '이론 만능주의'가 지배하는 가운데 이론은 갈수록 정교해지지만 그만큼 실제 현장에는 적용하기가 어려워지면서 최고경영자가 전략의 수립은 물론 실행까지 소위 외부전문가에게 맡기는 일이 잦았다.

또한 경영학이 실제 세계의 경영기법 향상을 선도한 면도 있지만 반대로 경영현장에서 일어난 현상을 뒤따라가며 이론화하는 소위 '뒷북치는' 양상도 그만큼 많았다는 얘기다. 실제로 혜성처럼 나타난 어느 혁신적인 경영자가 기존 이론에 반해서 큰 성공을 거두게 되면 기존 이론의 상당수는 다시 쓰이는 일이 반복되어왔다.

더구나 1990년대 후반부터 전세계적으로 세계화와 규제 완화가 일반화되면서 경제와 산업의 변화가 가속화되기 시작하더니 오늘날에는 변화의 속도가 광속에 가까워졌다고 말할 정도다. 이에 따라 기업의 영고성쇠가 조변석개로 변하는 모습도 갈수록 일반화되고 있다. 몇 년 전만 해도 난공불락의 요새로 보이던 '노키아'가 스마트폰의 열풍을 따라가지 못해 존립 위기가 거론될 만큼 크게 쇠한 반면 삼성과 애플이 휴대폰업계의 최강자로 등장한 것은 한 예에 불과하다. 이렇게 급변하는 상황을 경영학, 특히 전략이론이 따라는 것 자체가 어려워진 것이 사실이다.

그렇기에 이런 전략이론의 위기 속에서 발간된 이 책의 의미는 매우 크다. 원래 최고경영자란 군대의 장군처럼 '경쟁에서 이기는 지혜와 방책'을 이끄는, 즉 생각해내고 실행하는 역할을 해야 한다. 그래서 '최고' '경영자'인 것이다. 이것은 그러한 전략이론의 한계를 겸허한 반성 속에서 인정하며 최고경영자를 다시 전략수립과 실행의 주체로 만들고자 하는 하버드경영대학원의 시도를 책으로 엮은 것이다.

이 책은 기본적인 전략이론이 틀렸다고 주장하는 것은 결코 아니다. 단지 여러 이론을 조합하고 시행하는 방법을 최고경영자 자신이 체득하도록 만들고자 한다. 마치 레고블록을 아이 손에 쥐어준 뒤 웅장하고 정교한 작품을 만들 수 있도록 옆에서 길잡이해주는 유치원 선생님과 같은 역할을 보여주고 있다. 물론 이 유치원 선생님은 이 아이가 최종적으로 무엇을 만들 것인지는 알지 못한다. 스스로 완성도 높은 작품을 만들 수 있도록 아이가 만들겠다고 말한 작품의 목표를 순간순간 상기시켜주고 더 나은 방법을 깨닫도록 조언해줄 뿐이다.

그런데 우리나라에서도 이런 시도가 그 어느 때보다도 필요해 보인다. 최근까지도 한국기업들은 사실상 기업전략의 필요성이 그리 절실하지 않았던 것이 사실이다. 일본 등의 선진기업을 따라가면서 시장과 덩치를 키우는 것이 기업의 목표였기 때문이다. 단지 1990년대 말 IMF 위기 이후 리스크에 대한 고려를 기존의 전략기조에 더하면 되었을 뿐이다. 아직도 대기업들 중 상당수가 전략기획을 담당하는 부서를 갖고 있지 않은 현실이 이를 반영한다. 또한 한국기업에서는 전략가로 키워진 최고경영자들이 매우 적다는 것도 이로 인한 당연한 결과이다.

하지만 한국기업의 상당수는 이제 일본 등 선진기업의 팔로어가 아니라 글로벌 리더이다. 향후 자신의 항로를 직접 찾아야 하며 그것도 예전처럼 잔잔한 바다가 아니라 쉽사리 배를 침몰시킬 수 있는 폭풍우와 격랑 속에서 암초를 유의하며 나아가야 될 처지이다. 기업전략은 바로 기업의 진행방향을 결정하고 항해지도를 그리는 일이다. 또한 이를 기초로 나아가되 바다와 기후 변화에 맞게 항해지도와 항로를 그때그때 수정해나가는 것이다. 현장에서 다년간 전략 수립과 실행에 몸담아본 나는 이 작업이 얼마나 어려운지를 잘 안다.

이 책이 시사하는 대로 전략가로서의 최고경영자는 이론과 경험이라는 두 축으로 육성된다. 한국에서 기업전략 이론이 교육되기 시작한 역사도 일천하지만 '선진기업 따라잡기'에 주력하면 되었던 환경적인 이유로 전략가가 육성될 수 있는 여건이 잘 갖추어지지 않아왔다. 그러나 언급한 대로 경영환경은 그 어느 때보다 한국의 최고경영자들이 전략가가 되길 요구하고 있다. 이런 불균형 상태가 오래 간다면 한국기업, 나아가 한국경제의 앞날이 그리 밝을 수 없을 것이기 때문이다.

그런 까닭에 필자의 눈에는 이 책이 지금의 시점에서 진정한 전략가 CEO가 되고 싶어하는 이 땅의 수많은 기업인들과 그런 꿈을 꾸는 젊은이들에게 지혜의 개안을 인도할 수 있다는 점에서 매우 시의적절하다 여겨진다.

김경원(대성 디큐브시티 대표, 전 CJ 전략기획총괄)

| 저자의 글 |

하버드경영대학원 최고의 전략 강의에 당신을 초대합니다

지금부터 함께할 수업을 통해 당신은 전략에 관한 새로운 관점을 얻게 될 것이다. 그동안 당신이 배운 것이 틀려서가 아니라 완전하지 않기 때문이다.

전략은 전세계 거의 모든 경영대학원에서 기초과정으로 가르쳐진다. 영광스럽게도 나는 미시건대학에서 시작해 노스웨스턴의 켈로그경영대학원, 그리고 지난 20년 동안은 하버드대학에서 전략을 주제로 한 다양한 내용을 가르쳤다.

내 수업은 대체로 MBA 학생들을 대상으로 하다가 최근 몇 년 전 최고경영자 교육으로 바뀌었다. 실제로 이때부터의 경험, 특히 최근 5년 동안 하버드대학에서 맡은 EOP[Entrepreneur(기업가), Owner(기업 소유주), President(사장)] 프로그램 은 이 책을 집필할 결정적 동기가 되었다.[1]

이렇게 현실 세계에서 각자의 전략적 문제에 직면한 각 산업 및 국가의 리더들과 가깝게 지내다보니 내가 전략을 가르치는 방식은 물론, 더 근본적으로 전략을 생각하는 방식에도 변화가 생겼다. 그런 경험을 통해 나는 내가 갖고 있던 전략의 몇 가지 기본원칙을 의심하게 되었고, 결국엔 전략을 중심으로 발전한 문화와 사고방식에도 의문을 제기하게 되었다. 더 중요하게는 EOP 프로그램 수업을 진행하면서 대부분의 기업에서 전략이 실제로 어떻게, 어떤 사람들에 의해 만들어지는가의 문제와 정면으로 직면하게 되었다.

이 모든 경험을 통해 나는 지금이야말로 변화가 필요한 때임을 확신했다. 과거와는 다른 방식으로 전략에 접근해야 했다. 전략을 수립하는 과정 자체를 기계적이고 분석적인 활동이 아닌, 더욱 심오하고 의미있는, 리더에게 보람 있는 무언가로 바꾸어야 할 때임을 알았다.

50년 전까지만 해도 전략은 대부분의 경영대학원에서 일반경영학 교과과정에 포함되어 있었다. 경영현장뿐 아니라 학계에서도 전략은 기업의 진로를 결정하고 그 여정을 완수해야 하는 사장의 가장 중요한 임무로 여겨졌다. 이 중요한 역할에는 처방과 실행, 다시 말해 생각과 행동 모두가 포함되어 있었다.

당시에도 전략은 어느 정도 깊이는 있었지만 엄격하지는 않았다. 체험을 통해 경영자들은 SWOT(강점, 약점, 기회, 위협) 모델을 이용해 기업을 평가하고 경쟁력을 파악해냈다. 하지만 최선의 작업 방식은 아니었다. 경영자들은 고려해야 할 여러 요인을 목록으로 작성하는 일 외에는 이런 판단을 내리는 데 유용한 도구를 갖고 있지 못했다.

1980년대와 1990년대에 나의 동료 마이클 E. 포터(Michael E. Porter)가 그 분야에서 획기적인 경지를 개척했다. 그의 연구는 전략의 기초에 중요한 경제이론과 경험적 증거를 제시하고 기업의 경쟁 환경을 평가하는 더욱 섬세한 방법을 제공함으로써 SWOT 분석에서 기회와 위협 측면을 더욱 공고히 다졌다.

그 결과 전략의 실천과 이론 양쪽 모두에서 혁명이 일어났다. 특히 경영자들은 산업의 경쟁요인이 사업 성공에 미칠 수 있는 심오한 영향력을 알게 되었고, 그 정보를 이용해 기업에 유리한 포지션을 확보하는 방법을 이해하게 되었다. 이후 수십 년 동안 이루어진 발전은 그 방법을 개선시켰을 뿐 아니라 새로운 산업을 하나 탄생시켰다.

여러 면에서 볼 때 전략은 전문가들의 분야가 되고 말았다. 시스템과 기술, 데이터로 무장하고 경영자의 산업 분석이나 전략적 경쟁우위 확보를 돕는 MBA 출신 인사와 전략 컨설턴트의 경연장이 되었다. 실제로 그들은 내놓을 것이 많았다. 이 시기에 이루어진 나의 학문적 훈련과 연구는 실제로 이런 지적 환경을 반영했으며, 이후 여러 해 동안 나는 수업을 통해 전략의 이 '새로운' 분야를 생생하게 보여주었다.

그런데 뜻하지 않은 결과가 생겨나기 시작했다. 대표적으로 전략은 실행보다는 처방의 문제가 되어버렸다. 또한 시간을 갖고 쭉 전략과 함께하기보다는 착수 시점에 정확한 분석을 내리는 것이 더 중요해졌다. 중재자이자 전략의 집사라는 리더의 독특한 역할이 그 중요성을 잃은 것도 문제였다. 지난 30년 동안 전략을 주제로 한 책이 수없이 출간되었지만, 실제로 '전략가(strategist)'를 주제로 한 책이나 전략을 책임지는 인물이 이 중요한 역할을 수행하기 위해 갖추어야 할 점을 다룬 책은 한 권도 없었다.

여러 해에 걸쳐 이런 변화가 이뤄진 뒤에야 무슨 일이 벌어졌는지 분명하게 깨달을 수 있었다. 결과적으로 우리는 자승자박의 상황에 처하고 말았다. 전략이 조직의 최상층부의 역할에서 전문가의 기능으로 강등되고 만 것이다. 새로운 이상을 좇다가 그만 우리가 가진 풍부한 판단력과 목적의 연속성, 조직을 특정한 방향으로 이끌어가려는 의지가 소중함을 잊고 말았다. 그 과정에서 우리는 전략이 가진 힘은 물론, 기업의 일상활동과 전략의 관련성을 제대로 이해하지 못했다.

EOP 프로그램 수업은 나에게 이에 대한 중요한 깨달음을 주었다. 처음 수강생들을 가르치기 시작했을 때, 나는 여느 최고경영자 프로그램에서 사용했을 법한 교과과정을 선택했다. 우리는 여러 차례의 토론과 프레젠테이션을 통해 전략의 영구적인 원칙과 그 원칙들을 정확히 담아내는 기본 틀과 개념을 흥미롭게 만들고, 긴장감을 불어넣는 일련의 사례 연구들을 다루었다.

그런데 수업을 진행하다보니 다들 성공한 경영자이자 사업가인

EOP 수강생들이 내게 개인면담을 요청하기 시작했다. 그들은 자기 회사에서 직면한 여러 상황에 대해 이야기하고 싶어했다. 종종 이런 대화는 예기치 않은 시간에 이루어졌고 가끔은 저녁까지 계속되기도 했다.

대부분의 대화는 충분히 예측 가능한 방향으로 시작되었다. 일단 우리는 그들이 속한 업종의 상황과 기업의 강점과 약점, 그리고 그가 경쟁우위 구축이나 확대를 위해 기울인 노력에 대해 이야기했다. 일부 토론은 수업중에 다룬 내용을 신중하게 적용하는 수준에서 마무리가 되었다.

하지만 이런 대화는 종종 다른 방향으로 바뀌었다. 그들은 분석이 한계에 부딪쳐 앞으로 나아갈 길이 분명하지 않을 때 무엇을 어떻게 해야 할지에 대해 물었다. 기존의 경쟁우위를 버려야 할 때와 그대로 유지할 때가 언제인지, 회사의 다른 모습을 보여주거나 새로운 목적, 다시 말하면 기업의 새로운 존재이유를 확인해내는 과정에 대해 물었다. 문제가 된 기업들 다수가 놀라울 정도의 성공을 거두었지만(한 기업은 불과 9년 만에 신생기업에서 20억 달러의 수익을 올리는 기업으로 성장했다), 장기간 지속가능한 경쟁우위를 확보한 기업은 거의 없었다.

약 3년 동안 이런 경영자들과 함께 수업하고 이야기 속의 진짜 이야기를 들어온 나는 전략이란 것이 완전히 확정된 문제, 즉 변하지 않는 고정된 것으로 생각할 수 없음을 알게 되었다. 한 기업의 경쟁성과 독창성의 기초가 되는 가치창출 시스템인 전략은 폐쇄된 무언가가 아니라 미해결된 것으로 받아들여져야 한다. 그것은 발전하고 움직이고 변화하는 시스템이다.

또한 밤늦게 나눈 일대일 대화 속에서 나는 또다른 무언가를 보았다. 내가 본 것은 전략가이자 인간이기도 한 리더의 모습이었다. 나는 이들이 제대로 일을 해내야 한다는 책임감을 얼마나 강하게 느끼는지 알게 되었고, 그들이 이런 선택에 얼마나 몰입되어 있는지, 얼마나 많은 것이 위태로운지 이해했다. 그리고 그들이 얼마나 큰 고민과 근심에 싸여 있는지도 알 수 있었다. "내가 이 일을 잘하고 있는 것일까?" "내가 우리 회사가 필요로 하는 리더십을 발현하고 있는 것일까?"

무엇보다도 나는 이들이 엄청난 잠재력을 갖고 있으며, 기업의 운명에 영향을 미칠 수 있는 힘과 기회를 갖고 있음을 알 수 있었다. 그 시간을 통해 우리 모두는 각자의 기업이 앞으로 중요한 차이를 만들어내고 두각을 나타내고자 한다면 바로 함께 시작해야 함을 이해하게 되었다.

살다보면 자신을 변화시키고 친숙한 것으로부터 멀어지게 만들고 새로운 방식으로 사물을 보게 만드는 체득의 시간이 있다. 나의 경우 EOP 프로그램 수업이 그랬다. 그 시간을 통해 전략에 대한 나의 중요한 생각이 일부 바뀌었을 뿐 아니라 전략가와 그 역할의 권한 및 가능성에 대해 새로운 시각을 갖게 되었다.

이 책에서 나는 내가 깨달은 바를 당신과 나눌 것이다. 그 과정에서 전략이 무엇인지, 왜 중요한지, 함께 노력해가려면 무엇을 해야 하는지에 대해 당신이 새로운 깨달음을 얻길 바란다. 또한 대단히 노련한 조언자들의 통찰과 냉정한 분석, How-to 지침서의 전형적인 충고 외에, 리더인 당신에게 진정으로 필요한 것은 판단력과 연속성, 책임감임을 깨닫게 되길 바란다.

이 책은 수십 년간 간과되어온 전략 결정 과정의 중요한 요소, 즉 가장 중요한 문제들을 처리해야 하는 리더를 본래의 자리, 즉 전략가로 되돌려놓고자 한다.

바로 그 때문에 이 책에서 내가 궁극적으로 세운 목표는 '전략을 가르치는 것'이 아니라 바로 당신을 전략가가 될 수 있게, 다시 말하면 키를 잡고 기업의 운명에 심오한 영향을 미칠 수 있는 리더가 될 수 있게 도와주고 영감을 불어넣는 것이다.

지금부터 하버드경영대학원에서 내가 유수의 글로벌 기업가들을 대상으로 수업을 진행하는 것과 똑같은 방식으로 당신을 이끌어갈 것이다. 나의 질문을 받고 당신의 입장에서 생각하고, 고민하고, 대답하고, 나의 피드백을 통해 다시 한번 더 숙고하는 과정을 거듭하면서 진정한 전략가로 거듭나길 기대한다.

Contents

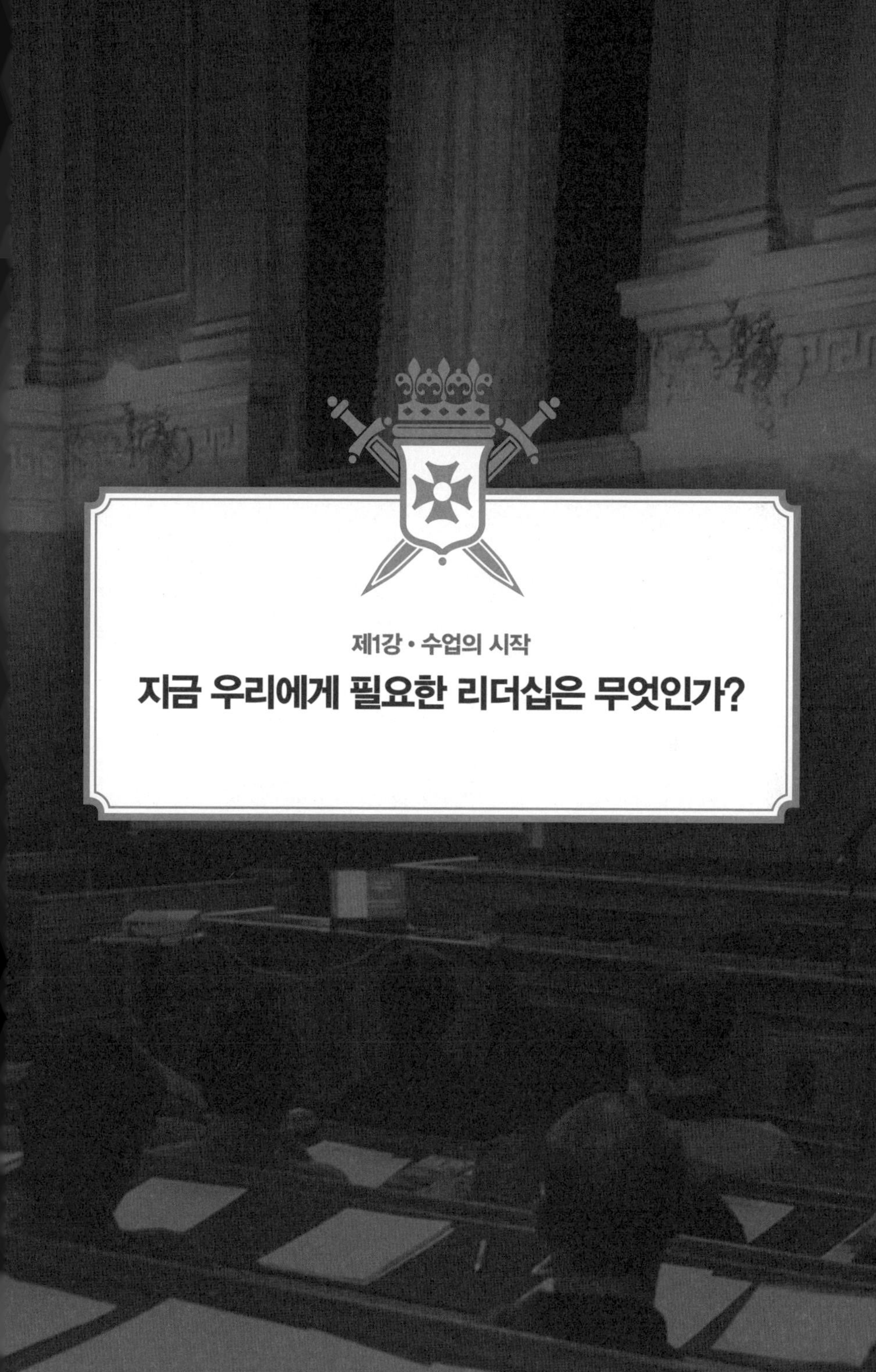

제1강 • 수업의 시작

지금 우리에게 필요한 리더십은 무엇인가?

전세계 곳곳에서 164명의 리더들이 모였다.
하버드경영대학원 최고의 전략 강의를 듣기 위해.
그들에게 던지는 결정적 질문을 지금 당신에게도 던진다.
"당신은 전략가입니까?"
이제부터 당신은 당신이 전략가가 맞는지, 왜 전략가가 되어야 하는지,
어떻게 하면 전략가가 될 수 있는지를 배우고 깨달아가는
긴 여정의 첫발을 내딛게 된다.

당신의 기업은 중요한가?

이는 모든 리더가 대답해야 하는 가장 중요한 질문이다. 만약 오늘 당신의 기업이 문을 닫으면 고객들이 큰 손해를 보게 되는가?[1] 고객이 당신네만큼 그 니즈를 충족시켜줄 수 있는 다른 기업을 찾기까지 얼마나 시간이 걸리고 얼마나 어려움을 겪을 것인가?

아마도 자신의 기업에 대해, 그리고 기업이 하는 일에 대해 이런 식으로 생각해본 적은 없을 것이다. 혹여 전략 컨설턴트를 고용하거나 여러 주에 걸쳐 전략계획을 짰다 하더라도 이런 질문을 들으면 멈칫하는 것이 보통이다.

어떻게 대답해야 할지 확신이 서지 않아도 괜찮다. 대부분이 비슷한 반응을 보인다. 나는 기업의 리더들과 기업 전략을 다루며 많은 시간을 보냈기 때문에 이 사실을 잘 알고 있다. 그들이 자기 기업이 정말로 중요한 이유를 힘들게 설명하는 모습을 자주 보았다. 그 정도로 어려운 질문이다.

어떤가, 당신은 그 질문에 대답할 수 있는가?
당신의 기업은 얼마나 중요한 위치에 있는가?

혹시 대답할 수 없다거나 답변하는 데 자신이 없다면, 지금 막 모인 경영자들과 내가 이 문제의 답을 찾아나가는 과정에 동참해 주길 바란다.

세계 35개국에서 모여든 경영자들

하버드경영대학원 캠퍼스에 밤이 찾아왔다. 곧 EOP 프로그램의 첫 오리엔테이션이 시작될 것이다. 나는 하버드 특유의 원형극장 스타일인 알드리치 112호 강의실에서 5명의 동료교수들과 가장 높이 위치한 마지막 줄, 이른바 '전망대'에 앉아 새로운 경영자 그룹이 줄지어 들어오는 모습을 지켜본다.

여자보다는 남자가 훨씬 더 많고, 대다수가 30대 후반에서 40대 중반 정도로 보인다. 대부분이 베테랑다운 자신감을 발산하고 있다. 전혀 놀라울 것은 없다. 다들 연간 수익이 1,000만 달러에서 20억 달러에 이르는 사기업 최고경영자거나 최고운영책임자, 혹은 소유주이기 때문이다. 그들이야말로 글로벌 경제의 많은 부분을 이끌어가는 중소기업의 책임자에 해당된다. 대다수가 불과 몇 시간 전에 학교에 도착해 겨우 기숙사 방을 찾아 놓은 다음, 같이 생활할 그룹 멤버들을 만났다.

그들이 지원서에서 제공한 정보는 스토리의 일부분만을 이야기해준다. 리처드(Richard)는 제3세대 미국 철강 제조업자이고, 드레이즌(Drazen)은 크로아티아 미디어 기업의 최고경영자이다. 애나(Anna)는 남미 최대 사모투자회사의 설립자이자 대표이며, 인도에서 온 프라빈(Praveen)은 가족 소유 대기업의 상속인이다. 하지만 이것은 그들이 가진 다양한 면모 중 일부에 불과하며, 앞으로 여러 주가 지나는 동안 이 수강생들의 세세한 부분이 드러날 것이다.

수업시간이 다가오자 가까스로 시작 시간에 맞춰 도착한 몇몇 수강생들이 강의실 문으로 들어온다. 그들은 지각을 걱정하지 않는 전형적인 신참 EOP 참가자들이다. 이들 중 대다수는 자신이 도착할 때까지는 회의가 시작되지 않는 세상에서 온 사람들이다. 그들이 고향 사무실에 있는 최고급 가죽의자 대신 규격화된 강의실 의자에 적응하게 되면 그런 태도도 달라질 것이다.

실제로 그들이 여기 있는 동안에는 비서 같이 그동안 일상생활에서 의지해왔던 직원 없이 지내야 한다. 일단 수업이 시작되면 가족은 캠퍼스 근처에 살지 못하고 기숙사 출입도 금지된다. 블랙베리와 휴대전화는 허용되지만 수업중에는 절대 사용할 수 없다.

프로그램이 시작되자 강의실에 드디어 정적이 감돈다. 35개국에서 164명이 참가했고, 참가자들의 경력을 모두 합하면 2,922년이 된다. 참가자들의 기업 중 3분의 2는 서비스 산업에, 나머지는 제조업에 진출해 있다.

그들은 경험 많은 기업 리더들을 위한 강도 높은 신병훈련에 참가하기 위해 여기 모였다. 이 훈련은 재무, 마케팅, 조직 행동, 회계, 협상, 전략 등의 주제를 다루는데 해마다 3주간의 수업을 실시하며 3년에 걸쳐 총 9주간의 수업으로 진행된다.

3주간의 수업 사이사이에 수강생들은 본인의 사업체로 돌아가 수업에서 배운 것을 현실에 적용하기 시작한다. 그리고 다음 해 수업에서는 무엇이 효과가 있었고 무엇이 그렇지 않았는지 피드백과 의견을 얻을 수 있는 기회를 갖는다. 이 체계는 교수진에게도 이론과 현실을 공고히 결합시키는 실무적 교과과정을 발전시킬 수 있는 좋은 기회가 된다.

이 수업에서 당신이 얻을 수 있는 것

그렇다면 세계 주요 문화권에서 능력 있고 경험 많은 경영자들이 이 프로그램에 참여한 이유는 무엇일까? 기업 대표로서 그들은 왜 수만 달러의 돈을 들여 이 학교에 찾아온 것일까?

과거 참가자들의 경우를 살펴본다면 이들은 어떤 미시적 질문에 대한 해답을 얻으러 찾아온 것은 아니었다. 그들은 더욱 유능한 리더가 되는 법을 배우고 자신의 기업을 더욱 성공하게 만드는 방법을 찾기 위해 참가했다.

이 프로그램에서의 경험은 많은 이들의 경력과 인생에서 중요한 전기가 될 것이다. 여기서 얻는 배움을 통해 그들은 더욱 멀리 내다보고 더욱 폭넓게 생각하게 될 것이라 믿는다. 어떻게 그런 결과를 얻을 수 있는가를 설명하기 위해 나는 커다란 극장에서 춤을 추는 댄서의 예를 들고자 한다.[1]

대부분의 무용수들은 댄스 플로어에서 대부분의 시간을 보낸다. 그러나 2층 객석으로 올라간 뒤에야 그들은 관객으로부터 벗어나 더 큰 그림을 볼 수 있다. 그때야말로 전체적인 패턴이 분명해지고 새로운 관점이 생기기 때문이다. 종종 이런 관점은 1층의 댄스 플로어에서 무엇을 해야 할지 모를 때, 그리고 더 나은 선택을 내려야 할 때 도움이 된다.

많은 EOP 참가자들은 여러 해 동안 한 번도 댄스 플로어를 떠나지 않고 지내왔다. 기업운영이라는 일상의 과제에 몰두한 그들은 2층 객석으로 올라가 전체를 내려다본 적이 없었던 것이다. 우리는 그들이 2층 객석에 올라가 자신의 춤을 내려다볼 수 있는 방법을 알려주어 그들이 과거에는 미처 고려하지 못했던 새로운 선택권을 찾을 수 있도록 도와주고자 한다.

하버드의 전략 강의는 어떻게 진행되는가

교수진이 강의를 소개하는 시간이 왔다. 나는 자리에서 일어나 앞으로 전략 강의에서 하게 될 작업을 간단하게 설명했다. 대부분의 사업가들처럼 이 경영자들은 적어도 전략의 어렴풋한 정의 정도는 알고 있다.

전략이라는 말 자체는 싸움터에 출정한 장군을 의미하는 고대 그리스어에서 유래했다. 비즈니스에서 전략은 기업이 시장에서 하는 군사행동으로, 기업이 경쟁하는 영역과 경쟁방식, 기업이 달성하려는 목표를 의미한다.

우리는 전략이 무엇인지, 전략을 어떻게 만들고 평가하는지 등, 기초를 닦는 일에서부터 여행을 시작할 것이다. 그런 다음 장기적이고 지속 가능한 경쟁우위에 도전하여 현재의 한계를 뛰어넘고, 대부분의 경영자들이 직면하고 있는 경쟁적인 현실에 기초를 둔, 더욱 역동적인 전략 모델을 소개할 것이다.

이 모든 내용은 전주곡에 불과하다. 가장 어려운 마지막 과제는 수업 참가자들이 이제껏 배워온 개념과 틀을 자신의 기업에 직접 적용한 뒤 다른 EOP 동료들의 평가를 받기 위해 각자의 전략을 소개해야 하는 자리다. 그 과제를 수행하는 데는 여러 날이 걸리며, 마지막에 학급 전체가 '최고의 전략'으로 생각하는 1등을 뽑는다.

대부분의 경영자들은 일반적인 내용으로부터 아주 특별한 내용으로, 다시 말하면 객관적인 것에서부터 주관적인 것으로 옮겨가는 이 과정이 가장 피부에 와 닿는다고 한다. 그리고 이런 사례 평가에서 진심어린 토론이 이루어진다. 이들은 경쟁심이 강한 사람들로 라이벌 의식도 대단하다. 그래서 대부분의 경영자들은 밤을 새우면서 여러 번 반복하여 자신의 전략을 다듬는다.

당신이 가진 전략의 실체

갓 만들어진 전략을 수없이 보아온 내가 분명하게 느낀 점은 이렇다. 많은 리더가 자신의 전략에 대해 아주 깊게 생각하지 않았다는 것이다. 전략에 대한 리더의 지적인 이해와 직원들에게 그 생각을 납득시키는 그들의 능력 사이에는 묘한 간극이 존재한다.

몇몇 EOP 프로그램 참가자들은 자기 기업의 존재이유를 알아내는 것에 무척 어려움을 느낀다. 기업이 속한 업종이나 만들고 있는 제품으로 기업을 설명하는 데 익숙한 그들은 자기 기업이 충족시키는 구체적인 니즈나 피상적인 수준을 넘는 어떤 부분에 있어서 경쟁사들과 구분되는 독특한 점을 정확히 짚어내지 못한다. 또한 그들은 자기 기업이 10년 뒤에 어떤 모습이 되었으면 하는지, 그렇게 되기 위해 필요한 대내외적 요인들은 무엇인지에 대해 구체적으로 생각해보지 않았다.

만약 리더가 이 부분에 대해 명확한 생각을 갖고 있지 않다면, 서너 단계 아래 직원들에게 어떤 혼란이 일어날지 생각해보라.

조직의 최고위 임원은 물론 마케팅이나 생산, 서비스 부서 직원들까지, 기업 전체의 직원들은 앞으로 회사가 되고자 하고 실제로 하려는 것이 무엇인지에 대한 공유된 의식을 바탕으로 날마다 어떤 결정을 내려야 한다.

만약 그 부분에 있어 각자의 의견이 다르거나 아예 그것을 알지 못한다면, 회사를 전진하게 만드는 중요한 결정을 내리기가 어렵다.

이와 비슷하게, 만약 리더 본인이 회사의 미래상을 파악하지 못한다면 어떻게 될 것인가? 고객이나 자본 제공자 또는 다른 이해관계자들이 회사에서 정말로 중요한 것이 무엇인지 이해할 거라고 기대할 수 있겠는가? 이는 정말로 기본적인 문제이다. 이런 질문에 대한 답을 구하지 못한다면 기업이 번창할 수 있는 방법은 없다.

그렇다고 해서 EOP 프로그램의 훈련이 높은 기준을 정하고 개념을 알려주고 참가자의 기존 전략을 개선하는 것으로 끝난다는 얘기는 아니다. 이 프로그램의 중요한 목표는 더 심오하고 더 개인적인 것이다. 그것은 기업이 리더에게 요구하는 리더십의 중심에 다름 아닌 전략이 있음을 경영자들에게 분명히 밝히고 인지시키는 것이다.

바로 그 때문에 '최고의 전략'을 만들려는 경쟁이 그토록 치열하고 많은 에너지를 발생시킨다. 질문을 던지고 판단을 내리는 데 익숙한 최고경영자들은 동료들의 질문을 받고 자신이 당연시해온 전략의 일부분을 재고하고 또 재고하라는 요청을 받는다. 그들 대부분은 그 과정이 자기 기업에 대한 생각을 근본적으로 바꾸어 놓은 중요한 경험이었다고 말한다.

하지만 무대 뒤에서 벌어지는 실제 경쟁은 더 치열하다. 각각은 리더인 자신에게 스스로 요구하게 된 높은 기준까지 자신의 아이디어를 밀어붙인다. 장기적으로 그들에게 도움이 되는 것은 그들이 여기서 찾을 수 있는 단기적인 해답보다는 바로 그 과정이다.

리더십과 전략은 불가분의 관계에 있다

오늘날 많은 리더들이 리더십과 전략 간의 지속적이고도 밀접한 관계를 이해하지 못한다. 리더의 직무에 속하는 이 두 가지 측면은 한때 단단하게 연결되어 있었지만 점점 멀어져갔다. 이제 경영자들은 전문가들의 도움을 받아 산업을 분석하고 경쟁우위 확보를 위한 포지션을 취한다.

대체적으로 전략은 전문가의 업무, 혹은 연간 기획과정에 한정된 업무가 되어버렸다. 이런 시각에서는 일단 전략을 확인하고 다음 조치를 상세히 설명하고 나면 전략가가 할 일은 끝난다. 이후에 할 일은 계획을 실행하고 기업이 확보한 지속 가능한 경쟁우위를 지키는 일뿐이다.

그런데 그렇게 될 경우 실제로 전략을 만드는 과정은 그날그날의 경영으로부터 분리되기가 쉽다. 리더가 할 일은 한 차례 전략을 생각해내거나 컨설팅 업체에 전략 수립 작업을 맡기고 그 전략이 훌륭한지 확인하는 것뿐이다.

일단 전략이 대단히 훌륭하다면 전략가는 조직이 여기서 저기로 옮겨가는 엄청난 실행상의 과제를 어떻게 이행할지, 그 과정에서 조직이 축적하는 학습내용을 어떻게 이용할지 걱정할 필요가 없어진다.

하지만 현실은 그렇지 않다. 우리는 전략이 목적이나 해결책이 아니라는 사실을 잊고 말았다. 전략은 해결되고 조정되어야 할 문제가 아니다. 그것은 하나의 여정이다. 전략은 간헐적이 아닌 지속적인 리더십을 필요로 한다. 한 마디로 전략가를 필요로 하는 것이다.

훌륭한 전략은 결코 확정된 것이 아니다. 서명과 봉인 후에 전달되는 것이 아니다. 아무리 신중하게 고안해내고 아무리 잘 실행한다 해도 리더가 전략을 하나의 완성된 상품으로 생각한다면 기업에서 실행되는 전략은 대부분 실패하고 말 것이다.

계획에는 특별히 명확하게 처리해야 할 부분이 항상 존재한다. 좋든 나쁘든 예상 불가능한 우연한 사고도 발생한다. 또한 그 과정에서 축적한 비즈니스상의 교훈을 이용할 기회도 생기기 마련이다. 전략가는 이런 지속적인 과정을 이끌어가고 계속 주시하면서 확인하고 평가하고 결정하고 조치를 강구하는 일을 반복해야 하는 사람이다.

전략가는 어떤 기회는 무시하고 또 다른 기회는 추구해야 하는 사람이다. 컨설턴트의 전문지식과 신중한 판단은 분명 도움이 될 수 있지만 최종적으로 기업의 진로를 정하고 그 진로를 끊임없이 다듬는 일상의 선택을 내려야 할 책임은 전략가에게 있다.

오늘밤 강의에서는 이 얘기를 많이 하지 않았다. 하지만 강의실 맨 뒷줄 자리로 돌아가면서 이제 막 시작한 당신과 같은 경영자들과 여러 해 동안 나와 함께 공부해온 모든 예비 전략가들을 돌아보게 된 내 머릿속엔 온통 그 생각뿐이었다. 나는 당신이 전략가의 중요한 역할을 이해하는 것을 넘어서서 스스로 그것을 진지하게 받아들이게 되길 바란다.

5년 전, 처음 EOP 프로그램에서 강의를 시작했을 때 나는 이 프로그램이 도전적인 일인 동시에 변화를 일으킬 수 있다는 얘기를 들었다. 당시에 '도전적'이라는 표현은 맞다는 생각이 들었지만, '변화를 일으킨다'는 표현은 과장에 가깝게 느껴졌다. 하지만 오랜 시간 EOP 프로그램을 계속해서 지켜본 나는 그 낙관론에 동조하게 되었다.

오리엔테이션 수업이 끝난 뒤 다들 칵테일과 저녁식사가 함께 제공되는 크레스지홀로 향했다. 나와 동료 교수들도 합류했다. 이제 우리의 수업이 본격적으로 시작될 것이다.

나는 모든 수업에서 근본적인 질문 하나를 던진다.

"당신은 전략가입니까?"

가끔은 대놓고 물어보고 그보다는 은연중에 물어보는 일이 더 많지만, 항상 그 질문을 던진다. 우리는 전략가들이 품는 의문과 그들이 생각하는 방식, 그들이 하는 일에 대해 이야기한다. 나는 경영자들이 재무나 마케팅을 배우는 일반적인 방식대로 전략을 가르칠 마음이 없다. 기업을 이끌어가는 그들은 이 분야의 실무 전문가가 아닌 전략가가 되어야 한다.

당신은 전략가입니까? 이는 기업의 리더라면 반드시 답해야 하는 질문이다. 전략은 모든 기업에게 근본적으로 중요하기 때문이다. 당신과 직원들이 아무리 열심히 일해도, 기업문화가 아무리 훌륭해도, 회사 제품이 아무리 좋아도, 당신의 동기가 아무리 고상해도 기업의 전략을 제대로 세우지 못하면 당신이 하는 모든 일은 위험하다.

이 책에서 나는 전략가라는 역할이 요구하는 기술과 감각을 키우도록 돕고, 당신 스스로 그 질문에 대답할 수 있도록 격려하려 한다. 전략가가 되려면 자기 기업에 대한 근본적인 질문을 던지고 그 질문들과 매일매일 마주해야 하는 용기와 관대함이 필요하다.

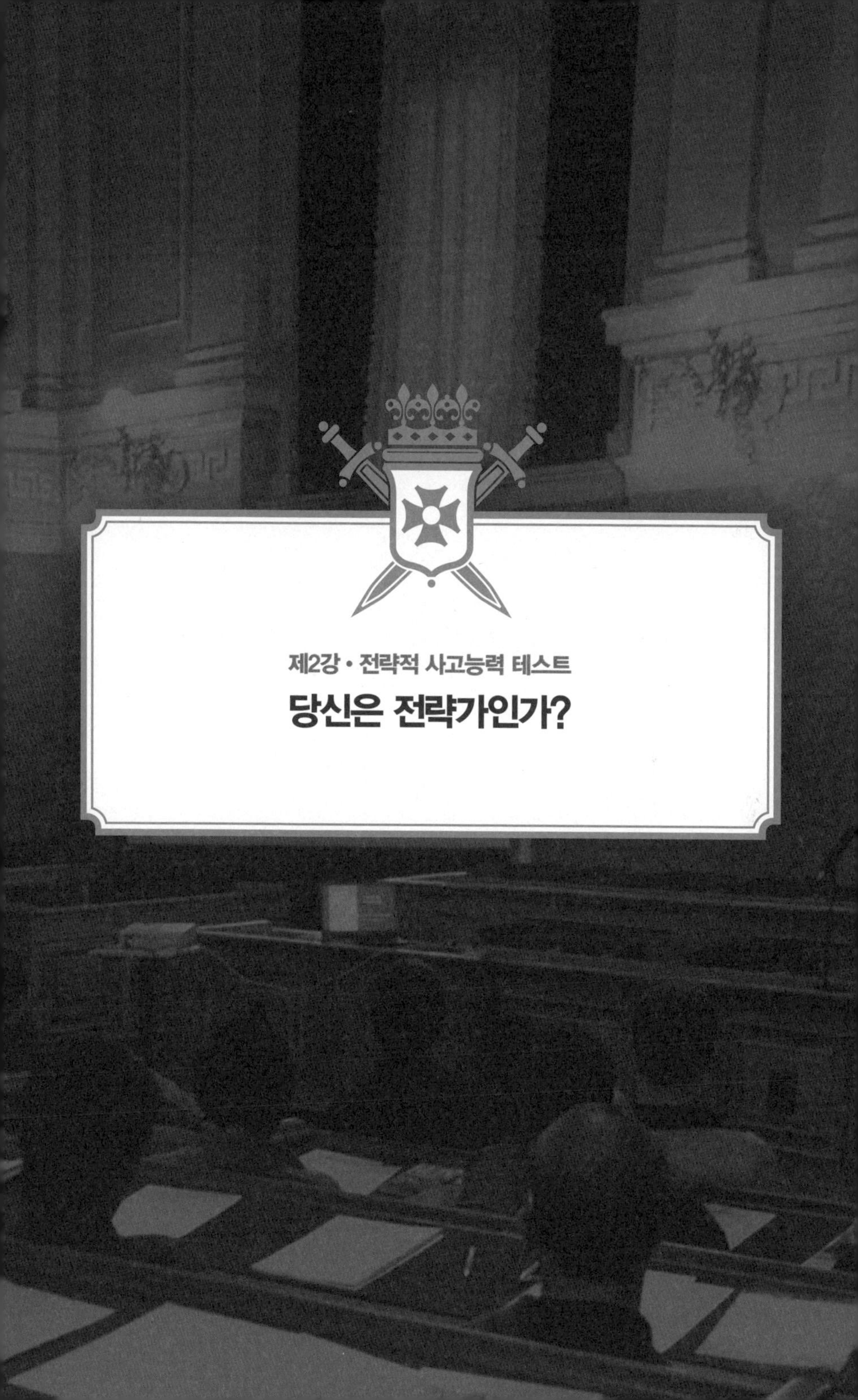

제2강 • 전략적 사고능력 테스트

당신은 전략가인가?

본격적으로 당신의 전략적 사고능력을 테스트하는 시간.
지금부터 당신은 미국에서 가정생활용품으로
최고의 성공을 거둔 매스코코퍼레이션의 최고경영자가 되어
대단히 중요한 사업적 결정을 내려야 한다.
지난 성공은 대단히 화려했고, 눈앞에 펼쳐진 시장은
스릴을 자극하는 도전이자 기회로 보인다.
과연 그럴까? 당신이라면 어떤 선택을 내리겠는가?

자, 지금부터 당신의 전략적 사고능력을 테스트해보자. 이 테스트는 EOP 과정이 시작될 때 실제 수강생들이 받는 테스트와 똑같다.

내가 만약 매스코의 최고경영자라면?

당신이 성공한 기업 매스코코퍼레이션(Masco Corporation)의 최고경영자, 리처드 머누지언(Richard Manoogian)이라 생각해보자.[1]

당신은 수중에 있는 많은 현금을 새로운 사업에 투자해야 할지 말지를 결정해야 한다. 큰돈이 걸린 문제이기 때문에 쉽고 명쾌하게 내릴 수 있는 결정이 아니다. 투자를 포기하면 새로운 방향으로 성장하거나 앞으로 수천 만 달러의 수익을 올릴 기회를 놓칠 수 있다. 하지만 과감한 투자가 잘못된 것일 경우 10~20억 달러를 손해볼 수도 있다. 어떤 선택을 내리든 당신은 그 결과를 감수해야 한다.

결정을 내리려면 먼저 매스코와 매스코가 진출한 시장에 대해 알아야 한다. 이 이야기는 20여 년 전부터 시작되지만, 그 교훈은 언제든 유효하다. 그때와 지금 간의 시간 차 덕분에 우리는 매스코와 매스코가 진출한 산업에 대해 한 발짝 물러나 여유를 갖고 살펴볼 수 있다.

전략적 사고 1 : 먼저 '기업'을 생각하라

때는 1986년이다. 매스코는 11억 5,000만 달러 규모의 성공한 기업으로 29년 연속으로 수익 증가를 기록한 지 얼마 되지 않았다. 하이테크산업도 아니고 화려하지도 않은 산업에서 대규모 이익을 창출하는 능력 덕분에 월가에서 '일상의 장인(Master of the Mundane)'이라는 별명을 얻었다. 매스코가 판매하는 제품에는 수도꼭지, 부엌 및 욕실 수납장, 자물쇠와 건축용 철물 등 다양한 가정용품이 포함되어 있다.[2] 매스코는 앞으로 몇 년 동안 20억 달러의 잉여현금 흐름이 발생할 것으로 기대한다.

당신은 그 돈으로 무엇을 하겠는가? 매스코의 리더들은 매스코의 뛰어난 기량이 '형세를 바꾸어놓을' 수 있는 다른 사업에 진출하고 싶어한다. 그들은 내구소모재 부문의 '프록터앤갬블(Procter&Gamble)'이 되려는 구상을 갖고 있다. 그런 그들 눈에 들어온 것은 미국 가구사업이었다. 그들은 잠자듯 조용한 가구산업에서 수익을 내는 지배기업의 위치를 확보하기 위해 기회를 엿보고 있다.

어떤가, 당신이라면 이 새로운 사업에 뛰어들겠는가?
그래서 지배 기업의 위치를 확보할 수 있을 것이라 생각하는가?

수업 첫날 이런 질문을 던지면 경영자들은 바로 대답하지 않는다. 실제 생활에서 그들은 결정을 내리는 역할을 하고 있지만, 지금 막 만난 사람들과 자신이 같은 입장이라고 인정하기는 꺼려한다. 하지만 약간의 감언이설을 거치면 금세 매스코의 상황과 머누지언이 직면한 문제들에 집중한다.

머누지언이 세운 전략의 근거는 설득력 있어 보인다. 내구재 산업에서 오랫동안 성공을 누려온 매스코는 효율적인 제조와 훌륭한 관리 및 혁신을 통해 유명해졌다. 현재까지 매스코가 거둔 최대의 성공은 수도꼭지 산업에 새 바람을 불어넣은 것이었다.

매스코가 진출하기 전에 수도꼭지 산업은 심하게 분열되어 있었고 브랜드 인지도도 낮은 편인 데다 광고도 잘 하지 않고 영업사원 훈련도 제대로 이루어지지 않았다.

그런 상황에서 매스코 설립자인 리처드의 아버지 알렉스(Alex)는 초창기 자동차 부품업체를 운영할 때 축적한 금속가공 전문지식을 이용해 손잡이 한 개로 뜨거운 물과 차가운 물이 모두 작동되는 수도꼭지를 만들었다. 그러나 특허 받은 혁신기술은 수도꼭지 업체들의 관심을 끌지 못했고 이에 매스코는 그 수도꼭지를 직접 만들어 팔기 시작했다.

시장에서의 반응은 뜨거웠다. 주택소유자들은 매스코의 수도꼭지를 무척이나 좋아했다. 뜨거운 물과 차가운 물을 별도의 손잡이를 이용해 따로 틀어야 하는 기존의 수도꼭지에 비해 훨씬 편리했기 때문이다.

거기다 매스코는 손잡이가 두 개인 수도꼭지 역시 소홀히 하지 않고 새로운 타입의 밸브가 달린 모델을 소개했다. 수도꼭지 고장의 주원인인 고무 워셔를 없앤 특허 제품이었다.

매스코는 나아가 기본적인 제조에서 유통, 마케팅에 이르기까지 여러 부문에서 혁신을 이루었다. 매스코는 업계 최초로 델타(Delta)와 피어리스(Peeress) 브랜드로 브랜드 인지도를 쌓았고, 속이 보이는 포장을 도입하기도 했다. 또한 DIY 채널을 통해 소비자에게 수도꼭지를 직접 판매하는 일도 처음 시도했으며 올림픽 기간중에 TV에서 수도꼭지를 광고하기도 했다.

매스코는 미투상품(me-too products : 경쟁사의 주력 브랜드를 모방한 유사상품) 업계를 재편하고 과감하게 차별화를 시도함으로써 매스코가 전통적인 능력을 새로운 방식으로 적용할 수 있으며, 모험을 감수하고 그 모험을 성공시키고자 하는 의욕이 가득함을 입증했다. 머누지언은 이런 능력을 이용해 가구사업에 변화의 바람을 불어넣을 수 있기를 희망했다.

전략적 사고 2 : '업계'를 분석하라

머누지언이 이 결정을 숙고하고 있을 당시, 미국의 가구산업은 140억 달러 규모로 크게 돈이 되지는 않았다. 운송비가 많이 들고 생산성은 낮으며 가격이 떨어지다보니 가구산업은 연간 2퍼센트 정도의 성장률을 보여주고 있었고 매출수익률은 평균적으로 4퍼센트 수준이었다.

가구 제조업체는 2,500곳이 넘었지만, 판매의 80퍼센트가 400개 업체에서만 이루어졌다. 모든 업체들이 규모가 작은 것은 아니었지만 대부분이 영세했고, 많은 업체가 온갖 역경 속에서 함께 견뎌온 가족기업이라 여러 세대에 걸쳐 지켜온 가족의 생계수단을 버리길 주저했다. 설상가상으로 판매와 수익은 경기순환에 영향을 받았고, 신규 주택 착공이나 기존 주택 판매와 같은 광범위한 경제요인에 좌우되었다.

가구업계의 경영자들은 대체로 단순한 사람들로 취급받았고 지난 50년 동안 중대한 변화를 일으키지 못했다. 가구업체의 임원으로 업계 상황을 예리하게 관찰해온 웨슬리 콜린스(Wesley Collins)는 상황을 다음과 같이 정리했다.

사람들의 생활에서 모든 것이 달라지고 있을 때 가구는 자기 자리를 고수했다. 인간이 달에 갔을 때도 가구업계는 뒷마당 그릴에 스테이크를 올려놓으며 중얼거렸다.

"아, 하느님, 떡갈나무 가격이 또 올랐어요."

비디오테이프가 홈비디오 카메라를 영원히 쓰레기통에 처박고, 카세트테이프가 비닐 레코드판 제조업체를 망하게 만들고, 워드프로세서가 타자기를 옷장에 처박고, 전자레인지 팝콘이 팝콘 제조업체를 목 졸라 죽였을 때 가구업계는 이렇게 말했다.

"고맙게도 우리는 끝까지 자리를 지킬 거야."

우리가 그렇게 맥없이 앉아 있는 동안 소비자는 우리에 대한 모든 것을 잊어버렸다. 소비자 지출에서 우리가 차지하는 부분은 해마다 줄어들었다. 우리는 미국의 소매가구 부문에서 40퍼센트 이상을 잃었고, 소매업자의 25퍼센트가 문을 닫았다. 백화점들은 가구 판매를 중단했고 대신 마진율과 평방피트당 자본회전율이 더 나은 제품을 찾아 나섰다.[3]

콜린스는 이에 덧붙여 일반 흡연가가 레비 가레트 담배를 사느라 매년 쓰는 돈이 가구에 쓰는 돈보다 더 많다고 지적했다.

대부분의 가구 구매는 자유재량에 의해 이루어졌고 쉽게 연기할 수 있었다. 그리고 콜린스가 지적한 대로 대체물이 많은 탓에 고객 확보 기회를 놓고 치열한 경쟁이 벌어졌다. 경쟁업체들이 새로운 혁신과 디자인을 빠르게 훔쳐갔기 때문에 혁신기업들이 누릴 수 있는 우위도 금세 사라지고 말았다.

브랜드 인지도가 거의 형성되지 않았다는 사실도 괴로운 점이었다. 고객은 가구에 대해 많이 알지 못했고, 알고 싶은 마음도 없었다. 광고도 거의 이루어지지 않았다. 고객 리서치에 따르면 미국 성인 중 가구 브랜드를 하나라도 댈 수 있는 사람은 많지 않았다.

거실 소파 브랜드가 무엇인지 잠시 생각해보자. 수업중에 무작위로 이 질문을 던지면 대부분이 당황한 얼굴로 오래도록 침묵을 지킨 뒤에 이렇게 말한다.

"브라운 가죽인가?"

그 대답을 듣고 모두들 웃고 말지만 사실 반 전체에게 같은 질문을 던지면 몇 사람만 손을 든다. 사실 손을 드는 이들 대부분 유럽 출신이다. 그러나 이웃 사람들이 모는 자동차 브랜드를 얼마나 알고 있냐고 물으면 모든 사람들이 손을 든다. 아마도 당신 역시 마찬가지일 것이다.

가구산업은 마케팅 문제 외에도 비효율성과 극심한 제품 다양성, 주문에서 배달까지의 시간이 길다는 점 등 골치 아픈 문제투성이었다. 심지어 구매자들은 주문한 물건의 일부만 받기도 했다. 예를 들어 식탁이 도착한 뒤 여러 주, 혹은 여러 달이 지난 뒤에 식탁의자가 배달되는 일이 발생했다.

위기 앞에서 Yes를 외치는 사람들

하지만 여기서 정말 중요한 문제는 가구산업에 문제가 있는지의 여부가 아니라 그 문제가 의미하는 바다. 이 모든 문제들은 적절한 능력을 지닌 용감한 기업에게는 오히려 기회가 될 것인가? 아니면 외부인들에게 멀리 떨어져 있으라고 경고하는 붉은 깃발인가? 당신은 어떻게 생각하는가?

이쯤에서 EOP 수업을 듣는 경영자들에게 가구사업에 뛰어들 것인가의 여부를 물어보면 대부분 큰 소리로 '예스'라고 답한다. 그들은 그러한 문제들 때문에 위협받는 게 아니라 반대로 힘을 얻는다. 실제로 대부분의 경영자들이 이렇게 말한다.

"도전이 있는 곳에 기회가 있잖아요."

그들은 그것이 쉬운 사업이있다면 이미 다른 기업이 기회를 잡았을 거라 말한다. 마이크로소프트처럼 이미 자리를 잡은 덩치 큰 기업이 없는 이런 산업에서는 세력을 넓히는 일보다 강한 선두기업을 몰아내는 일이 훨씬 더 어렵다. 예전에 누군가가 이렇게 말했다.

"이것은 다른 모든 말이 느리게 달리는 경마와 같다."

또한 그들은 가구산업이 매스코가 진출하기 이전의 수도꼭지 산업과 매우 흡사하다는 점을 지적한다. 이는 매스코의 제조기술, 마케팅 요령, 철저한 관리 능력에 제대로 어울리는 기회이다. 또한 매스코가 분열되고 세련되지 못하며 혼란스러운 산업에 자금과 세련됨, 규율을 안겨줄 수 있는 기회이기도 하다.

이와 반대로 매스코의 가구사업 진출을 반대하는 사람들은 가구사업이 무척이나 끔찍하다는 생각을 떨쳐내지 못한다. 그들은 어떤 기업도 그렇게 큰 장애물을 극복할 수 있을 것이라 상상하지 못한다. 따라서 한쪽에서는 열렬한 기대와 열정이, 다른 한쪽에서는 경계와 걱정이 서로 충돌하면서 논쟁이 계속 이루어진다. 한번은 화가 난 찬성자가 불쑥 말을 꺼냈다.

"생각 좀 해보세요. 이것은 아직 만들어지지 않은 가구 인덱스 펀드에 그저 소극적으로 투자하는 문제가 아닙니다. 우리는 이 게임에 과감히 뛰어들 겁니다. 우리는 이 일을 해낼 겁니다. 스타벅스(Starbucks)나 언더아머(Under Armour)가 당신네들 이야기를 들었다면 아무것도 하지 못했을 겁니다!"

자, 지금까지의 얘기를 듣고 다시 한번 묻겠다.
당신이라면 이 새로운 사업에 뛰어들 것인가?

대개 반 전체가 결정을 내려야 할 시간이 되면 '해보자'는 의견이 적어도 2대 1 정도로 우세하다. 그렇다면 실제로 무슨 일이 일어났을까?

기회인가 경고인가, 역사가 말해주는 현실

매스코는 가구산업에 진출했다. 그것도 아주 과감하게. 매스코는 2년에 걸쳐 헨리던(Henredon, 고가 브랜드)을 3억 달러에, 드렉셀 헤리티지(Drexel Heritage, 중가 브랜드)를 2억 7,500만 달러에 사들였다. 그리고 렉싱턴 퍼니처(Lexington Furniture, 중저가 브랜드)를 2억 5,000만 달러에 인수했다. 이 세 업체의 매출을 합하자 매스코는 미국 가구산업에서 두번째로 큰 업체가 되었다. 매스코는 후속조치로 3개 대륙, 10개 국에서 제조활동을 하고 있던 유니버설 퍼니처 리미티드(Universal Furniture Limited, 저가 브랜드)를 5억 달러에 사들였다.

또한 조립식 개념을 도입했는데, 이는 저비용 국가에서 부품을 제조하여 컨테이너로 미국의 5개 지역으로 옮긴 뒤 조립하는 방식이었다. 이제 매스코는 세계 최대의 가구회사이자 거의 모든 가격대의 제품을 갖춘, 몇 안 되는 기업 중 하나가 되었다. 이는 수도꼭지 업체에게 아주 잘 들어맞는 전략이었다.

매스코는 총 15억 달러로 10개 업체를 인수했고, 따로 2억 5,000만 달러를 들여 그 업체들의 제조시설을 업그레이드하고 새로운 마케팅 프로그램에 투자했다.

〈월스트리트 트랜스크립트*Wall Street Transcript*〉는 건축용 재료산업 부문 금상을 머누지언에게 수상하면서 그의 상상력과 선견지명, 전략에 대한 감각을 언급했다.

"머누지언은 저성장의 성숙제품(mature product, 판매량이 정체되는 기미가 있는 제품)을 인수하여 그 상품군의 대표주자가 되었다. …… 그가 최근에 인수한 상품은 가구산업에 속해 있다. 그의 전략은 수도꼭지와 부엌수납장 산업에서 자신이 했던 방식을 그대로 가구산업에 적용하는 것이었다."[4]

이런 역사적인 최신 정보를 제공하자 교실은 갑자기 활기로 가득해진다. 대담한 조치에 찬성했던 경영자들은 하버드에서의 첫 문제를 제대로 처리했다는 사실에 기뻐하며 서로를 향해 고개를 끄덕이거나 하이파이브를 하고 엄지손가락을 치켜든다. 입을 꾹 다물고 앉아 있는 반대자들을 향해 "내가 그렇게 말했잖습니까." 라고 말하는 소리도 들린다. 누군가는 교실 저편을 향해 이렇게 말하기까지 한다.

"걱정 말아요, 밥. 한 번의 잘못된 결정이 당신 평판을 망치지는 않을 겁니다. 이번 결정 때문에 남은 프로그램 동안 당신을 형편없는 사람으로 보진 않을 거예요."

하지만 오래지 않아 가구사업 진출을 반대했던 사람들이 목소리를 높여 의견을 밝힌다.

"그래서 매스코는 어떻게 했습니까?"

"그들은 훌륭한 브랜드 명을 사들였소." 누군가가 말한다.

"그래서 어떻게 됐다는 거죠?"

"그들은 시장점유율 1위입니다. 뭐가 더 필요합니까?"

"하지만 그들이 돈을 벌었습니까?"

그러자 여기저기서 빈정대는 소리가 들린다.

이에 내가 매스코의 재무성과를 알려주자 사람들이 숫자의 의미를 파악하는 동안 침묵이 흐른다. 몇 초 후 여기저기서 속삭이는 듯한 욕설이 들린다.

뜻밖에도 매스코의 순이익은 무려 30퍼센트가 줄어들었고 32년간 이어졌던 실적 상승은 끝이 났다. 2년 뒤 가구사업의 영업이익은 8,000만 달러, 매출은 14억 달러를 기록하면서 6퍼센트의 영업마진을 기록했다. 이에 반해 회사의 나머지 부분의 영업마진은 14퍼센트였다.

여러 해 동안 고전을 면치 못한 매스코는 마침내 가구사업을 매각할 의사를 발표했고, 이에 대해 한 애널리스트는 다음과 같은 의견을 내놓았다.

> 봄이 오면 매스코 마치 경영진은 가구사업에 결코 진출한 적이 없

었던 것처럼 자사의 '핵심적인' 이익을 증명해주는 수정된 재무성과를 발표할 것이다. 그들은 건축용 재료 분야에서의 실적과 전망을 보여주면서 가구사업 진출 이전에 성공가도를 달리던 매스코에 대한 투자자의 신뢰를 다시 구축하고자 한다. 하지만 20억 달러에 달하는 가구사업에서의 '실패'를 고려해보면 그렇게 쉽지는 않을 것으로 보인다.

애석한 추신을 보태자면 매스코는 가구사업에서 빠져나오는 것이 진출하는 것보다 훨씬 더 어려움을 깨닫게 되었다. 수많은 협상이 실패로 돌아간 뒤 결국 매스코는 6억 5,000만 달러의 손실을 감수하고 가구사업을 매각하는 데 성공했다.[5] 모든 것이 끝나고 나자 매스코의 최고경영자 머누지언은 다음과 같은 사실을 인정했다.

"가구사업 진출은 아마도 내가 지난 35년 동안 내린 최악의 결정 중 하나였을 것이다."[6]

그 순간 참가자들은 정신이 번쩍 들었다. 첫날 아침부터 수 억 달러의 손해를 보면서 하버드경영대학원에서의 경력을 시작할 작정은 아니었을 테니까. 그래서 나는 수업을 듣던 경영자들에게 물었던 것처럼 당신에게도 다시 물어보려 한다.

"당신은, 당신 기업이 필요로 하는 전략가입니까?"

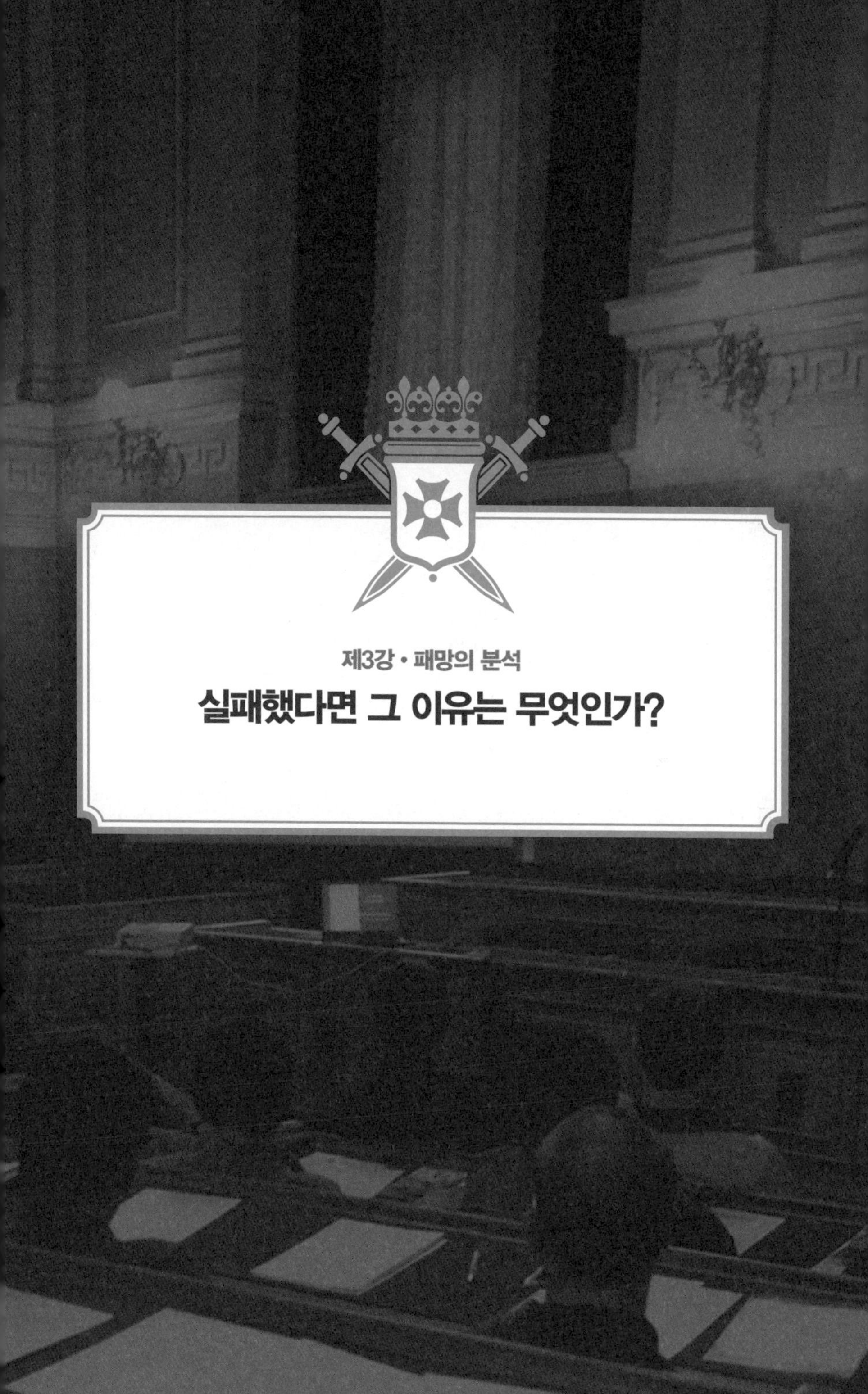

제3강 • 패망의 분석

실패했다면 그 이유는 무엇인가?

지난 수업에서 당신이 리처드 머누지언의 선택에
Yes를 외쳤든 No라 말했든 사실 중요한 것은 지금부터다.
왜 실패했는가? 그 이유를 지금부터 명확히,
그리고 냉정하게 분석하는 것이다.

전략가로서 당신은 매스코의 가구업 진출과 대부분의 경영자들이 그 잘못된 운명의 결정에 보낸 전폭적인 지지에서 무엇을 배웠는가? 설령 당신이 가구산업 진출에 대해 회의적이었거나 그런 결단을 내리지 못했다 해도 나는 당신의 어떤 부분은 분명 매스코의 조치를 지지했을 거라 단언한다. 소심하고 소극적인 경영자는 어느 누구에게도 존경받지 못한다. 자기 기업을 흥미진진한 새로운 방향으로 이끌어갈 수 있다는 자신감을 가진, 선견지명 있는 대담한 리더가 널리 존경을 받는다. 사실 그런 면이 전략과 리더십의 핵심이 아닌가?

물론 그렇긴 하지만, 훌륭한 전략가에게 필요한 자신감은 금세 자만으로 확대될 수 있다. 오늘날 경영학의 많은 사상과 저술에서 겉으로 표현되지는 않지만 넌지시 비치는 믿음은, 아주 유능한 관리자라면 어떤 상황에서도 성공할 수 있다는 생각이다. 어떤 학자는 이를 '미국 경영자들을 괴롭히는 전지전능의 의식'이라 말한다. '경영자가 통제할 수 없을 정도로 너무 복잡하거나 예측 불가

능한 사건이나 상황은 없다'는 믿음이다.[1]

나는 아주 극단적인 경우의 이런 믿음을 '슈퍼-경영자의 신화'라 부른다. 다수의 성공한 사업가와 고위 경영자들은 자신이 행동지향적인 문제 해결자, 즉 어떤 어려움도 벅차지만 해결할 수 있는 과제로 받아들이는 자신감 넘치는 실행가라고 생각한다. 나는 매스코가 가구제조업에 진출한 실제 사례와 내가 그 사례를 가르칠 때마다 경영자들이 똑같은 길을 선택한다는 사실의 이면에서 그 믿음을 엿본다. 물론 자신감은 중요하다. 그러나 전략과 리더십에는, 훌륭한 경영진에 의한 대담한 비전이 모든 장애물을 극복할 수 있다는 확고부동한 신념보다 더 많은 것이 있다. 그런 것이 없다면 '대범함'은 너무나 자주 '무모함'이 되고 만다.

그런 생각 때문에 매스코에 생긴 일을 보라. 영업이익은 매스코 역대 평균의 절반까지 떨어졌고, 10년 전 가구산업에 진출했을 때보다 가구산업을 떠났을 때 기업 주가가 더 낮았다. 금전적인 손실은 매스코가 입은 손실의 일부분에 불과했다. 매스코를 '일상의 장인'이라 칭송했던 월가는 이제 매스코의 '옛 영광'과 '원한을 품은 주주'에 대해 떠들기 시작했다.[2] 리더들이 여러 해 동안 대대적인 모험적 사업을 추진해 기업을 혼란에 빠뜨리는 바람에 매스코는 추진력을 잃고 말았다.

첫번째 단서, 슈퍼-경영자의 신화

매스코에게 가구산업 진출의 순간은 결정적인 순간이었다. 하지만 긍정적인 순간은 아니었다. 수십 년에 걸쳐 쌓아온 유산이 산산이 부서지면서 "명성을 쌓는 데는 20년이 걸리지만 그것을 무너뜨리는 데는 5분이 걸린다."는 워렌 버핏(Warren Buffett)의 유명한 격언을 확인시켜주었다.

이 모든 것이 전략가가 단 한 번의 결정을
잘못 내렸기 때문이었다.
당신은 매스코가 실패한 이유가 무엇이라 생각하는가?

대부분의 경영자들처럼 당신도 본능적으로 매스코와 매스코 리더들에게서 그 답을 구하려 할 것이다. 확실히 궁극적인 잘못은 그들에게 있다. 하지만 전체 그림을 파악하려면 기업 내부뿐 아니라 외부 역시 살펴봐야 한다. 여기 첫번째 단서가 있다.

우리 교수팀이 처음 이 사례를 가르칠 준비 작업을 할 때, 가장 연장자인 동료 교수가 "기다려봐. 이 이야기가 아주 익숙해."라고 말하더니 자신의 오래된 파일을 뒤지러 회의실을 나갔다. 거기서 그는 너무 오래 돼서 닳은 반투명지에 타이핑 된 '멩겔사(Mengel Company (A))' 사례를 찾아왔다.

1946년에 있었던 멩겔 사례 리포트는 심하게 분열되어 있는 가구산업에 대변혁을 일으키려는 계획을 설명하고 있었다. 멩겔의 대담한 구상은 무엇이었을까? 그들은 규모를 키우고 제조 기술을 이용해 효율성을 높이고 브랜드 정체성을 확립하려 했다. 이를 달성하기 위해 멩겔사는 업계 관행에 완강히 저항하면서 전국 규모의 광고에 50만 달러를 투자했다. 일반 소비자가 가구의 스타일에 눈을 돌리게 만들고 멩겔의 '영구적인' 브랜드 명을 구축하기 위해서였다.[3] 나는 멩겔에 대해 전혀 들은 적이 없었지만, 기이한 기시감을 느꼈다. 그리고 매스코의 대표들이 과연 그들에 대해 알고 있었는지 궁금해졌다.

가구업계를 자체적으로 조사한 우리는 다음 목록을 얻을 수 있었다. 겉으로 보기에는 아무 상관없어 보이는 이 회사들이 어떤 공통점을 갖고 있다고 생각하는가?

콘솔리데이티드 푸드(Consolidated Foods)

챔피언 인터내셔널(Champion International)

미드(Mead)

제너럴 하우스웨어스(General Housewares)

루드로(Ludlow)

인터마크(Intermark)

조지아 퍼시픽(Georgia Pacific)

베아트리체 푸드(Beatrice Foods)

스코트 페이퍼(Scott Paper)

벌링턴 인더스트리(Burlington Industries)

걸프+웨스턴(Gulf+Western)

멩겔이나 매스코처럼 이들 모두는 가구제조업에서 한 몫 챙기려다 실패한 기업들이다. 대부분의 기업들이 잘 돌아가는 기업으로 인정받고 있었다. 매스코처럼 그들도 분열되고 혼란스러운 산업이야말로 훌륭한 경영자가 능력을 발휘할 수 있는 기회라 생각했다. 성공에 대한 기대가 컸던 그들은 '전문적인 경영능력'을 주입하여 산업을 재편하겠다는 목적으로 뛰어들었다. 하지만 여러 해 뒤 모두 가구산업을 떠났다.

두번째 단서, 치명적인 경제요인

대부분의 경영자들은 이 목록에서 흥미로움을 느끼는 동시에 당황스러워한다. 목록에 포함된 기업들은 실적이 다들 괜찮았지만, 모두 동일한 시도를 하다 실패했다. 그렇다면 그 시도 자체에 문제가 되는 것이 있었을까? 가구산업에는 이 기업들과 기업 리더들이 통제할 수 없는 무언가가 작동하고 있었을까?

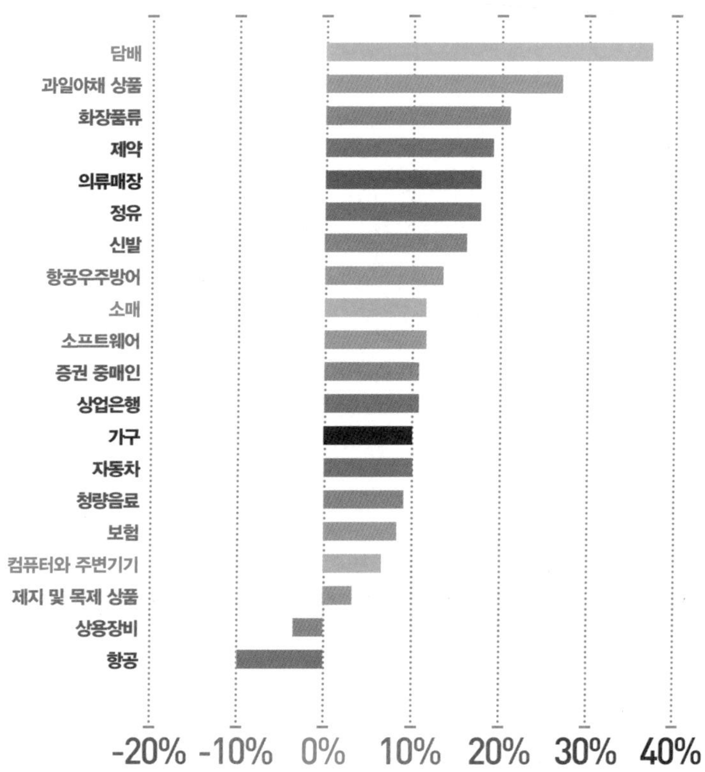

〈상대적인 산업 수익성 : 1990~2010년 자기자본이익률〉

여기 단서가 하나 더 있다. 상대적인 산업 수익성 차트를 보자. 이 표는 1990년부터 2010년까지 20년 동안 20개 산업의 평균 자기자본이익률을 보여주고 있는데, 미국 증권거래소에서 거래되는 모든 기업의 데이터를 보유한 스탠더드앤드푸어스(Standard&Poor's)와 컴퓨스태트(Compustat)의 데이터베이스에서 편집한 것이다.

산업별로 수익성이 크게 다르다는 사실에 놀랐는가? 평균 자기자본이익이 36.1퍼센트인 담배산업과 -10퍼센트인 항공산업, -2퍼센트인 상용장비산업을 비교해보라. 연평균 자기자본이익률이 36.1퍼센트라는 것은 이 업계 선두기업들은 훨씬 더 높은 이익률을 올린다는 의미다.

내 경험으로 볼 때 대부분의 경영자들은 평균수익률이 업계별로 다르다는 사실은 알고 있었지만, 편차의 차가 이토록 크다는 사실에 놀란다. 수익성이 가장 높은 산업의 연간 평균 수익은 중앙에 있는 산업의 연간 평균 수익의 2배가 훨씬 넘고, 분포도의 맨 아래에 있는 산업의 4~5배 이상에 이른다. 연구자들은 다른 선진국과 신흥경제국의 경우에서도 비슷한 차이를 발견했다.[4]

이 막대한 산업별 차이는 불규칙한 변동(variation) 때문에 발생했을까? 실제로 불규칙한 변동이 원인은 아닌 듯한데, 그 이유는 차이가 너무 크고 일관되게 나타나기 때문이다. 그렇다면 특정 유형의 산업이 훌륭한 경영자를 끌어들인 반면, 다른 산업은 실력 없는 경영자만 끌어들인 것일까? 가끔은 그렇기도 하지만 이런 차이를 온전히 설명하기에는 여전히 충분치 않다.

실제로 이런 차이는 각 산업의 경쟁구도를 다르게 형성하는 경제적 요인에 의해 생긴다.[5] 마이클 포터가 입증했듯이 이런 요인 중에는 산업 자체 내에 존재하는 경쟁관계의 특성과 관련 있는 요인이 있는 반면, 업계와 부품 공급업체 및 고객, 대체 상품과 잠재적인 신규 진출기업 간의 세력균형과 관계 있는 요인도 있다. 그 요인들이 강력해서 산업의 수익성 수준을 끌어내리는 때도 있고, 상대적으로 강력하지 않아서 훨씬 큰 수익이 날 때도 있다.

이런 요인들이 더해져 개별 기업의 수익성과 그 기업이 활동하는 산업에 미치는 영향을 산업효과(industry effect)라 부른다. 당신은 기업 실적의 일부분, 아니 어쩌면 훨씬 더 많은 부분이 그런 요인에 의해 결정된다는 사실을 알게 되면 놀랄 것이다.[6]

이런 경쟁요인들은 대부분의 개별기업과 그 기업 경영자들의 통제 수준을 벗어나 있다. 그것들은 당신이 물려받은 것, 다시 말하면 당신이 처리해야 할 현실이다. 한 기업이 절대로 그 요인들을 바꿀 수 없어서가 아니라 대부분의 경우에 그렇게 하기가 대단히 어렵기 때문이다. 전략가가 제일 먼저 해야 할 일은 그 요인들과 함께, 그것들이 경쟁이 이뤄지는 경기장에 어떻게 영향을 미치는지 면밀히 파악하는 것이다.

다음의 표처럼 산업은 '매력적이지 않은' 산업에서 '매력적인'

매력적이지 않은		매력적인
심함 : 동질적인 경쟁기업과 상품이 많다. 혁신이 빠르게 모방된다. 성장이 더디다. 과잉 설비. 가격 경쟁.	기업들 간의 경쟁	**약함** : 차별성을 지닌 지배적인 기업이 한 곳, 혹은 서너 곳 있다. 상품이 독특하다. 브랜드 정체성이 확고하다. 성장이 빠르다. 설비가 부족하다.
강함 : 산업이 독특한 상품을 생산하는 몇몇 집중된 부품 공급업체에 의존한다. 그리고 부품 공급업체들에게 중요한 수익의 원천이 아니다.	부품 공급업체의 세력	**약함** : 비슷한 상품을 생산하는 부품 공급업체가 많다. 가격 경쟁과 풍부한 공급 덕분에 합리적인 가격에 부품을 생산하기가 쉽다.
강함 : 비슷한 상품 중에 고를 수 있는 선택 범위가 넓다. 브랜드 인지도 수준이 낮다. 전환 비용이 낮다. 구매에 대해 감정적 관여가 깊이 이루어지지 않는다.	고객의 세력	**약함** : 상품이 희소성이 있고 매우 차별화되어 고객의 행복에 중요한 역할을 한다. 고객의 선택 범위가 제한되어 있다. 브랜드가 강력하다.
낮음 : 진입이 쉽고 때로는 퇴장이 어려워 과잉설비가 발생한다. 기존 경쟁기업들의 전략을 쉽게 모방하거나 추월할 수 있다. 신규진입을 하려면 자본이 많이 필요하지 않으며 규모 또한 크지 않아도 된다. 희소성을 지닌 자원이나 특화된 자원이 필요하지 않다.	진입과 퇴장의 장벽	**높음** : 신규 기업의 진입이 어렵거나 경제적이지 않다. 신규진입에 규모의 경제와 상품 차별화, 높은 자본투자, 규제당국의 승인 또는 축적된 전문지식이나 경험이 필요하다.
높음 : 매력적인 가격에 고객의 니즈를 충족시켜주는 대체 상품이 다양하게 존재한다.	대체 상품의 이용 가능성	**낮음** : 고객이 비교 가능한 가격에 니즈를 충족시켜줄 수 있는 대체 상품을 선택할 수 없다.

산업으로 일렬로 배열할 수 있다. 여기서 매력은 어떤 산업에서 경쟁요인이 기업의 수익성을 제한하고(매력적이지 않은), 허용하고, 더 나아가서는 조성해주기까지 하는(매력적인) 정도를 가리킨다. 이 표는 경제요인들 중에서 가장 중요한 것을 확인시켜주고, 이런 연속체 범위 내에 속한 산업에서 그 요인들이 어떤 모습을 보여주는지를 서술하고 있다.[7] 여기서 우리는 가구제조업의 여러 경쟁조건이 왼쪽의 '매력적이지 않은' 쪽의 조건들과 상당히 흡사하다는 점에 주목해야 한다.

- 비슷한 가구를 제작하는 업체 수가 많고 기업이 경쟁기업의 혁신을 모방할 수 있다는 사실에서 입증되듯 가구업체들 간의 경쟁이 심하다.

- 직물제조업체와 같은 가구산업의 부품 공급업체들은 어떤 가구회사도 중요한 고객이 될 정도로 충분한 직물을 구입하지 않기 때문에 매매관계를 지배한다.

- 가구 구매를 쉽게 연기할 수 있고 상품 수명이 길고 일용품 같기 때문에 고객의 힘이 크다. 또한 고객이 브랜드에 민감하지 않다.

- 진입 장벽이 낮다. 이는 업계 상황이 점점 매력적이 될 경우 신규 기업이 물밀듯 들어와 가격을 끌어내릴 수 있다는 얘기다. 한편 대안이 거

의 없는 다수의 가족기업의 경우엔 특히 퇴장이 힘들 수 있다. 그 결과 과잉설비업체가 업계를 떠나는 데 시간이 걸린다.

- 대체 상품이 많다. 새로 출시된 가구는 고객확보를 위해 중고 가구나 물려받은 가구 등, 수없이 많은 대안과 경쟁해야 한다. 많은 고객이 가구를 재량에 따른 구매라 생각하기 때문에 TV나 사운드 시스템처럼 고객이 더 흥분을 느끼고 돈을 지출하기에 더욱 가치 있다고 생각하는 많은 상품과 경쟁해야 한다. 가구 가격 상승률이 소비자 물가지수의 상승률보다 뒤처질 때도 매출은 반응을 보이지 않았다.

생각해보자. 당신이라면 이 같은 시장의 경쟁요인들에 어떻게 대처할 것인가?

여기서의 교훈은 다음과 같이 말하는 듯하다.

"당신의 성공 가능성은 미리 결정되어 있었다. 게임은 이미 끝난 것이다. 혹여 끝나지 않았더라도 당신은 게임의 많은 부분을 통제할 수 없다."

행동 지향적인 경영자들은 자기 자신이 외부 요인에 의해 휘둘린다는 사실을 인정하지 않으려 한다. 결정론이 아니라 자유의지를 믿으려는 것이다. 그들은 산업이 기업의 실적을 주도하거나 큰 영향을 미칠 수 있다는 가능성을 중요하게 생각하지 않는다. 사전 대책을 강구하는 리더이자 경영의 힘을 믿는 그들은 자신이 통제할 수 없는 것은 무시하거나 과소평가하는 반면, 자신이 통제할 수 있는 것에 주력하는 경향이 있다.

바꿀 수 있는 것과 바꿀 수 없는 것

아이러니하게도 가장 크게 성공하고 많은 존경을 받는 비즈니스계 거물들은 자신이 통제할 수 없는 경쟁요인이 대단히 중요함을 잘 알고 있다. 그들은 알맞은 경기장을 선택하는 것이 결정적으로 중요하다는 사실을 안다. 또한 진정으로 훌륭한 경영자라면 주변 상황에 관계없이 이길 수 있다는 경영계의 근거 없는 믿음에 찬성하지 않는다.

포춘지가 '세기의 경영인'으로 꼽은 잭 웰치(Jack Welch)를 보자. 그가 GE를 맡게 되었을 때 가치로 따지면 110억 달러가 넘는 200여 개 사업을 팔아치우고 그 자금을 이용해 370곳 이상을 인수한 사실을 기억하는 사람은 거의 없을 것이다. 왜 그랬을까? 그는 GE가 번창하기에는 상황이 너무 좋지 않은 업종에서 빠져나오길 원했다. 그는 이렇게 설명했다.

"나는 반도체 사업이 마음에 들지 않았다. 경기순환에 너무 많이 영향을 받고 자본이 지나치게 많이 필요하다고 생각했다. 반도체 산업에는 대기업이 몇 개 있었지만 한두 업체만이 지속적으로 돈을 벌고 있었다. …… 그 사업에서 물러남에 따라 의료 장비나 발전(發電) 등, 우리가 승부의 형세를 바꾸어놓은 산업에 투자할 수 있었다."[8] '오마하의 현인' 워렌 버핏이 이 의미를 더욱 재미있게 표현해주었다.

> 영민하기로 명성 높은 경영진이 나쁜 경제상황으로 명성 높은 사업과 씨름할 때 그 사업이 얻을 수 있는 최고의 명성은 그저 손해를 면하는 것이다.[9]

역사상 가장 유력한 경영자 중 두 명인 버핏과 웰치는 그 사업이 속한 산업 조건이 중요하다는 사실을 인정한다. 그들은 한 기업의 성공에서 상당 부분이 경영자가 통제할 수 없는 경쟁요인에 의해 좌우된다는 사실을 이해하고 그 지식을 자신에게 유리하게 이용한다. 자신이 이길 수 있는 경기장을 선택하고 그 경기장 안에서 경쟁요인을 거스르는 것이 아니라 그 요인과 함께 활동할 수 있도록 기업의 포지션을 신중히 확보하는 것이다.

이런 충고에도 불구하고 여전히 많은 경영자들이 슈퍼-경영자의 신화를 믿는다. 실제로 그 믿음은 끝없이 강화되어 신임을 받을 정도다.

때로는 가장 힘든 사업부문에서도 성공하는 계획이 존재한다.

어떤 기업은 대부분의 다른 기업들이 실패한 산업에서 큰 성공을 거둘 뿐 아니라 그 산업의 기본적인 경쟁구도까지 바꾸어놓는다. 그런 사례들은 비즈니스 서적과 언론에서 과도한 주목을 받게 되고, 경영자들은 언제나 재빨리 그 이야기를 화제로 삼는다. 이를테면 커피판매점 사업에서 성공한 스타벅스나 저가항공 부문에서 승리한 사우스웨스트(Southwest)항공사, 서커스 사업을 재창조한 태양의 서커스단(Cirque du Soleil), 심지어는 수도꼭지사업에서 쿠데타를 일으킨 매스코도 여기에 해당된다. 그렇다. 그런 일은 분명 생긴다.

하지만 이런 전략 중에 슈퍼-경영자 개인의 머릿속에서 불현듯 떠오른 것은 하나도 없다. 그 전략들은 관련된 업종과 그 업종에서 작동중인 제반조건을 깊이 이해한 결과물이었다.

사우스웨스트 창립자들은 경쟁기업들의 요금 및 노선 체계의 허점을 이용할 수 있는 방법을 알아냈다. 스타벅스는 더 맛있는 커피를 만들어내고 고객들에게 커피전문점에서의 매력적인 경험을 제공할 뿐만 아니라 규모를 늘리고 고객의 경험을 수십수백 번, 아니 수천 번 되풀이하는 데 필요한 독특한 노하우를 구축하는 데 성공했다.

공연을 담당하는 예능인이자 태양의 서커스단을 설립한 사람들은 전통적인 서커스가 어린이에게 초점을 맞추고 있다는 점, 큰 야생동물의 운반 및 보호 비용 때문에 서커스의 경제적 측면이 왜 곡된다는 사실을 정확히 파악했다. 그래서 그들은 동물 묘기를 상당 부분 포기해도 되는 성인 관객에 초점을 맞췄다. 지불 의사가 가장 높은 관객을 타깃으로 하는 동시에 수익을 가장 많이 고갈시키는 공연을 피할 수 있는 포지션을 교묘하게 확보했다.[10] 그들은 업계의 경쟁요인을 무시한 것이 아니라 문제를 교정을 하기 위한 정확한 조치를 취했다.

워렌 버핏의 포트폴리오도 살펴보자. 대부분의 사람들은 그가 가구산업에 상당한 투자를 했던 사실을 알지 못한다. 매스코와 마찬가지로 버핏도 가구산업에서 잠재력을 보았다. 하지만 버핏은 가구제조업이 아니라 소매업에 투자하는 쪽을 선택해 미국에서 성공한 몇몇 가구판매점 주식을 매입했다.

아마도 그는 매스코, 멩겔 같은 여러 기업들이 상류단계인 가구제조업의 심한 경쟁상황 때문에 처참히 실패한 것과 달리 하류단계의 소매업자들은 바로 그 상황으로부터 이익을 얻을 수 있을 것이라 보고 그 가능성을 실험해보고 있는 듯하다. 결국 이 투자는 버핏의 가장 뛰어난 모험으로 결론나지 않을 수도 있다. 하지만 업계에서 작동중인 경쟁요인을 깊이 이해하고 신중하게 자신의 계획을 실행하는 진정한 전략가의 모습을 보여준 것은 분명하다.

경쟁이 치열한 업종에 진출하거나 잔류한다는 결정이 표면적으로 옳은지 그른지 말할 수 있는 사람은 아무도 없다. 매스코가 하려고 했던 대로 힘든 사업을 재편하는 일은 쉽지 않지만, 우리가 지켜보았듯이 그 일은 해낼 수 있고 실제로 해내기도 했다. 하지만 그런 일의 성공 뒤에는 언제나 두 가지가 존재한다. 산업(또는 산업 일부)의 변화와 그런 변화를 이끌어낼 수 있는 기업이 바로 그것이다.

매스코가 빠진 함정의 실체

이 모든 것은 매스코와 매스코의 실패한 가구사업에 대해 무엇을 말해주는가? 완벽한 해답을 얻기 위해선 매스코가 취한 조치와 함께, 당신과 흡사한 나의 많은 수강생들이 어떻게 그 기회의 유리한 가능성만을 보게 되었는지를 자세히 검토해야 한다.

반 전체가 매스코의 가구제조업 진출에 찬성하고 나면(사실 그들은 항상 그런다), 나는 그 조치를 가장 열렬히 찬성한 사람들에게 매스코가 어떤 향후조치를 취해야 하는지를 묻는다.

자, 당신에게도 묻겠다.
매스코가 새로운 사업라인에서 평균 이상의 실적을
내게 하려면 어떤 조치를 취해야 할까?

과감하게 신규진출 결정을 내렸던 점을 비춰보면 찬성자들의 계획은 놀라울 정도로 밋밋하다. 그들의 계획은 대개 '매스코는 000를 인수해야 한다'로 시작된다. 그리고 생산 합리화와 효율성 향상, 기업의 전문 경영진 이용, '파워 마케팅' 활용 등에 대한 원대하지만 모호한 진술이 계속해서 추가된다. 매스코가 어떤 차별적 조치를 취해야 하는지, '전문 경영진'은 어떻게 일할 것인지, 매스코를 다른 기업과 다르게 만드는 것이 무엇인지 물으면 대답은 점점 더 모호해지고 피상적인 모습을 띤다. 그들은 그 모든 것에 대해 생각해본 적이 없었다.

이 시점에서 분명해지는 사실은 매스코가 과거에 이룬 업적과 새로운 사업에 제공할 수 있는 다양한 능력 등, 그 기업 자체에 대한 열정만으로 그들의 주장이 펼쳐진다는 점이다. 이 산업에서 매스코가 가진 그런 조건들이 중요한 이유, 수많은 다른 기업들을 무너뜨린 오래된 경쟁요인을 무력화할 방법에 대한 구체적인 계획은 빠져 있다.

이런 얘기를 하다보면 제1차 세계대전까지 반세기 동안 독일에 두 차례 패배를 당한 프랑스 장성들이 내세운 대응책이 생각난다. 그 장성들은 마지노선 구축을 포함해 여러 가지 조치를 취했다. 하지만 그들 주장에 따르면 프랑스가 다시는 패하지 않을 핵심적인 이유는 프랑스군의 엘랑 비탈(élan vital) 때문이었다. 엘랑 비탈은 '생명의 정기'를 뜻하는 프랑스어로, 프랑스 장성들은 독일군이 어떤 공격을 해와도 프랑스군의 뛰어난 결단력이나 태도가 그들을 물리치고 말 것이라 생각했다. 물론 우리는 그 엘랑 비탈이 얼마나 훌륭한 결과를 가져왔는지 잘 알고 있다. 이는 마치 군대에 존재하는 슈퍼-경영자의 신화와 비슷한 것이다.

여기에 빗대어 매스코의 생명의 정기도 충분하지 않았다. 매스코의 경영자들은 매스코가 가진 훌륭한 관리제조 능력 덕분에 새로운 전선에서도 승리를 거둘 것이라 생각했다. 수도꼭지업계에서 큰 성공을 안겨준 전략이 가구산업에서도 동일한 결과를 가져오길 희망했다. 하지만 어떤 면에서는 비슷했던 두 산업에는 분명 다른 부분이 존재했고, 매스코는 그 점을 감지하지 못했다.

매스코가 고가, 중가, 저가 등 세 가지 가격대에서 가구업체를 사들인 조치는 다양한 영역의 상품을 생산함으로써 시간과 노력을 줄일 수 있고, 상당한 규모의 경제가 발생할 거라는 믿음을 반영했다. 그 방식은 다양한 상품을 한 공장에서 만들어 동일한 유통망을 통해 판매하고, 동일한 배관공에 의해 설치하고, 집안 내 여러 장소에 사용하려는 동일한 고객에 의해 구매되는 수도꼭지 산업에서는 성공했다.

하지만 가구산업의 제조, 유통, 소매, 고객은 최고급품 시장에서 저가품 시장에 이르기까지 극적일 정도로 다르기 때문에 규모의 경제를 달성하기가 훨씬 더 어렵다. 할인점 가구는 대량 생산되고 대량 판매되는 반면, 고가의 가구는 대체로 사람의 손으로 만들고 전문 소매점을 통해 유통된다. 가격과 품질이 양극단에 속하는 제품을 모두 구매하는 고객은 거의 없으며, 한 소매점에서 그런 제품들을 한꺼번에 찾을 수도 없다.

비슷하게 가구산업에서 규모의 경제를 얻기는 힘들었다. 매스코가 시장지배기업이 된 후에도 시장점유율은 7퍼센트에 불과했다. 이에 비해 수도꼭지산업에서 매스코는 30퍼센트의 시장점유율을 기록했다. 7퍼센트라는 점유율로는 그렇게 많은 경제적 이득을 얻을 가능성이 적었다. 특히나 그토록 많은 제조공장과 유통채널, 가격대로 분산되어 있다는 점에서 더욱 그랬다.

다른 가구제조업체와 마찬가지로 매스코의 운명은 가구업계의 극심한 상품 다양성과 높은 운송비용, 경기순환성에 의해 방해를 받았다. 이런 요인들이 복합적으로 작용할 경우, 공급망을 효율적으로 관리하거나 노동을 자본설비로 유리하게 대체하기가 무척이나 어려워지기 때문이다. 이 문제들을 처리할 강력한 방법이 없다면 제조업체는 언제나 그 문제들에 의해 휘둘리기 십상이다.

무엇보다 매스코는 수도꼭지산업에서의 성공이 준 최대의 교훈을 배우는 데 실패했다. 매스코는 손잡이가 하나인 상품과 워셔가 없는 상품 덕분에 고객 니즈를 처리하는 독특한 경쟁우위를 얻을 수 있었다. 매스코가 수도꼭지산업에서 했던 모든 일은 그 중요한 차별성 때문에 가능했다. 매스코는 기능성이 결정적으로 중요한 시장에서 명백한 상품상의 우위를 갖고 있었다. 하지만 기능보다는 패션에 의해 더 많이 좌우되는 가구산업에서는 그런 핵심적인 우위를 갖고 있지 못했다. 매스코에게는 가구산업의 불리한 경쟁요인이 중력처럼 잡아당기는 힘에 반격을 가할 강력한 한 방이 없었다.

프랑스의 장성들처럼 매스코도 자신들의 전투태세를 이용하는 데 실패했다. 매스코는 자사의 뛰어난 경영 정신을 무턱대고 믿었고 자신이 맞서 싸워야 할 요인을 과소평가했다. 한 경영자는 매스코가 한 짓을 설명하기 위해 비슷하면서도 다소 다른 은유적 표현을 이용했다.

"매스코는 사자를 만날 준비도 없이 사자굴에 걸어 들어갔다."

매스코 창립자의 아들로 최고경영자이자 전략가인 리처드 머누지언은 그런 결과에 몹시 괴로워했다. 그가 경영하던 기업만이 아니라 그의 아버지가 만들어 물려준 유산까지 위태로워졌다. 아버지와 아들은 31년간 변함없이 뛰어난 실적을 보여준 덕에 월가에서 화려한 평판을 얻었지만 그 모든 것이 연기처럼 사라져버렸다.

〈파이낸셜 월드*Financial World*〉는 '매스코의 실패'라는 제목의 기사에서 다음과 같이 지적했다.

"매스코사는 한때 미국에서 가장 존경받는 기업 중 하나였지만 이제는 더 이상 그렇지 않다. 머누지언이 '과거의 영광'을 다시 안겨주겠다고 약속했지만 그는 먼저 주주들의 신뢰를 다시 얻어야 할 것이다. 사실 다수의 주주들은 무산된 약속으로 인해 9년간 악

몽에 갇힌 느낌을 받고 있다."[11]

이는 지나치게 자신만만한 전략가의 사례였다. 가구산업을 장악하려고 애쓰던 다른 기업들과 마찬가지로 매스코 역시 분열되고 경쟁이 심하고 수익성이 낮은 사업은 훌륭하게 경영되고 통솔되는 기업에겐 낙관적인 전망을 제공한다고 믿었다. 업계의 심각한 문제는 낙관적인 사고, 피상적인 분석, 잘못된 유추 과정에 의해 황금의 기회처럼 보이기 시작했다.

매스코 사례를 가르칠 때마다 수강생들은 똑같이 기대에 부푼 생각을 한다. 그들은 모두 경험이 많기 때문에 처음 가구산업을 분석하면서 그 산업이 얼마나 매력적이지 않은지를 알아차린다. 하지만 매스코가 취해야 할 조치에 대해 결정을 내리는 시간이 되면 모든 문제를 기회로 해석한다. 혼란, 경기순환성, 분열이라고? 좋았어! 지배기업이 없고 브랜드 인지도가 낮다고? 훌륭해! 상품이 덩치가 크고 고가여서 공급망 관리가 어렵고 상품이 너무 다양하다고? 대단해! 겉으로는 매스코의 자원과 무용으로 극복하지 못하거나 자신에게 유리하게 만들지 못할 것은 없어 보였다. 슈퍼-경영자의 신화가 맹위를 떨치고 있는 것이다.

나는 매스코가 같은 함정에 빠졌던 것으로 생각한다. 업계의 오래된 상습적인 문제들에 직면한 매스코의 경영자들은 경영의 힘을 분별없이 믿다가 결국 굴복하고 말았다.

전략가가 알아야 할 세 가지 교훈

매스코의 교훈에서 공감하는 부분이 있는가? 매스코의 실패로부터 20년 이상이 지난 지금, 학생들은 여러 차례 나를 찾아와 이렇게 말한다.

"우리 업계도 가구업계와 똑같아요! 난 정말 열심히 일하는데 아무 소용이 없습니다."

그들에게 지금은 깨달음의 순간이다. 그들이 힘겹게 싸워온 문제들이 갑자기 분명하게 보이고 자신이 고전하는 더 큰 이유를 알게 된다.

그들은 웰치나 버핏처럼 빈틈없는 비즈니스 리더들과 마찬가지로 산업효과와 그것이 기업 실적에 미치는 심오한 영향력을 파악했다. 그리고 그 유명한 평정을 구하는 기도(The Serenity Prayer, 다음의 대목으로 시작한다. "하느님, 제 힘으로 바꿀 수 없는 것들을 받아들이는 평정의 마음과 바꿀 수 있는 것들을 바꾸는 용기를 주소서. 그리고 그 둘을 분간할 수 있는 지혜를 주소서.")에서처럼 자신이 바꿀 수 없는 것을 받아들이고 자신이 바꿀 수 있는 것은 바꾸어보는 용기를 갖고 그 차이를 이해하는 지혜를 가져야 함을 인정한다. 위대한 전략가들은 그 교훈을 잘 이해하지만, 그것을 받아들여 자기 것으로 만들기는 쉽지 않다. 슈퍼-경영자의 신화를 떨쳐버리기는 어렵다. 여기서 얻을 수 있는 근본적인 교훈은 간단하지만 전략가에게는 정말로 중요하다.

먼저 자신이 속한 산업의 경쟁요인을 파악해야 한다. 그 경쟁요인에 대응하는 방법이 바로 당신의 전략이다. 이는 그 요인들을 이해하지 못하면 당신의 전략은 운과 희망에 근거함을 의미한다.

두번째, 업계의 경쟁요인을 파악했다면 그것들을 처리하는 방법을 찾아야 한다. 그 방법은 능숙한 포지션 확보나 부정적인 경쟁요인에 반격을 가하거나 유리한 요인을 이용하는 신중한 노력, 때로는 시기적절한 퇴장을 의미할 수도 있다. 자신의 뛰어난 경영능력이 본인에게 성공을 가져다줄 거라는 근거 없는 믿음에 빠지지는 마라.

세번째, 당신이 무엇을 하든 이런 경쟁요인의 힘을 과소평가해선 안 된다. 그 요인들이 당신 기업의 운명에 미치는 영향력은 리더인 당신의 영향력만큼이나 클 수 있다.

따라서 앞으로 당신이 전략가로서 쓰게 될 이야기는 철저하게 당신이 속한 산업을 배경으로 시작되어야 한다.

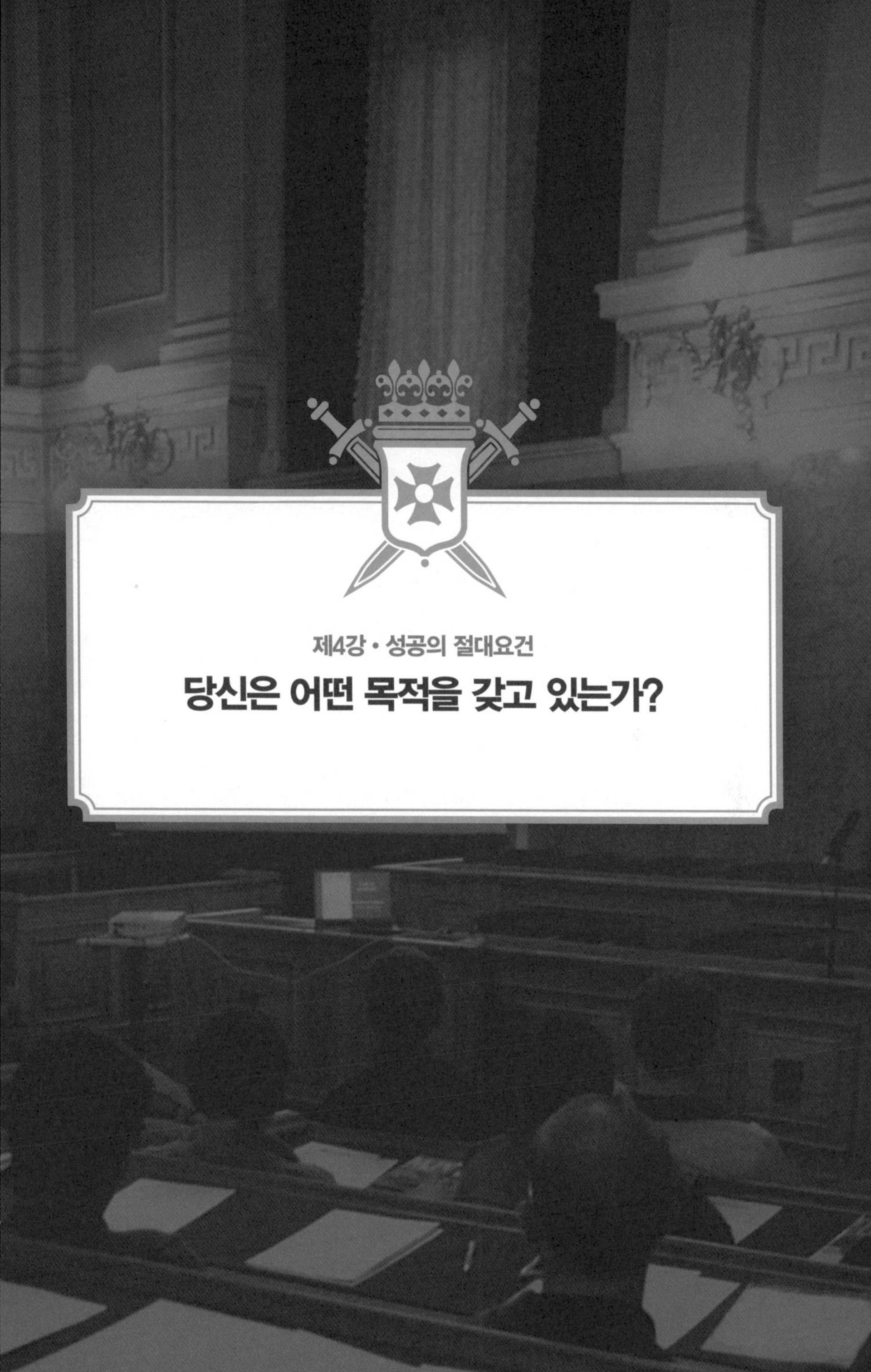

제4강 • 성공의 절대요건

당신은 어떤 목적을 갖고 있는가?

매스코의 처참한 실패의 역사를 통해 전략가가
절대 해서는 안 될 착각과 오류가 무엇인지 배웠다면,
이제는 빛나는 성공 모델에서 당신이 취해야 할
전략가의 도구를 알아볼 차례다.
전세계 지구인들의 라이프스타일에 한 축을 담당하고 있는
이케아의 성공 뒤에는 분명 당신의 기대를 뛰어넘는,
초저가 전략 이상의 심오한 무언가가 숨어 있다.

우리는 지난 강의를 통해 전략가들이 '매력적이지 않은' 업계의 경쟁요인 앞에 직면해 어떤 어려움을 겪게 되는지에 대해 배웠다. 그래서 이번 강의에서는 바로 그 황야에서 탈출하는 길을 지도로 만들려 한다. 구체적으로 밝히면 몇몇 영민한 전략가들이 그런 역풍에 맞서 사업의 차별성을 확보해나간 방법을 설명하기 시작할 것이다.

매스코의 실패, 이케아의 성공

이 여행은 세계 최고 부자 중 한 명인 이케아(IKEA)의 설립자, 잉그바르 캄프라드(Ingvar Kamprad)와 함께 시작된다. 매스코의 리처드 머누지언과 마찬가지로 캄프라드도 가구사업에 종사했지만 그의 이야기는 달라도 한참 달랐다.

1943년 그의 나이 열일곱에 시작된 가구사업은 2010년에 매출

231억 유로, 순이익 25억 유로, 매출총이익률 46퍼센트를 기록했다. 그러나 그 수치는 소비자에 대한 이케아의 강력한 지배력을 정확히 담아내기에는 턱없이 부족하다. 〈비즈니스위크*Business Week*〉는 다음과 같이 지적했다.

"이케아는 사람들의 삶까지는 아니더라도 최소한 그들의 생활 방식을 관리하는 최고의 기업이다. '이케아 세상'은 현대적인 디자인과 저렴한 가격, 익살스러운 홍보활동, 어떤 조직이나 기업도 발휘할 수 없는 열정을 중심으로 돌아가는 나라다."[1]

캄프라드는 머누지언이 실패한 업종에서 어떻게 성공했을까? 그는 '중요한 차이'(이 표현의 완벽한 의미는 앞으로 이야기가 전개됨에 따라 분명해질 것이다)를 만들어냄으로써 자신의 기업을 구축했다. 그는 머누지언처럼 업계의 경쟁요인을 무시한 것이 아니라 그 요인들 한가운데서 번창하고 가치를 더해줄 수 있는 기업을 만듦으로써 성공했다.

당신이 이케아에서 쇼핑을 해본 수백 만 명 중 한 사람이라면 구불구불한 길을 따라가며 다양한 가구와 가정용품으로 가득 찬 건물을 통과하게끔 설계된, 거대하고 밝고 현대적인 매장에 대한 인상을 지울 수 없을 것이다. 69유로짜리 심플한 미케(Micke) 책상이든 269유로짜리 10인용 노르덴(Norden) 식탁이든, 가구를 하나 고른 사람은 주문서에 적힌 정보를 읽고 길을 따라 창고 같은 방으로 들어가 자신이 구매한 상품이 담긴 납작한 상자를 낑낑

대며 쇼핑카트에 올린 다음, 그것을 자동차 지붕 위에 싣고 집으로 돌아와 스스로 조립했을 것이다.

만약 아이들을 데려갔다면 매장에 있는 놀이방에 아이들을 잠시 맡겼을 것이다. 그리고 식당에 잠시 들러 연어, 스웨덴 미트볼, 월귤 파이 등 맛있고 저렴한 음식을 맛보았을 것이다.

이케아 매장은 테마파크라 불러도 무방한 곳이다. 그곳에서의 경험은 출세한 일부 인사들이 맛보는 근사한 VIP 경험은 아니지만 막 직장생활을 시작한 사람에게는 무엇과도 비교할 수 없는 특별한 경험이다.

영민한 전략가가 선택한 길

잉그바르 캄프라드는 타고난 사업가다. 그는 자신의 전기작가, 베르틸 토레쿨(Bertil Torekull)에게 "내 핏속에는 장사꾼의 기질이 있다."고 말했다.[2] 캄프라드는 5살 때 고모의 도움으로 스톡홀름의 한 가게에서 산 성냥 100갑을 스몰란드 농지 깊숙이 위치한 자신의 고향, 아군나리드에서 1갑씩 마진을 남기며 팔았다. 머지않아 그는 크리스마스카드, 벽에 거는 장식품, (직접 딴) 월귤, (직접 잡은) 물고기 등 온갖 종류의 상품을 팔았고, 11살에는 자전거와 타자기를 살 수 있을 정도의 돈을 벌었다. "그때 이후로 장사에 일

종의 집착 같은 것이 생겼다."고 그는 말했다.[3]

예테보리에 있는 상업학교에 입학하기 전, 캄프라드는 이케아(IKEA : I는 잉그바르, K는 캄프라드, E는 가족 농장이름인 엘름타리드, A는 아군나리드를 의미)라는 무역회사를 시작했다. 그의 통신판매 사업은 만년필, 액자, 시계, 보석 등 거의 모든 상품을 취급할 정도로 성장했다. 경제적 교환가치를 알아보는 예리한 눈을 가진 캄프라드는 가장 값싼 상품을 찾아냈고, 모질고 빈약한 환경에서 근근이 살아가고 있는 스몰란드 농부들에게 좋은 반응을 얻었다.

그러던 어느날 카탈로그 사업 분야에서 가장 강력했던 경쟁기업이 가구를 판매한다는 사실을 알게 된 캄프라드는 지역의 소규모 제조업체에서 공급받은 가구를 상품 목록에 추가하기로 결심했다. 전후의 호황기였던 터라 스웨덴 사람들은 가구를 많이 구입하고 있었고, 머지않아 가구는 그의 사업에서 가장 큰 부분을 차지하게 되었다. 그렇게 해서 1951년, 25살이 된 그는 가구에만 전념하기 위해 다른 모든 상품을 포기하기에 이른다.

그러나 가구 판매에 전념하기로 결정하자마자 그는 위기를 맞았다. 다른 통신판매업체들의 경쟁이 치열해지면서 가격전쟁이 벌어진 것이다. 상인과 제조업체들이 비용을 줄임에 따라 업계 전체적으로 품질이 나빠졌다. 그러자 여기저기서 불평이 터져 나오기 시작했다. 캄브라드는 "통신판매사업은 평판이 점점 더 나빠지는 위험을 무릅쓰고 있었다."고 설명했다.[4]

그는 절벽을 향해 달리는 경주에 동참하고 싶지 않았다. 그래서 고객이 카탈로그 설명에만 의존할 수밖에 없는 상황에서 자신의 상품이 괜찮다고 설득할 수 있는 방법을 고민했고, 그 결과 고객이 직접 상품을 볼 수 있는 전시장을 만드는 방법에서 해답을 찾았다. 1953년, 그는 오래된 2층 건물에 상품 전시장을 열었다. 1층에 가구를 전시했고, 2층에서는 커피와 빵을 무료로 제공했다. 전시장 개장일에는 1,000명이 넘는 사람들이 그곳을 찾았고, 만족스러울 정도로 많은 고객들이 주문서를 작성했다. 1955년 당시 이케아는 50만 부의 카탈로그를 발송하고 있었고 600만 크로나의 매출을 올리고 있었다.

나중에 그는 이케아의 철학을 설명하면서 다음과 같이 말했다.

"이케아는 대체로 돈이 없는 다수의 사람들에게 의지하기 때문에 그저 싸거나 조금 더 싼 게 아니라 아주 많이 싼 제품을 팔아야 합니다. …… 사람들이 상품을 보자마자 헐값에 가깝게 판매되고 있음을 바로 알 수 있어야 합니다."[5]

이런 철학을 추구한 캄프라드는 스웨덴 가구업계와 경쟁할 정도로 유력인사가 되었다.

그러나 그의 저가전략이 마음에 들지 않은 업계는 이케아에 반격을 가하려 했다. 스웨덴 가구상 연합회는 제품 제조업자들을 상대로 그에게 물건을 공급하지 말라는 압력을 넣었고, 다수의 제품 제조업체들이 그에게 가구 공급을 중단했다. 스톡홀름 상공회의

소의 지원을 받은 연합회는 그의 무역박람회 출입을 금지했다.

때문에 이케아와 거래를 계속하는 사람들은 첩보영화 같은 속임수에 의지해야 했다. 가짜 주소에 상품을 보내고 표지가 없는 화물자동차로 물건을 배달하고 이케아에 판매되는 제품 디자인을 바꾸어 알아보지 못하게 하는 식이었다. 하지만 얼마 지나지 않아 캄프라드는 주문된 물건을 배달해주지 못하는 어려움을 겪게 된다.

이에 그 또한 여러 면에서 반격을 시도했다. 업계의 일반적인 관행은 서너 달 후에 제조업체에 대금을 지불하는 것이었지만 그는 10일 안에 지불했고, 소규모 업체를 여럿 설립하여 중간책으로 삼았다. 이런 조치들은 분명 어느 정도 도움이 되긴 했다. 하지만 이케아가 빠르게 성장하고 있었기 때문에 제품은 여전히 부족했다.

그러던 어느 날, 폴란드 공산정권이 경제발전을 갈망하고 있단 사실을 듣게 된 캄프라드는 폴란드의 시골지역을 돌아다니기 시작했다. 그는 관료주의의 그늘 아래에서도 자발적으로 열심히 일하는 소규모 제조업체들을 여럿 찾아냈다. 하지만 공장이 워낙 구식이었기 때문에 제품의 품질은 끔찍할 정도였다. 이에 캄프라드는 스웨덴에서 상태가 좋은 중고기계를 수소문해 폴란드 공장에 설치했고, 폴란드의 제조업체들과 협력해 생산성과 품질을 향상시켰다. 그렇게 생산한 가구 가격은 스웨덴에서 만든 가구의 절반에 불과했기 때문에 캄프라드는 새로이 가격을 고정시킬 수 있었다.

극작가인 로버트 맥키(Robert McKee)의 표현을 빌리자면, 결국 업계의 불매운동은 이케아에 결정적으로 중요한 전략적 변화를 이끌어낸 '자극적인 사건'이 되었다.[6] 이에 대해 캄프라드는 다음과 같이 말했다.

"새로이 나타난 문제가 아찔한 기회를 만들어주었습니다. 다른 업체는 살 수 있는 가구를 우리는 살 수 없게 되자 어쩔 수 없이 우리가 직접 디자인해야 했지요. 그리고 그것이 우리만의 스타일을 찾는 계기가 되었습니다. 또한 배달작업을 확실히 완수해야 한다는 필요성을 깨달으면서 완전히 새로운 세상이 열리게 된거죠."[7]

이케아의 도약은 여기서 끝나지 않았다. 캄프라드에게는 단순히 개발도상국에서 제조업체를 찾는 것만으로는 충분하지 않았다. 그는 저가상품에 대한 열정에 뛰어난 결단력과 상상력을 더했다. 예를 들어 통념을 깬, 색다른 공급업체에 의존하는 일을 두려워하지 않았는데 그는 스키 제조업체에 특수한 탁자 제작을 맡겼다. 그들이 특별히 낮은 가격에 제품을 배달할 수 있기 때문이었다. 그리고 침대 머리판은 문 공장에서 사들이고, 철사로 틀을 제작하는 소파와 탁자는 쇼핑카트 제조업자에게서 사왔다.

이케아는 또한 목재로 마감한 파티클보드(particleboard : 원목으로 목재를 생산하고 남은 폐 잔재를 작은 조각으로 부수어 이것을 접착제를 섞어 고온 고압으로 압착시켜 만든 가공재)로 이루어진 보드 온 프레임

(board-on-frame : 가운데는 벌집 무늬의 재생 카드보드가 있고 표면은 얇은 하드보드로 된 파티클보드 프레임) 가구를 만들어낸 선구자였다. 파티클보드는 원목보다 값이 싸고 더 가볍다.

그밖에 이케아의 상징과도 같은 특별한 포장법이 있는데, DIY 조립품이 든 유명한 플랫팩(flat pack : 납작한 상자에 부품을 넣어 판매하는 자가 조립용 가구)이 바로 그것이다. 이케아가 이 방법을 최초로 고안해낸 것은 아니지만, 이 포장법의 잠재력을 파악해 그것을 최대한 체계적으로 이용한 최초의 업체였다. 플랫팩은 운송, 유통, 보관을 훨씬 더 효율적으로 할 수 있게 만들기 때문에 비용을 크게 절감시켜준다. 또한 제조 단계를 줄이고, 공장에서 매장으로의 운반비용을 절감해주고, 매장에서의 보관과 취급 비용도 줄여주며, 대부분의 고객에게 배달비용을 없애주기도 한다.

이케아는 1958년에 스웨덴의 알름훌트에 첫 매장을 열었고, 5년 뒤 노르웨이에 매장을 열었다. 그로부터 2년 뒤, 스톡홀름에 스웨덴 제2호 매장을 열었다. 이케아는 1973년에 스위스, 1974년에 독일에서 매장을 오픈함으로써 신생 글로벌 기업으로 변모해 갔다. 1985년에 미국에 진출한 이케아는 1998년에는 중국, 2000년에는 러시아, 2006년에는 일본에도 진출했다. 2010년 현재, 이케아는 26개 국에서 280개 매장을 보유하고 있으며 6억 2,600만 명의 방문객을 맞이했다.[8]

저가 전략을 넘어 무엇이 그를 성공으로 이끌었나

그렇다면 당신은 이 끔찍한 가구업계에서
이케아가 거둔 성공을 어떻게 설명하겠는가?

아마도 머릿속에서 곧바로 떠오르는 생각은 '저가, 저가, 저가' 일 것이다. 실제로 이케아 상품은 정말로 싸기 때문에 경쟁사 가격과의 차이는 정도의 차이가 아니라 종류의 차이라 할 수 있을 정도다.

지난 10년 동안 이케아는 1년에 평균 2~3퍼센트씩 가격을 인하해왔다. 이케아는 영업활동을 함에 있어 항상 추가로 비용을 줄일 수 있는지 여부를 지속적으로 검토했다. 플랫팩조차 공간 이용의 효율성을 조금이라도 높이기 위해 반복적으로 다시 설계되었다. 또한 기업 임원의 관습적인 특전을 낭비라 생각한 그가 2등석을 타고 다닌다든지 택시나 리무진 대신 버스를 탄다는 이야기는 전설처럼 전해진다. 불필요하게 돈을 쓰는 행위는 기업을 좀먹는 질병이나 바이러스라 여기는 직원들은 캄프라드의 이런 태도를 전적으로 받아들였다.[9]

하지만 이케아는 그저 그런 염가 판매점이 아니다. 단순히 저가만으로는 결코 이야기의 전말을 전할 수 없다. 스칸디나비아 가구 디자인은 1950년대에 전세계적으로 인기를 끌게 되었고 이케아의 전략에 완벽하게 들어맞았다. 이케아 가구의 깔끔하고 단순한 선의 디자인은 고객들에게 어필했고, 그런 단순함 때문에 화려한 디자인의 가구보다 생산비용도 덜 들어갔다. 캄프라드는 최고의 인재를 고용해 두 가지 스타일을 모두 고려하여 비용이 덜 드는 제조기술을 활용할 수 있는 디자인을 고안해냈다. 아마도 이케아 디자인에서 가장 훌륭한 업적은 이케아 가구를 실제보다 더 값비싸 보이게 만든다는 점일 것이다.

1964년 스웨덴의 한 유명 가구잡지가 일반적으로 더 높이 평가받는 브랜드 가구와 이케아 가구를 비교하는 기사를 내면서 일대 전환점이 찾아왔다. 이 잡지는 이케아 가구가 고급 브랜드 가구만큼 좋거나 심지어는 더 나은 경우가 많다고 지적했다. 이 평가는 가구업계에 큰 충격을 주었고, 이케아에서 물건을 사는 것이 금전적으로나 사회적인 지위 면에서 나쁠 게 없다고 소비자들을 설득하는 데 도움이 되었다.

또한 다른 수많은 할인소매점과 달리 이케아는 어둡거나 음침하지 않다. 이케아의 생동감 넘치는 색상(대개 스웨덴 국기 색깔인 푸른색과 노란색)은 어디서나 볼 수 있었고, 매장은 방문하기에 즐거운 장소였다. 가족과 함께 소파에도 앉아보고, 컴퓨터를 이용해 자기 집 부엌을 직접 디자인할 수도 있고, 식당에 가면 격식을 갖춘 스웨덴식 식사를 맛볼 수도 있다. 말하자면 이케아 매장은 하루 종일 온가족이 즐길 수 있는 곳이었다. 물건을 너무 많이 사서 자동차에 실을 수 없다면, 이케아 밴을 빌려 집으로 실어가거나, 돈을 지불하고 배달과 조립, 설치를 모두 맡길 수도 있었다.

그렇다면 이중 이케아의 특별한 점은 무엇일까? 저가? 디자인? 플랫팩? 스웨덴식 미트볼? 물론 정답은 '모두'이다. 물론 저가가 아니면 다른 어떤 것도 효과를 거두지 못하기 때문에 저가란 점이 가장 중요하긴 하지만, 다른 모든 요인이 이를 뒷받침할 뿐 아니라 이케아만의 독특한 매력을 더해준다.

이 시점에서 당신은 다른 많은 경영자들처럼 이렇게 느낄지도 모른다.

"그래, 우린 해냈어. 우리가 이 사례를 해결했어. 이제 정답을 알았으니까 다른 주제로 넘어갈 때야."

어쩌면 그럴지도 모른다. 하지만 여기서 진짜 교훈은 무엇일까? 당신은 당신 기업에 무엇을 적용할 것인가? 저가에 몇 가지 독특한 특징이 더해지면 성공의 조합이 된다는 것일까?

흔히 그렇기도 하다. 하지만 여기서 더 깊은 통찰이 있다면 무엇일까? 저가로 경쟁하기로 결정했든 차별화된 특별한 상품으로 경쟁하기로 결정했든 모든 사업에 적용되는 통찰 말이다. 그것은 이케아가 취한 모든 조치 뒤에 존재하는 또 다른 것이다.

우리는 남다른 '목적'을 갖고 있다

만약 잉그바르 캄프라드에게 직접 이케아가 하고 있는 것의 본질을 설명해달라고 요청한다면, 그는 뭐라고 얘기할까? 그는 직접 이런 말을 한 적이 있다.

"우리는 개념(concept) 기업이다."

더 나아가 그는 이케아를 이끌어가는 발상을 다음과 같이 설명했다.

"이케아는 가능한 한 많은 사람들이 구매할 수 있을 정도의 낮은 가격에 디자인이 훌륭하고 기능성이 높은 다양한 가구제품을 제공한다."

이런 발상은 많은 사람들에게 '더 나은 일상생활을 안겨주려는' 이케아의 목적에 부합된다.[10] 캄프라드는 어쩌다 한번 이런 말을 한 게 아니었다. 그는 자주, 반복해서 그렇게 말했다. 글로도 쓰고 성명서와 팸플릿으로 찍어 직원들에게도 나누어주었다. 이런 생각은 모든 신입사원에게 주입되었고, 오늘날 이케아의 연차 보고서에도 등장한다.

이케아는 이런 설명을 놓고 이케아의 '개념'이라 부르지만, 내가 선호하는 단어는 '목적(purpose)'이다. 목적이란 것은 이케아나 여타 다른 기업이 스스로를 설명하는 가장 기본적인 방식이다. 이것은 기업이 존재하는 이유, 기업이 세상에 제공하는 독특한 가치, 자기 기업이 남과 다른 점, 그것이 왜, 누구에게 중요한지를 의미한다. 앞에서 표현된 이케아의 목적이 이 모든 질문에 어떻게 답하고 있는지 한번 살펴보길 바란다.

여기서 일부 EOP 수강생들처럼 당신 역시 이런 고상한 표현을 경계할지도 모른다. 아마 당신은 캄프라드의 말을 완고한 비용절감 방식을 보기 좋게 꾸며내는, 홍보용 멘트 정도로 생각할 수 있다. 하지만 이런 표현은 단순히 염가를 '보기 좋게 꾸미는 말'이 아니다. 실제로 목적이란 것은 이케아를 돋보이게 만드는 저렴한 가격과 다른 모든 특징들을 추동해낸다.

이 요지를 확인하는 차원에서 캄프라드가 준비한 '어느 가구상의 유언(A Furniture Dealer's Testament)'을 살펴보자. 이것은 성장하는 이케아가 애초에 정한 개념에 꾸준히 집중할 수 있도록 하기 위해 만든 것이다.

> 최종적으로 우리는 대부분의 사람들 편에 서기로 결정했다. …… 대다수의 사람들은 대개 금전적으로 여유가 없다. 우리가 만족시키려는 사람들은 바로 그 대다수 사람들이다. 첫번째 규칙은 대단히 낮은 수준으로 가격을 유지하는 것이지만 그 낮은 가격에는 의미가 함께 따라야 한다. 우리는 기능성이나 기술적인 품질을 양보해서는 안 된다.[11]

따라서 저가 전략만이 이케아를 만들어낸 것이 아니었다. 저가는 목표가 아니라 목적을 위한 수단이었다. 다시 말하면 대다수 사람들에게 더 나은 일상생활을 안겨준다는 의미가 있는 염가인 것이다.

그렇다면 같은 가구산업에 진출한 매스코의 목적은 무엇이었는가? 사실 매스코에겐 목적이 없었다. 그들은 가구산업에 진출하면 일종의 규모의 이익을 얻게 될 것이고, 전문 경영기술과 능력이 턱없이 부족한 산업에 본때를 보여줄 수 있을 거란 희미한 신념만을 갖고 있었다. 반대로 이케아의 명료하고 강렬한 목적은 시장의 오래된 요구를 만족시켰고, 독특한 틈새시장을 만들어냈으며, 이케아의 고객들에게 크게 중요한 의미를 가졌다.

기업의 목적을 우리에게 더 친숙한 '경쟁우위'와 연관 짓는 경우가 있다. 실제로 '목적'이라는 용어와 '경쟁우위'라는 용어는 서로 관련되어 사용될 수 있다. 하지만 경쟁우위는 기업 간의 경쟁에 초점을 둔다. 그것이 중요하기는 하지만 충분하지는 않다.

기업 대표들은 흔히 전략의 핵심이 경쟁기업들을 물리치는 것이라 생각하지만 전략의 핵심은 그런 것이 아니다. 전략은 충족되지 않은 요구를 만족시키는 것, 그리고 특별한 무언가 또는 이해관계자들에게 특별하게 좋은 무언가를 하는 것에 관한 것이다.

물론 경쟁기업들을 물리치는 일도 중요하지만, 그것은 그 요구를 찾고 충족시킨 결과이지 목표는 아니다. 목적의 힘과 그것이

기업에서 야기하는 차이를 생각해보라.

앞에서 우리는 각 산업의 평균수익률을 보았다. 우리는 각 산업을 하나의 독립체인 것처럼 다루었고 그에 속한 기업들의 평균수익률, 즉 산업효과를 보여주었다. 지금 우리는 하나의 산업 내에서 기업에 따라 수익률이 다양하게 나타나는 사실을 살펴보고 있다. 이는 개별 기업의 수익률과 한 산업의 평균수익률의 차이, 즉 '기업효과(firm effect)'를 의미한다. 기업효과는 플러스든 마이너스든 크든 작든 한 기업이 취한 모든 행동의 영향력을 합한 것이다.

기업효과는 전략가의 업무와 직접적으로 연관되어 있으며 결국에는 그 업무의 성패 여부를 나타내는 가장 훌륭한 지표 중 하나다. 대부분의 기업이 비슷한 상황에서 일하고 대체로 동일한 경쟁요인에 직면해 있지만(다음 표 참조) 한 업종 내에서 기업효과는 크게 다를 수 있다.

예를 들어 담배 산업의 경우 임페리얼 타바코(Imperial Tobacco)와 알트리아(Altria)는 업계 평균보다 훨씬 높은 수익을 올리기 때문에 플러스의 기업효과를 낸다. 반면 레이놀즈 아메리칸(Reynolds American)을 비롯한 다른 기업들은 마이너스의 기업효과를 낸다. 항공업의 경우 라이언에어(Ryanair)와 사우스웨스트는 업계의 마이너스 수익에 저항하는 반면, 다수의 경쟁기업들은 훨씬 더 운이 나쁘다.

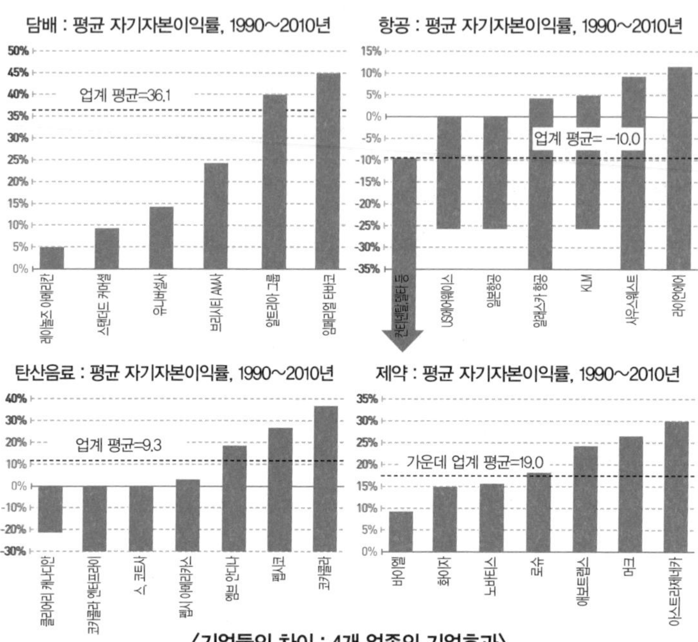

〈기업들의 차이 : 4개 업종의 기업효과〉

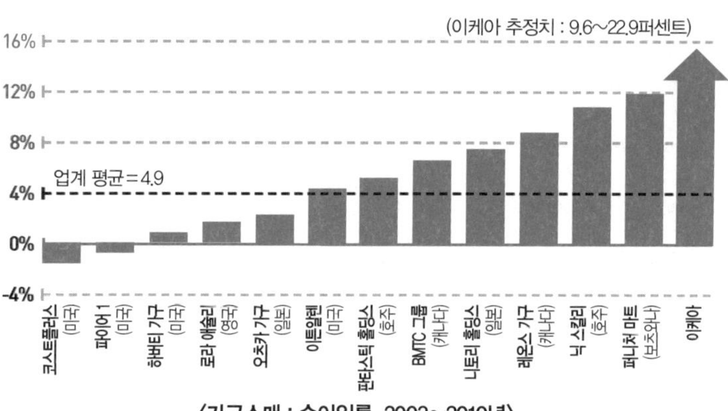

〈가구소매 : 순이익률, 2003~2010년〉

이 표는 수많은 전세계 가구소매상의 순이익률을 보여준다. 업계의 평균수익률은 낮지만 일부 기업은 평균보다 높은 수익률을 보여주며 이케아는 무리 중에서 최고이거나 혹은 최고에 가깝다.[12]

중요한 질문은 이것이다. 동일한 업종에서 활동하는 기업들 사이에서 그런 차이를 만들어내는 기업효과는 무엇으로 설명할 수 있을까? 이케아 같은 기업이 가구산업처럼 힘든 산업에서도 탁월할 수 있었던 것은 무엇 때문인가?

나는 그 답이 목적에서 시작된다고 생각한다. 기업의 목적에서 퍼포먼스의 차이가 시작된다. 기업의 생존과 성공에 있어 그 기업의 존재이유는 무엇인지, 어떤 충족되지 않은 니즈를 채우려 하는지보다 중요한 것은 없다. 이는 전략가라면 가장 먼저 답해야 할 중요한 문제다. 지속 가능한 경쟁우위, 포지셔닝, 차별화, 부가가치, 심지어 기업효과까지, 기업 경영자들의 대화에 등장해온 전략의 모든 개념은 목적에서 비롯된다.

훌륭한 목적이 부르는 네 가지 결과

내 수업을 들은 기업 대표들은 이 모든 이야기가 매력적으로 여겨질 것이다. 마치 그들의 일이 서로 먹고 먹히는 치열한 경쟁이 벌어지는 가혹한 현실을 뛰어넘는 무언가처럼 보이게 만든다. 그들 대부분은 실제 자신 또는 자신의 기업보다 더 큰 맥락에서 그들의 일이 중요하다고 느끼길 원하고, 가능한 한 큰 무대에서 자신의 역할을 해내고 싶어한다. 그래서 그들은 목적이라는 개념을 받아들이는데, 그것은 목적이 그런 욕구와 열정을 갖도록 고무시키는 역할을 하기 때문이다. 하지만 목적이 한 기업의 진지한 안내자가 되려면 훨씬 더 많은 것을 해내야 한다.

■ 훌륭한 목적은 '가치'를 높인다

목적은 기업의 노력의 가치를 높여주고 위엄 있게 만든다. 그것은 모든 관계자들과 목적을 추구하는 직원들, 고객, 기업의 가치 체인에 속한 다른 사람들에게 용기를 불어넣어준다. 이케아 직원들은 자신들이 단순히 값싼 가구를 팔아치우고 있다고 생각하지 않는다. 그들은 최고급 가구를 구입할 수 없는 많은 사람들에게 '더 나은 일상생활'을 창조해준다고 믿는다.

한 갤럽 여론조사에 따르면 거의 모든 응답자가 "인생이 의미 있다거나 인생에 목적이 있다고 믿는 것이 본인에게 매우 또는 상당히 중요하다."고 말했다. 하지만 어떤 업종에서든 자신이 속한 조직의 목적에 강력하게 연결되어 있다고 느끼는 노동자는 절반이 채 되지 않는다.

흥미로운 사실을 한 가지 더 밝히자면 목숨을 걸고 일하지 않는

직업(예를 들면 정화조 청소나 소매업, 화학섬유제조업 등)에 종사하는 다수의 사람들은 조직의 목표와 강한 연대감을 느꼈던 반면, 전통적으로 남을 돕는 일부 분야(예를 들면 병원 근로자) 종사자들은 조직에 연대감을 크게 느끼지 않았다. 이 연구에 대한 분석은 다음과 같은 결론을 내렸다.

> 본질적으로 의미 없는 일 같은 것은 존재하지 않는다. 겉으로 보기에는 가장 중요해 보이는 역할을 하찮게 만드는 상황이 있는가 하면, 표면상으로는 끔찍해 보이는 일을 보람 있게 만드는 상황도 있다. …… 참여가 가장 적은 집단은 자신의 직장을 단순한 일거리로 생각한다. 다시 말하면 직장을 필요에 의해 어쩔 수 없이 겪어야 하는 불편, 또는 개인적인 목표를 달성하고 직장 밖에서의 삶을 즐기기 위해 필요한 돈을 버는 수단쯤으로 여기는 것이다.[13]

좋은 결과를 내도록 사람들의 관심과 참여를 촉진하는 데 있어 목적이 하는 역할을 간과해선 안 된다. 중소기업을 상대로 하는 사무용 인쇄물 회사를 생각해보자. 상품발송 송장과 매출전표처럼 재미없는 일을 다루지만 그 회사 직원들은 이렇게 말했다.

"우리가 하는 일은 화려하지는 않지만 정말로 중요합니다. 사람들이 돈을 지불할 수 없거나 고객에게 영수증을 써줄 수 없다면 회사 운영이 중단될 테니까요."

■ 훌륭한 목적은 명확한 '입장'을 밝힌다

목적은 이렇게 말한다. "우리는 Y가 아니라 X를 한다." "우리는 그것이 아니라 이것이 될 것이다." 이는 서약과 같다. 어떤 것이 되기로 선택한다는 것은 다른 것이 되지 않는다는 의미다. 포터는 그런 선택에는 트레이드오프가 수반됨을 깨달았다. 어떤 것을 더 잘하기 위해서는 다른 것들을 포기해야 한다는 얘기다.[14] 이유야 어찌됐든 선택하지 않는 기업은 결국 이도 저도 아닌 상태가 되어 어느 누구에게도 특별하지 않은 기업이 될 위험이 있다.

전략과 마찬가지로 목적도 선택에 관한 것이며, 진정한 선택은 비록 암묵적이지만 긍정적인 요소("우리가 이것을 한다.")와 부정적인 요소("넌지시 알리자면 우리는 다른 일은 하지 않는다.")를 모두 포함한다.

EOP 프로그램을 수강한 경영자 중에는 규모는 작지만 뚜렷한 성장세를 보이던 영화제작사의 최고경영자, 페드로 귀마라에스(Pedro Guimaraes)가 있었다. 처음에 그의 회사는 벤처사업으로 크게 성공한 여성 엔젤 투자자의 지원을 받았다. 그녀는 오랫동안 영화와 문화 일반에 대한 애정을 갖고 있었고, 이를 페드로의 회사를 통해 실현하고 싶어했다.

페드로는 EOP 프로그램에서 본인의 회사가 광고 제작과 상업적 성공작을 통해 어떻게 돈을 벌 것인지 설명하는 기업의 목적을 적어냈다. 그는 그 여성 투자자에게 자신이 작성한 기업의 목적을 보여주었고, 그제야 두 사람은 그들의 표면적인 관계 아래에서 부글부글 끓고 있던 문제가 무엇인지 알게 되었다. 그는 흥행이 잘되는 히트작을 제작해 수익을 내고 싶어했던 반면, 그녀는 스웨덴의 잉그마르 베르히만(Ingmar Bergman)이나 이탈리아의 페데리코 펠리니(Federico Fellini)처럼 예술영화를 제작하고 싶어했다. 그 순간 그는 투자자가 자신이 제안한 수많은 기획안을 보고 왜 그렇게 주저했는지 마침내 이해하게 되었다. 그들은 처음부터 다른 곳을 보고 있었음에도 그 이유를 알지 못했다. 각자의 목적을 깊이 생각해본 적이 없었던 것이다. 결국 그들은 유쾌하게 결별했고 서로 다른 목표에 부합하는 벤처사업을 각각 추진했다.

■ 훌륭한 목적은 '돋보이게' 만든다

훌륭한 목적은 당신을 독특하게 만든다. "우리는 홍보기업이다." 혹은 "우리는 IT 컨설팅 회사다."처럼 자신의 기업을 대략적으로밖에 설명할 수 없다면, 당신에겐 진정한 목적이 없는 것이다. 어쨌든 당신 기업이 존재하는 이유와 당신이 만족시키기로 선택한 특정 고객, 당신이 충족시키는 시장 니즈는 당신과 같은 일을 하는 다른 기업들 사이에서 당신을 돋보이게 만들어야 한다. 이케아는 자신들의 다른 점을 다음과 같이 설명했다.

> 이케아는 처음부터 다른 길을 택했다. …… 값비싼 고급 가구를

> 만드는 일은 어렵지 않다. 그냥 돈을 들인 다음 고객에게 지불하게 하면 끝이다. 반면 저렴한 가격에 아름답고 오래 가는 가구를 만드는 일은 쉽지 않다. 그렇게 하려면 다른 접근 방식이 필요하다. 간단한 해결책을 찾고, 아이디어를 제외한 모든 면에서 절약하고 줄이는 것이다.[15]

그런 차이는 어디에서 비롯되는 걸까? 그것은 바로 현재 상황은 어떠한지에 대한, 그리고 어떤 중대한 면에서 어떻게 더 나아질 수 있는가에 대한 혁신적 사고, 깊은 통찰, 새로운 아이디어에서 생겨난다. 이런 차이는 효율성을 향상시키는 새로운 생산기술, 더욱 매력적인 색다른 상품, 상품이나 서비스가 판매되거나 배달되는 방식의 차이 등, 그 어떤 것도 될 수 있다.

때로는 단 하나의 혁신이 아니라 새로운 개념, 새로운 사업 방식에서 비롯된 여러 개의 혁신이 중요하기도 하다. 이케아가 바로 이런 경우였다. 이케아의 위대한 혁신은 독창적인 가구 디자인이나 플랫팩의 기술적 발명에 있는 것이 아니다. 시장에 진출하는 방법, 고객의 니즈를 충족시키는 쇼핑 경험, 일단의 고객들에게 상품을 제공하는 방법에 대한 신선한 아이디어에 있었다.

이케아의 경험은 기업의 훌륭한 목적이 어떤 좋은 역할을 하는지, 그 주요한 장점을 제대로 보여준다. 기업이 하려는 것에 대한 명료한 이해는 조직의 핵심적인 원칙이나 초점의 역할을 할 수 있으며, 일단의 혁신과 독특한 특징들은 이런 원칙이나 초점을 중심으로 규합되어 큰 효과를 발휘할 수 있다.

■ 훌륭한 목적은 가치 창출의 발판이다

무엇보다도 훌륭한 목적은 가치 창출과 획득을 위한 무대를 마련해준다. 경제적 성과가 기업이 존재하는 유일한 이유는 아니지만, 그래도 그것이 없다면 당신의 다른 목표 중 어느 것도 제대로 실현되기는 어렵다.

당신의 목적이 무엇이든, 그것은 다른 사람들에게 중요한 무언가를 의미해야 한다. 목적이 당신에게 훌륭한 경제적 성과를 안겨주는 것처럼 말이다. 이케아의 목적이 그토록 강력하게 된 것은 그것이 독특하기 때문도, 명확히 정의 내려졌기 때문도, 혹은 그 목적으로 인해 사람들이 더 크고 중요한 것의 일부분이 되었다고 느껴서만도 아니다. 무엇보다도 이케아의 분명한 목적은 가구산업에서 이케아의 훌륭한 성과를 이끌어내는 데 크게 일조했다.

■ 훌륭한 목적은 '모두'를 위한 가치를 창출한다

이제 목적에 관해 당신에게 신랄한 질문 하나를 하겠다.

> 당신 기업의 목적은 해당 산업에서
> '중요한' 차이를 만들어내었는가?

모든 차이가 똑같은 것은 아니다. 당신에겐 정말로 중요한 차이가 필요하다. '원스톱 쇼핑을 제공한다', '가장 오랫동안 영업을 해왔다', '가장 규모가 크고 독립적인 공급업체다' 등, 실제로는 그들 산업에서 크게 중요하지 않은 차이점을 가지고 마치 자기 기업이 차별성을 갖고 있다고 주장하는 기업들이 있다. 또 '최상의 품질'과 같은 정당한 차별성조차도 그런 목표에 필요한 투자나 트레이드오프는 하지 않고 말만 앞세우는 기업들에 의해 종종 의미 없는 것이 되고 만다.

그에 반해 이케아의 목적은, 가구산업에 진출한 매스코 같은 업체를 침몰시킨 업계의 경쟁요인을 처리해주었다. 이케아는 가구업계에서 가장 골치 아픈 두 가지 문제, 즉 가격경쟁과 고객의 낮은 지불의사 문제를 집중 공략했다. 그 결과 군살 없는 생산(lean manufacturing)과 플랫팩, 매장 디자인과 같은 특별한 기술을 통해 그 문제들을 잘 처리해냈다. 또한 그들은 한 가지 스타일 안에서 한정된 종류의 가구만을 판매함으로써 다양한 가구를 제조하는 데 많은 비용이 드는 업계의 관행을 해결해냈다.

여전히 많은 사람들은 기업의 전략을 한 기업과 경쟁기업들, 납품업체, 고객 간의 제로섬 게임으로 생각한다. 그래서 어떻게 이길지, 어떻게 자신에게 가장 좋은 결과를 가져올지를 고민한다. 그 과정에서 사람들은 대체로 가장 익숙한 부분에 초점을 맞춘다. 즉 가격을 높이거나 비용을 줄여서 자신의 이익을 늘리는 것이다.

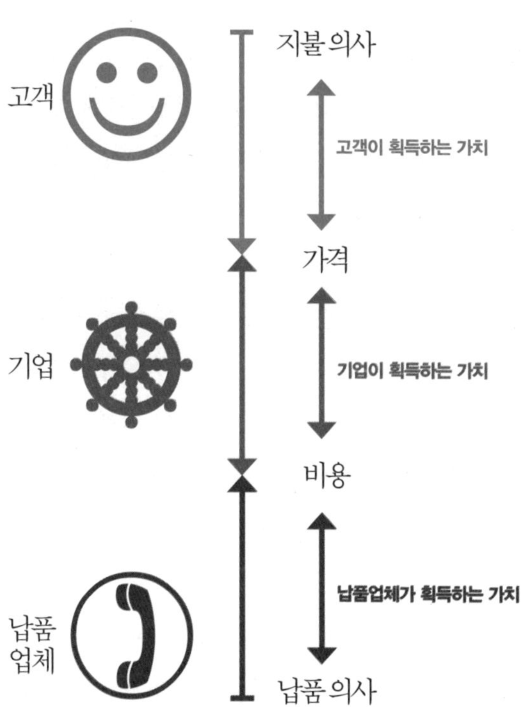

〈전략과 부가가치〉

앞의 부가가치 표에서 그것은 '기업이 획득하는 가치'라 불리는 영역이다.[16]

여기에 대해 게임 이론을 연구한 세 명의 경제학자[17]가 더욱 폭넓은 관점을 제안했다. 그들은, 경영자라면 자신의 기업에 무엇이 최선인지를 고민해야 할 뿐만 아니라 자신이 하는 일이 다른 사람들에게 어떤 영향을 미칠지에 대해서도 생각해야 한다고 말한다.

이 주장은 앞에서 본 표의 맨 위와 맨 아래, 즉 고객의 지불 의사(본질적으로 상품이나 서비스에 대한 고객의 만족도)와 납품업체의 납품 의사(본질적으로 납품업체의 기회비용–특정 기업에 팔고자 하는 최저가)와 관련 있다. 기업의 존재가 한 업종에서 중요해지는 것은 기업이 이 둘 사이의 간격을 멀어지게 할 때, 즉 창출된 총 가치를 확대하는 때이다. 기업이 그렇게 할 때 함께 거래하는 협력자들의 형편을 나쁘게 만들지 않으면서 자사를 위한 가치의 일부분을 요구할 수 있는 가능성이 훨씬 더 커진다. 다시 말하면 기업의 수익성을 높일 수 있는 가능성이 훨씬 더 높아진다.

월마트가 대표적인 예이다. 월마트는 상당히 낮은 가격에 품질 좋은 상품을 제공하면서 그 관계로부터 고객이 획득하는 가치를 증가시킨다. 이와 동시에 이 기업은 납품업체의 비용을 줄임으로써 자사의 비용도 줄인다. 그들은 대규모로 구매하고, 정보를 공유하고, 자사의 시스템으로부터 비용을 줄인다.

샘 월튼(Sam Walton)과 잉그바르 캄프라드 사이에는 흥미로운

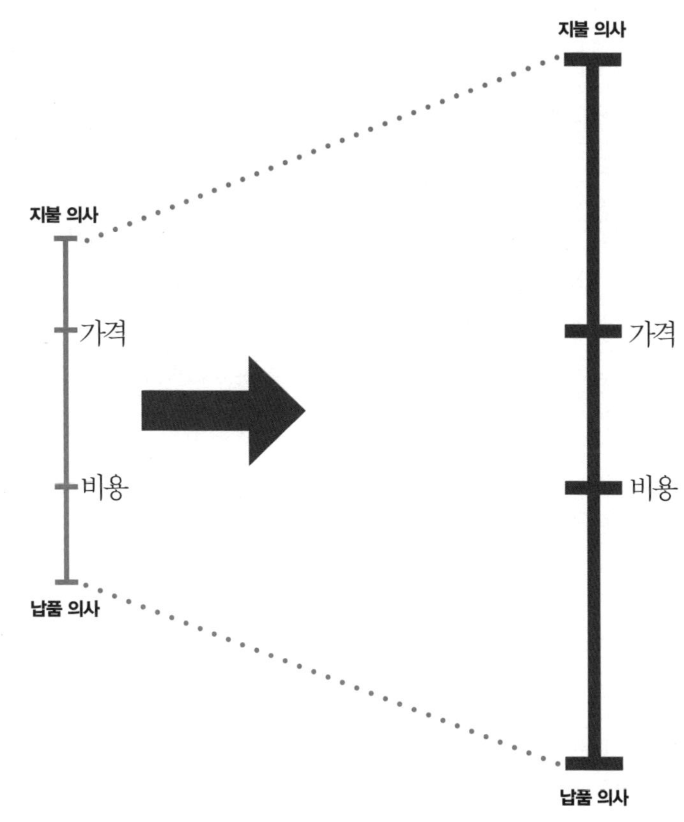

〈가치 창출 – 파이 키우기〉

유사점이 있다. 두 사람 모두 침체된 환경에서 큰 돈 없이 고객의 환심을 사는 방법을 깨치며 저가 소매업의 비전을 키웠다. 하지만 전략의 관점에서 가장 중요한 유사점은 두 사람 모두 파이에서 가장 큰 몫을 누가 차지할지를 놓고 싸우지 않았다는 점, 자신의 존재를 통해 가치를 더할 때 발생하는 이점을 간파했다는 사실이다.

이케아는 현재 모습으로 성장하는 과정에서 납품업체들이 돈을 절약할 수 있도록 도왔다. 즉 제조비용이 덜 들어가도록 가구를 디자인했고, 플랫팩 방식으로 운송 및 조립 비용을 상당히 줄여주었다. 그들은 대량으로 주문했고, 납품업체가 더욱 효율적으로 일할 수 있도록 유용한 데이터를 제공했다. 납품업체 입장에서 이 모든 조치들은 이케아와의 거래 비용을 줄여주는 결과를 가져왔고 결국 그들과 이케아와의 거래 가격 역시 떨어지는 효과를 보았다.

하지만 이케아의 중요한 차이에는 더 많은 것이 자리잡고 있다. 강력한 유명 브랜드가 존재하지 않는 산업에서 이케아는 독특한 문제해결 방식과 디자인을 통해 브랜드 인지도를 만들어냈다. 그들은 가구를 장기적인 투자로 보는 오랜 전통을 무너뜨렸고, 가구를 패션으로 보는 시각을 진척시켰다. 그리고 무료 탁아 서비스와 저렴한 식당 서비스를 제공함으로써 가구 쇼핑을 주저하는 고객의 일반적인 성향에 대응했다. 이 두 서비스 덕분에 손님들이 매장에서 보내는 시간은 늘었다.[18] 결국 이케아는 다방면에 걸쳐 가치를 창출해냈다. 즉 납품업체들은 적은 비용에 생산하여 판매하고, 고객은 더 적은 돈을 지불하고도 만족스런 경험을 얻고, 이케아는 그 가치의 일부를 획득할 수 있었다.

BMW나 디즈니처럼 고가 제품으로 성공한 기업들은 다른 방법으로 가치를 창출한다. 그들의 목표는 고가에 팔리면서도 특별히 높은 수준의 고객 만족도를 발생시키는, 대단히 훌륭한 상품을 제공하는 것이다. 그렇게 하기 위해 그들은 대개 평균 이상의 비용을 들이기도 하는데 이는 고객의 지불 의사를 높임으로써 메워지는 수준을 넘기도 한다.

그러나 어떤 기업에게든 논리는 똑같다. 고객 만족도와 납품업체의 총 비용 간의 간격을 최대한으로 넓혀서 가치를 창출하는 것이다.[19] 이는 업계 내의 다른 기업들과 비교하여 당신 기업의 비용이나 가격을 변동시킨다는 의미일 뿐 아니라 앞서 표의 맨 아래와 맨 위 중 하나나 두 개 모두를 이동시킨다는 의미이다.

기업의 모든 일을 이끌어갈 만한, 실행 가능한 목적은 당신의 기업뿐 아니라 당신과 사업을 하는 상대방에게도 똑같이 중요하다. 그렇게 다른 사람들을 위한 가치를 창출하는 것이야말로 그들을 사로잡는 가장 확실한 방법이다.

■ 당신의 기업은 중요한가?

자신의 기업이 실행 가능한 목적을 갖고 있는지, 자신이 속한 업종에서 진정으로 가치를 추가하고 있는지를 알아내기는 쉽지 않다. 어떤 특정한 순간에 나타난 금전적인 성공이 그 증거가 될 수는 있지만, 그저 일시적인 것으로 드러날 수도 있다. 하지만 당신이 솔직하게만 대답한다면, 훌륭한 판단 근거가 될 만한 질문이 하나 있다.[20] 본질적으로 이 질문은 내가 이 책을 시작하면서 당신에게 던졌던 질문이다.

"오늘 당신 기업이 사라진다면 내일 세상이 달라지는가?"

우리가 기업의 목적에 대해 오랫동안 토론해왔고 그것이 필요하단 생각에 대부분 동의했음에도 EOP 프로그램을 수강하는 경영자들은 늘 이 질문에 기습을 당한 듯 놀란다. 들은 적이 있거나 스스로에게 물었던 질문이 아니기 때문이다. 이는 진정한 자기 탐구의 질문인 동시에 당신이 대답해야 한다는 사실을 깨달았으면 하는 질문이기도 하다.

당신 기업이 업계에서 차별성을 갖는다는 것은 다음과 같은 의미다. 만약 당신 기업이 사라지면 세상에 구멍이 생기고, 당신 기업이 만족시키던 고객들이 눈물을 흘릴 거라는 얘기다. 그리고 고객이나 납품업체가 밖에 나가서 당신 기업을 대신할 다른 기업을 곧장 찾지 못할 거라는 의미이기도 하다. 만약 당신 기업에게 그런 차별성이 존재하지 않는다면, 당신이 사라졌을 때 슬퍼할 사람은 아무도 없을 것이다. 그렇다면 한번 생각해보라.

당신의 기업이 사라졌을 때 당신을 그리워하지 않는다면, 도대체 지금은 '얼마나' 당신을 필요로 하고 있는가?

그 답을 찾아내고 그 답이 존재한다고 다짐하는 일은 바로 전략가인 당신이, 즉 기업의 성공과 생존을 책임지고 있는 기업의 리더가 할 일이다.

외로운 산 정상에서 기업의 목적을 고안해낸 다음 산을 내려와 목적을 전달하는 일은 전략가가 할 일이 아닐 수도 있다. 목적을 만드는 데는 많은 사람들이 참여할 수 있다. 하지만 목적이 있는지, 그 목적이 실행 가능한지의 여부는 기업의 리더가 판단해야 할 가장 중요한 책임이다. 이것은 전략가가 해야 할 일이다. 당신은 전략가인가?

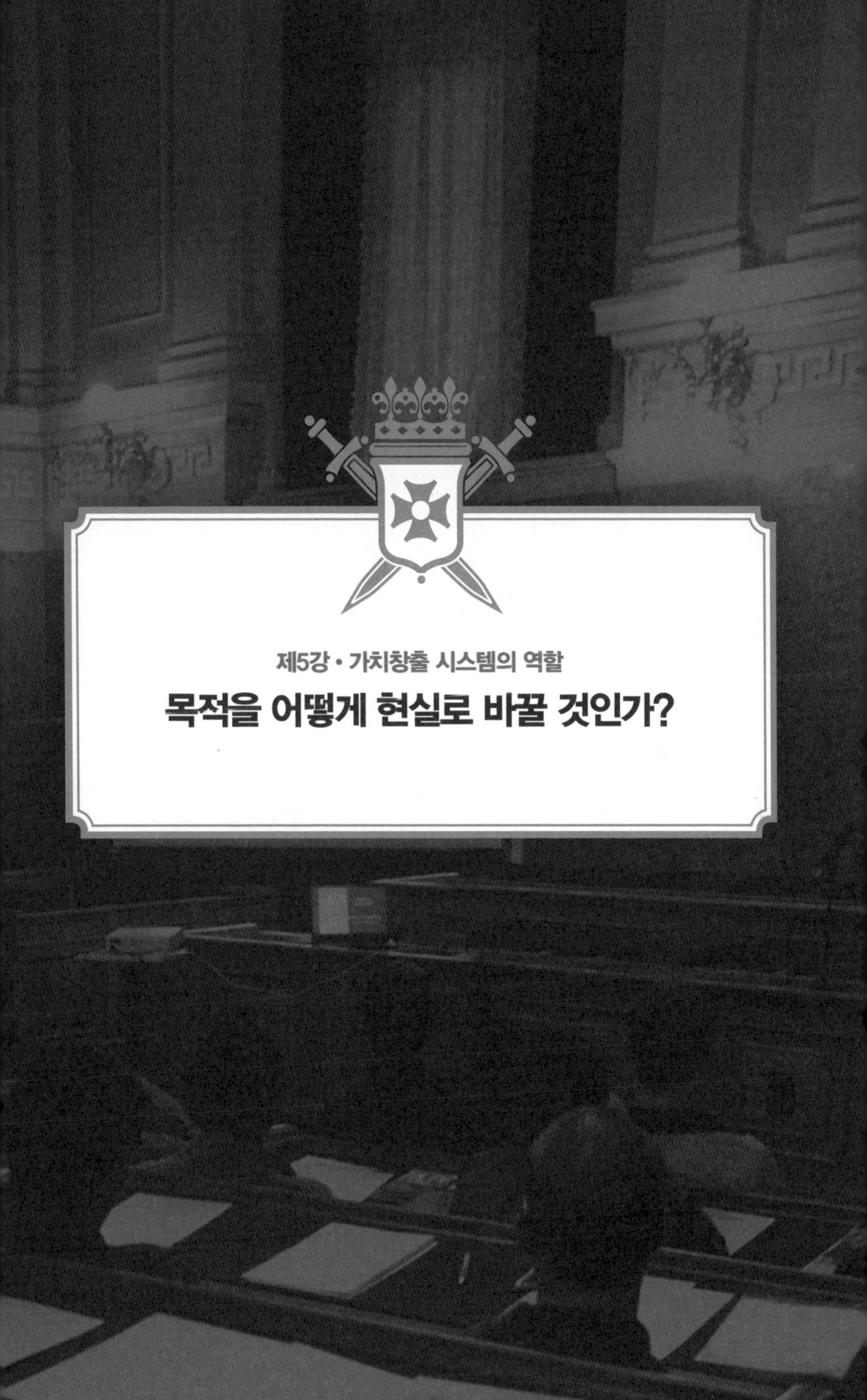

제5강 • 가치창출 시스템의 역할

목적을 어떻게 현실로 바꿀 것인가?

잘 만들어진 목적의 위대함을 알았는가?
그렇다면 이젠 그 목적을 현실로 바꾸는 방법에 대해 살펴볼 차례다.
그 생생한 사례로 구찌를 소개하려 한다.
갑자기 웬 패션 사업이냐고 의아해하는 당신에게 자신있게 단언한다.
구찌의 파란만장한 경영사를 함께하다보면
훌륭한 목적 외에 또 무엇이 필요한지를
분명히 깨달을 수 있을 것이다.

이케아 스토리가 보여주듯 기업의 건전하고 특징적인 목적을 규정하는 일은 대단히 중요하다. 전략가는 먼저 목적을 규정해야만 비즈니스 게임에 참여할 권리를 얻을 수 있다. 그렇다면 게임에 이기기 위해서는 무엇을 어떻게 해야 하는가? 이기기 위해서는 물론 더 많은 것이 필요하다.

무너진 업계의 전설

이탈리아 태생으로 하버드를 나와 세금 변호사로 활동하다가 1994~1995년에 구찌의 최고경영자 자리를 맡게 된 도메니코 드 솔레(Domenico De Sole)를 생각해보자.[1] 그는 예전에 구찌의 북미 지부를 맡은 적이 있었음에도 한때 존경받던 이 기업의 실체를 제대로 알게 된 후 아찔해졌다. 매출은 추락하고 있었고 고객은 냉담했으며 여기저기서 적자가 발생하고 있었다. 구찌는 내부적으로 거의 마비 상태에 있었다. 경영진은 분열되었고 직원들은 중요한 결정을 내리기를 두려워했다. 심지어 구찌의 대표적인 핸드백에 필요한 대나무 손잡이 재료를 확보하는 일처럼 기본적인 문제에 대한 결정도 감히 내리지 못하고 있었다. 그는 이렇게 말했다.

"판매할 상품도, 가격 책정도, 워드 프로세서도, 대나무 손잡이도 없었습니다. 정말 돌아버릴 지경이었죠. 인상적인 핸드백 디자인이 있는데도 회사는 그것을 생산하거나 배달할 수가 없었습니다."[2]

한때는 하이패션과 멋진 디자인의 상징이었던 구찌가 너무나 헤매고 있었기 때문에 급기야 투자자들은 손을 떼고 싶어했다. 그러나 매각 시도는 호가가 너무 낮아 실패하고 말았고, 결국 투자자단은 드 솔레에게 가능한 한 빨리 회사를 정리하여 완전한 상장을 추진할 것을 요청했다.

어쨌든 드 솔레는 버티기 힘들기로 소문난 업종에서 쓰러져가고 있는 기업을 맡아 가치를 창출해야만 했다. 강력한 목적만으로는 긴급한 여러 문제들을 해결할 수가 없었다. 그에겐 출혈을 막고 구찌의 영광을 되찾게 만들 다양한 방법이 필요했다.

내가 드 솔레와 구찌 문제를 EOP 프로그램의 경영자들에게 소개하면 꼭 실망하는 수강생들이 있다. 그들은 눈살을 찌푸리면서 "구찌라고요? 그 디자이너 패션 산업이요? 그게 우리랑 무슨 상관이 있습니까?"라고 묻는 것처럼 서로 쳐다보다가 내게 시선을 돌린다. 물론 나도 그들의 우려를 이해한다.

먼저 이 경영자들 중 다수는 패션 세계가 실제 시장의 법칙에 지배받지 않는 가외의 존재라고 생각한다. 하지만 구찌는 경기 침체에 민감하긴 해도 수십 년에 걸쳐 성장해온 승리의 결과이자 뛰어난 경영의 스토리이다. 구찌는 단순히 컴백을 한 것이 아니라 화려하게 180도 전환하여 비상하듯 돌아왔다.

구찌가 기업의 전략가들에게 주는 교훈은 영원하다. 조만간 거의 모든 리더들이 드 솔레가 부딪쳤던 몇 가지 문제들과 씨름하게 될 것이기 때문이다. 그리고 그가 승리를 향해 나아갈 때 이용한 방법들은 구찌가 다시 한번 온 힘을 다해 도약할 때도 의미있는 결과를 만들어냈다.

■ 호텔 벨보이가 남긴 유산

드 솔레가 직면한 위기를 이해하려면 먼저 구찌라는 기업의 역사를 알 필요가 있다.

구찌오 구찌(Guccio Gucci)는 1923년 이탈리아 피렌체에서 가죽제품을 만드는 작업장 겸 가게를 처음 열었다. 런던 사보이호텔에서 벨보이로 일하며 부자와 명사들의 취향을 면밀하게 파악한 그는 훌륭한 장인의 솜씨와 높은 품질 기준에 초점을 맞춰 사업을 시작했다. 그 결과 그의 공식은 성공적인 것으로 드러났고, 사업이 성장함에 따라 스타일과 아름다움을 갖춘 제품으로 명성을 얻어나갔다. 구찌오 구찌는 아들인 알도(Aldo)의 설득에 따라 로마와 밀란으로 사업을 확장했고, 1953년에는 뉴욕으로 진출했지만 그로부터 불과 2주 뒤 세상을 떠나게 된다.

이후 알도가 회사를 이끌고 동생인 로돌포(Rodolfo)가 밀란 지사를 맡고, 또 다른 동생인 바스코(Vasco)가 피렌체의 공장을 책임지면서 구찌사는 경이적인 성장세를 보인다. 제2차 세계대전이 끝나면서 개발도상국 세계에 고급품 구입을 가능케 하는 경제적인 발전과 고급품에 대한 수요가 형성되었기 때문이다. 구찌 상품은 개도국의 영리한 엘리트층에 어울리는 고전적인 스타일의 '수제품'을 대표하기 시작했다.

구찌 매장에 진열된 가죽 장식판에는 "가격이 잊힌 지 오랜 뒤에도 품질은 기억된다."라는 알도의 표현이 황금 글자로 새겨져 있었다. 소피아 로렌(Sophia Loren)이나 그레이스 켈리(Grace Kelly)처럼 당대의 아름다운 영화배우들이 구찌 가방을 든 모습이 사진에 찍혔고, 엘리너 루즈벨트(Eleanor Roosevelt)와 영국 여왕은 구찌 우산을 좋아하는 것으로 유명했다. 구찌 상표는 이런 여성들과 같은 집단에 속해 있다는 지위를 부여했고, 단순히 돈으로 살 수 없는 무언가를 가질 수 있는 능력을 증명했다. 베벌리힐스, 런던, 파리, 도쿄 등 세계 곳곳의 여성들이 구찌 매장을 가득 메웠고 이런 열정은 1970년대 내내 지속되었다.

자, 이제 나는 학생들과 당신에게 묻겠다.

구찌는 경쟁구도의 어떤 부분을 적중시켰을까? 어떻게 고객을 끌어당기고 수익을 발생시켰을까?

수익 프론티어(profit frontier)[3]를 살펴보면 이 질문에 대한 해답을 얻는 데 도움이 될 것이다. 수익 프론티어는 특정 상품에 대해 높은 가격이나 낮은 가격을 지불하려는 고객의 의사와 고가나 저가에 그런 상품을 생산할 수 있는 기업의 능력을 비교 검토하는 시각적인 지도이다.

예를 들어 어떤 업종에서 최저가로 물건을 파는 기업은 비용을 아주 낮게 유지해야만 한다. 그렇지 않으면 그 프론티어를 벗어나게 된다. 구찌와 같은 기업은 고객들이 높은 가격을 지불할 의향만 있다면 더 높은 비용을 감당할 수 있다. 마이클 포터에 따르면 수익 프론티어는 특정 상품이나 서비스를 제공하는 기업이 입수 가능한 최고의 기술과 경영테크닉, 확보된 정보를 이용하여 특정한 비용에 창출할 수 있는 최대한의 가치라고 할 수 있다.[4]

실제로 수익 프론티어에 위치한 기업은 동종업계 최고의 기업을 의미한다. 그들은 모든 가격에서 가장 능률적인 생산업체이다. 프론티어에서 벗어나 있는 기업들은 효율성이 떨어지고 상품이나 서비스를 차별화하는 능력이 부족하다. 그들은 프론티어 위에 있는 기업들이 규정하고 지배하는 업종에서 어찌할 바를 모르고 있다.

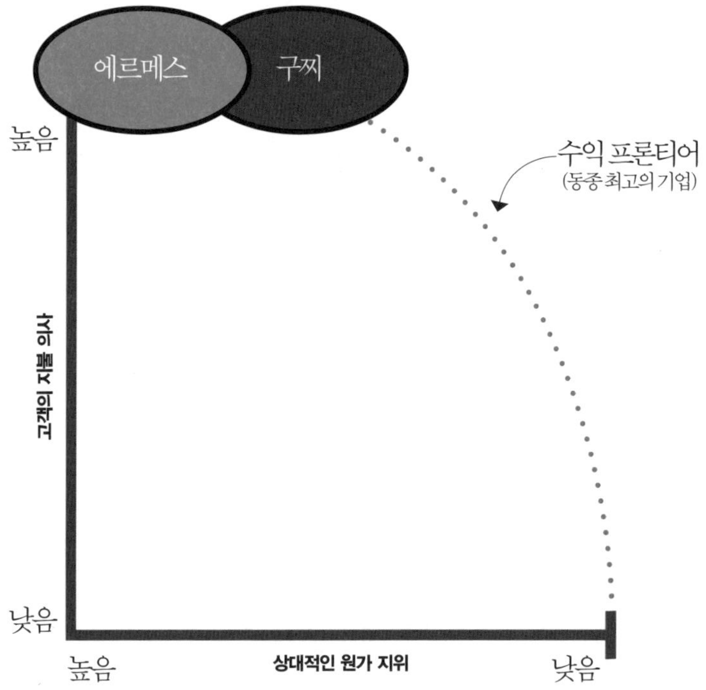

에르메스
구찌

수익 프론티어
(동종 최고의 기업)

고객의 지불 의사

높음
낮음

높음
상대적인 원가 지위
낮음

〈디자이너 패션 산업 : 구찌 1975년〉

1970년대 내내 구찌는 프론티어의 맨 위 왼쪽 코너에 위치해 있었다. 에르메스, 샤넬과 함께 원가도 높고 지불 의사도 높은 지위에 위치해 있었다. 구찌라는 브랜드는 우아함, 재산, 성공을 떠올리게 했다.

하지만 구찌사는 1975년 바스코 구찌의 사망 이후 흐트러지기 시작했다. 당시 알도와 로돌포는 회사 지분을 절반씩 소유하고 있었는데 알도는 자신이 동생보다 가족 사업에 훨씬 더 많은 자금을 투자했다고 생각했기 때문에 두 사람의 지분이 똑같다는 사실에 분개했다. 그는 더 많은 지분을 원했고, 그것을 얻기 위해 구찌 산하에 또 다른 기업을 차렸다.

알도와 그의 세 아들이 80퍼센트를 소유한 새로운 회사는 구찌 로고를 뽐내며 띠 모양의 줄무늬 가죽으로 마무리한 캔버스 품목을 생산했다. 구찌 액세서리 컬렉션(Gucci Accessories Collection)이라 불린 이 신규 사업은 조금 더 넓은 범위의 소비자층에 도달하고 새로운 채널을 통해 유통되는 신제품 라인을 개발하는 동시에, 라이센스를 부여해 구찌 브랜드의 영역을 확대하려 했다. 1979년에 시작되어 알도의 아들, 로베르토(Roberto)에 의해 운영된 액세서리 컬렉션은 주로 라이센스 계약을 통해 사실상 돈 한 푼 들이지 않고 막대한 수익을 벌어들이는, 놀라울 정도로 수지맞는 사업이 되었다.

■ '사공이 많은' 가족 기업의 폐해

겉으로 보기엔 간단해 보였던 이 해결책은 나중에 큰 실수로 판명되어 마치 마피아 이야기를 담은 〈소프라노스(Sopranos)〉 드라마 같은 복수극이 되고 말았다. 톨스토이가 말하지 않았던가. "행복한 가족은 모두 비슷하지만 불행한 가족은 각기 다른 이유로 불행하다."고. 그는 불행한 가족의 한 가지 이유로 기업과 가족 모두에게 문제를 안기는 가족 소유 기업의 특이한 가족관계를 추가할 수 있을 것이다.

새로운 액세서리 컬렉션 설립에 자극받은 알도의 또 다른 아들, 파올로(Paolo)는 더 젊은 고객층을 겨냥한 저렴한 상품 라인을 개발하려 했고, 파올로의 아버지 알도는 이 사업을 막기 위해 극단적인 조치를 취했다. 이에 파올로는 보복으로 미국 국세청을 접촉해 당시 미국 시민권을 획득하기 직전에 있던 자기 아버지가 세금을 탈세해온 사실을 알렸다. 결국 이런 폭로는 81세의 늙은 아버지를 감옥으로 보내는 데 일조했다. 이어서 파올로가 로돌포의 아들인 사촌 마우리치오(Maurizio)에게도 동일한 혐의를 씌우려 하자 마우리치오는 스위스로 도망갔다. 이탈리아 신문 〈라 레푸블리카*La Repubblica*〉는 다음과 같이 보도했다.

"G는 구찌의 G가 아니라 게라(Guerra)의 G이다."

게라는 이탈리아말로 전쟁을 의미한다.[5]

구찌 가문이 혼란에 휩싸인 채 자주 법정에 모습을 드러내자 구찌 브랜드를 지닌 상품들은 바이러스처럼 번져나갔다. 라이센스 계약이 고삐가 풀리면서 붉은색과 초록색 로고가 운동화, 카드, 위스키 등 총 2만 2,000개의 상품에 부착되었다. 구찌 브랜드는 큰 타격을 입었다. 이후 〈위민스 웨어 데일리*Women's Wear Daily*〉가 지적했듯이 구찌는 '지나치게 노출되어 값이 떨어진 브랜드'가 되고 말았다.[6]

설상가상으로 가격이 비싸지 않은 구찌 상품들은 솜씨가 뛰어난 가죽 제품보다 위조하기가 훨씬 더 쉬웠다. 그래서 구찌 짝퉁은 방콕의 뒷골목에서부터 덴버의 할인점에 이르기까지 어디에서든 구입할 수 있게 되었다. 모조품을 들고 다니는 걸 꺼림칙하게 생각하지 않는 한, 이제 모든 사람들은 구찌 가방을 갖고 다니거나 구찌 여행가방으로 여행을 다닐 수 있었다. 그리고 실제로 수백 만 명의 사람들은 짝퉁을 개의치 않았다. 구찌 가문은 구찌 화장지 모조품 생산을 중단시키기 위해 소송을 제기하기도 했지만, 어떤 모험적인 쇼핑백 제조업자가 구치(Goochy)라는 상품라인을 만들었을 때에는 소송조차 하지 않았다.

구찌 가문의 구성원들은 각자 일을 꾸미려 했고 자기 방식대로 그 일을 추구했다. 하지만 알도의 눈에는 모든 것을 가족 사업으로 유지하는 것이 타당하게 보였다. 실제로 그는 다음과 같이 얘기했다.

"우리는 이탈리아의 대중식당, 트라토리아와 비슷합니다. 온 가족이 주방에 있으니까요."7

그 비유는 정말로 정확했다. 대중적인 트라토리아처럼 구찌는 더 이상 고가의 희귀한 브랜드가 존재하는 패션계의 정상 기업이 더 이상 아니었다. 처음에는 고마진, 저원가 사업으로 무척이나 좋은 아이디어처럼 보이던 라이센스 계약은 체계적인 관리가 이루어지지 않으면서 구찌의 오랜 목적을 약화시켰다. 결국 구찌는 수익 프론티어에서 미끄러져 내려왔고 시장에서 제 기량을 발휘하지 못하는 기업들이 허덕이는 침체의 늪에 빠져버렸다.

자, 그렇다면 구찌는 어떻게 해야
원래 자리로 돌아갈 수 있을까? 어떤 조치, 다시 말해
어떤 전략을 취해야 되살아날 수 있을까?

■ 마우리치오가 취한 극단의 조치

알도는 동생인 로돌포가 1983년에 세상을 떠났을 때에도 여전히 자기 아들들과 싸우고 있었다. 1년 동안 스위스로 피신해 있다가 법률상의 문제를 해결하고 돌아온 로돌포의 아들, 마우리치오가 최전선에 등장했다. 그는 바레인에 본부를 둔 사모펀드 기업인 인베스트코프(Investcorp)의 금융지원을 얻어 가문의 사업을 전적으로 통제하고자 했다. 사촌 파올로와 손을 잡은 마우리치오는

결국 나머지 가족의 지분을 모두 사들이는 데 성공했다.

마우리치오는 피렌체에서 고위직 임원 회의를 소집해 지도부의 변화뿐 아니라 새로운 전략의 의도를 발표했다. 그는 임원들에게 이렇게 말했다.

"구찌는 훌륭한 경주용 자동차인 페라리와 비슷합니다."

하지만 구찌는 폭스바겐 비틀보다도 작은, 이탈리아의 평범한 소형 자동차, 피아트 500 '친퀘첸토(Cinquecento)'처럼 너무 오래도록 달려왔다. 마우리치오는 "지금부터 구찌는 새로운 운전사가 몹니다. 안성맞춤의 엔진과 부속품, 정비기사를 갖춘 우리는 경주에서 이길 것입니다."라고 단언했다.[8]

새 운전기사가 우승하려는 경주는 그랑프리였다. 마우리치오는 명품 소매업계의 천재, 돈 멜로(Dawn Mello)에게 구찌의 크리에이티브 디렉터 자리를 제안하면서 이렇게 말했다.

"구찌는 왕성했던 젊은 시절의 이미지를 다시 찾아야 합니다. 나는 그때의 화려함을 상기시켜 다시 한번 우리 고객들의 열광적인 반응을 일으키고 싶습니다."[9]

멜로는 마우리치오가 이끄는 곳으로, 즉 구찌의 성공이 한창인 시절로 돌아가고자 했다. 멜로의 새로운 디자인 팀이 '계절이 지나도 버리지 않을' 상품을 만들려고 애쓸 때, 멜로는 '패션이 아니라 스타일'이라는 주문을 외웠다.[10] 구찌는 처음에 명성과 사랑을 얻게 해준 고전적인 상품을 의식적으로 다시 만들고자 했다.

마우리치오는 이렇게 말했다.

"과거에 구찌 가방을 갖는 게 특권이었다면, 또 다시 그럴 수 있습니다."[11]

그는 잘못된 결정과 형편없는 실적이 이어지던 시기를 잘라내려고 애쓰면서 자신의 목표를 달성하기 위해 과감한 조치를 취했다. 그는 구찌 '브랜드'를 지닌 2만 2,000개의 상품을 7,000개로 가차 없이 줄였고, 핸드백 스타일도 350가지에서 관리가 쉬운 100가지로 축소했다. 또한 1,000개의 매장 중 800개가 넘는 매장을 폐쇄했고, 1990년 1월에는 구찌 액세서리 컬렉션을 없애버렸다. 그는 도매 사업과 면세점 사업도 중단했는데, 갑작스런 공백을 메울 만한 대체 사업이나 교체 사업도 준비하지 않았다.

이런 과감한 조치는 극적인 결과를 가져왔다. 1991년부터 1993년까지 구찌는 약 1억 200만 달러의 손실을 입었다.[12] 이 시기에 마우리치오는 터무니없을 정도로 돈을 쓰고 있었다. 그는 선원들의 복장을 포함해 요트에 대한 모든 것을 디자인하면서 이탈리아의 아메리카컵(America's Cup) 요트대회 참가를 후원했다. 그는 밀란의 산 페델레 광장에 있는 5층 건물을 본부 사무실로 빌린 뒤 5개월에 걸쳐 대대적인 개수공사를 시작했다. 또한 한때 엔리코 카루소(Enrico Caruso) 소유였던 16세기 별장을 사들여 그곳에 훈련 본부를 세우려고까지 했는데, 별장을 새로 꾸미는 데 대략 1,000만 달러가 들어가는 것으로 추정되었다.

한편 돈 멜로가 준비한 새로운 컬렉션이 매장에 도착했을 때, 마우리치오는 기쁨의 눈물을 흘리며 이렇게 말했다.

"이거야말로 우리 아버지가 해온 거야. 과거의 구찌가 바로 이랬거든."[13]

하지만 머지않아 그는 또 다른 종류의 눈물을 흘리게 되었다. 마우리치오의 매력과 그의 뛰어난 마케팅적 직감은 무시할 수 없었지만 원가 관리나 재고품 조사, 재정계획 같은 것이 전혀 준비되어 있지 않았던 것이다. 마우리치오의 막대한 지출 때문에 멜로가 준비하고 있던 디자인팀은 현금 부족으로 힘든 시간을 보내야 했다. 회사는 가까스로 대금 청구서를 지불하고 월급을 줄 수 있었다. 현금흐름 속도가 느려지자 마우리치오는 고객이 지불할 마음이 들지 않을 정도로 상품 가격을 올렸다.

1992년 구찌가 총수입 2억 달러에서 5,000만 달러의 손해를 보자 인베스트코프는 마우리치오의 능력을 더 이상 신뢰하지 못하게 되었다. 결국 다음 해에 마우리치오가 개인적으로나 재정적으로 곤경에 빠지자 인베스트코프는 그의 지분을 사들이기에 이르렀다.[14] 회사 역사상 처음으로 구찌라는 브랜드를 지키며 구찌를 경영하는 구찌가 사람이 한 사람도 없게 된 것이다.

그로부터 1년 뒤, 구찌사를 매각하지 못한 인베스트코프는 드디어 도메니코 드 솔레에게 도움을 요청했다.

승부사 도메니크 드 솔레의 전략

생명유지장치에 의존해 간신히 연명하고 있는 기업을 맡은 드 솔레는 팀을 소집하기 시작했다. 그는 돈 멜로가 미국으로 돌아가는 쪽을 선택하자 32세의 젊은 패션 디자이너, 톰 포드(Tom Ford)를 크리에이티브 디렉터로 전격 승진시켰다. 그는 또한 생산주임과 최고재무관리자를 새로 임명하고 국제경영팀을 강화했다. 결정적으로 중요한 점은 그가 인베스트코프로부터 많지는 않지만 현금 투입을 확보했다는 사실이었다.

하지만 그것만으로는 충분하지 않았다. 드 솔레가 회사를 전진시킬 수 있으려면 그와 그의 팀은 구찌의 목적을 다시 이해해야만 했다.

구찌는 어떤 모습이 될 수 있는가? 구찌가 중요한 이유는 무엇일까? 에르메스와 샤넬, 프라다, 루이뷔통으로 가득 찬 세상에서 이 기업을 특별하고 타당하게 만드는 것은 무엇일까? 구찌는 최고위층을 겨냥한 명품 브랜드로 계속 남도록 노력해야 하는가? 아니면 다른 브랜드가 되어야 하는가? 구찌는 정말로 무엇을 할 수 있는가?

생각해보자. 당신이 리더라면
이런 상황에서 어떤 전략을 취할 것인가?

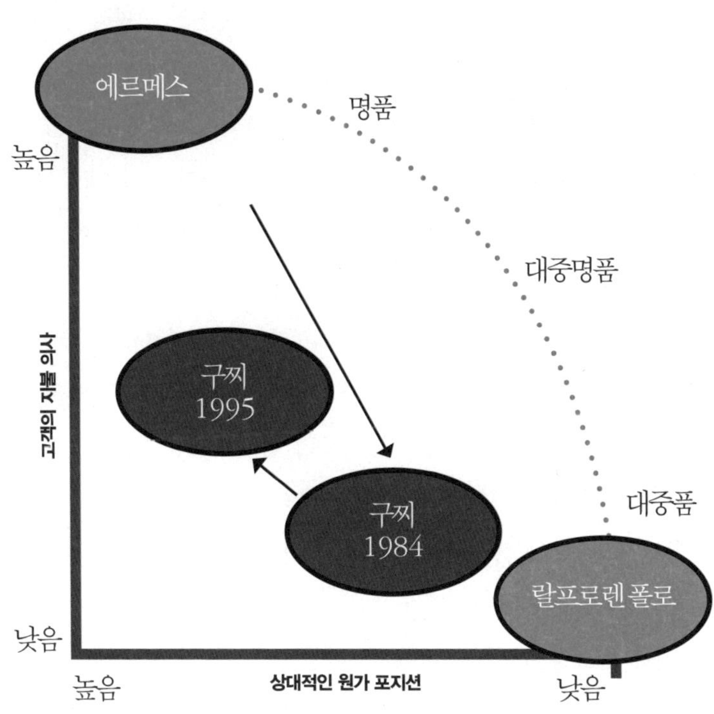

〈디자이너 패션 산업 : 구찌 1995년〉

바로 이 부분에서 전략가는 강해져야 한다. 그리고 이는 쇠퇴하는 사업이나 심해지는 경쟁에 직면한 모든 리더가 직면하는 가장 힘겨운 과제이기도 하다. 과연 이 기업은 무엇이 될 것인가?

EOP 프로그램에서 이 시점이 되면, 수강생들은 구찌의 달라진 수익 프론티어를 살펴본다. 구찌가 최적의 지점에서 멀리 떨어져 있는 것이 보인다. 마우리치오는 수익 프론티어에서 원가도 높고 지불 의사도 높은 포지션으로 구찌를 돌려놓으려 애썼지만, 실제로는 인적이 끊긴 부분에서 소비자가 지불하지 않을 가격에 원가도 높은 기업의 위치로 옮겨 놓는 데 성공했을 뿐이다.

본능적으로 수강생들은 곧바로 조치를 취하려 한다. 그들은 대부분 마우리치오의 목적을 괜찮다고 생각하기 때문에 그 즉시 목적을 실행하는 더 나은 방법을 찾으려 한다. 나는 그들에게 느긋하게 다시 한번 생각해볼 것을 충고한다.

"왜 우리는 이 그래프에서 구찌의 위치를 살펴보는 데 그토록 많은 시간을 들였을까요?"

처음에 그들이 내놓는 대답은 다양하다. "구찌가 얼마나 멀리 떠내려 왔는지 보고 싶어서요."라고 대답하기도 하고 "과거를 알아내서 같은 실수를 반복하지 않으려고요."라고 대답하기도 한다. 잠시 토론이 이뤄지고 나면 마침내 누군가가 더 절박한 문제를 알아낸다.

"여기가 바로 드 솔레가 시작해야 하는 지점이니까요."

그는 한창 전투중인 기업을 다시 일으켜 세우기 위한 어떤 조치를 취하기 전에 구찌의 현재 위치에 모든 관심을 집중시켜야 한다. 그런 다음 자신이 구찌를 어디로 데려가고 싶은지 결정해야 한다. 첫 걸음을 내딛기 전에 자신이 어디로 향할지 결정해야 하는 것이다.

드 솔레는 정확히 그렇게 했다. 마우리치오가 그랬듯이 드 솔레도 세계의 모든 구찌 관리자를 피렌체에 불러 모아 회의를 가졌다. 하지만 결정적으로 다른 점이 있었다. 그는 구찌가 무엇이 되어야 한다는 자기 생각을 말하지 않았다. 대신 그는 그들에게 사업을 면밀히 살펴본 다음 무엇이 잘 팔리고 무엇이 팔리지 않는지 말해달라고 요청했다. 그는 철학이 아니라 데이터로, 직감이 아니라 실제 경험으로 문제를 해결하길 원했다.[15]

휘하의 관리자들이 제시한 데이터는 놀라웠다. 구찌가 최근에 거둔 최대의 성공작 중 일부는 소수의 계절상품에서 발생했다. 뜻밖에도 구찌는 고정된 스타일이 아니라 최신 유행에 맞는 패션 부문에서 견인력을 얻고 있었던 것이다. 마우리치오가 그토록 그리워한 전통적인 고객, 즉 패션이 아니라 스타일을 소중히 여기고 한 번 사면 평생 간직할 고전적인 상품을 원하는 여성은 진심으로 구찌의 품에 돌아온 게 아니었다.

드 솔레와 포드는 그 증거를 냉정하게 평가했다. 그들도 마우리치오처럼 구찌가 명품 세계의 정상에 계속 머물기를 바랐겠지만,

현실 상황을 고려하면 실현 불가능한 일임을 깨달았다. 구찌가 높은 지위를 회복하려면 회사가 가진 것보다 더 많은 마케팅 자금과 디자인 자금이 필요하고 시간도 더 필요했다. 나중에 드 솔레는 이렇게 말했다.

"우리는 우리가 할 수 있는 일에 대해 현실적인 입장을 취해야 했습니다."16

'목적'을 바꿔 다시 태어나다

결국 그들은 마우리치오나 구찌의 초기 시절과는 다른 목적을 선택했다. 그들은 과거 구찌가 자리했던 위치를 탈환하기 위해 애쓰지 않고, 대신 시장의 중상류층, 다시 말하면 프라다나 루이뷔통과 비슷하게 대중을 겨냥한 명품 시장에 자리 잡기로 했다. 드 솔레는 다음과 같이 설명했다.

"그 발상은 상당히 단순했습니다. 구찌는 높은 품질에 바람직한 가격이 매겨진 패션 지향적인 기업이 되어야 했습니다. 그것은 우리가 패션 리더가 되어야 하고 고품질의 상품을 전달해야 하며 고객이 우리에게서 산 물건으로 커다란 가치를 얻을 수 있어야 한다는 의미였습니다."17

성공을 위해서는 더 젊고 현대적인 고객집단을 새로 양성하고,

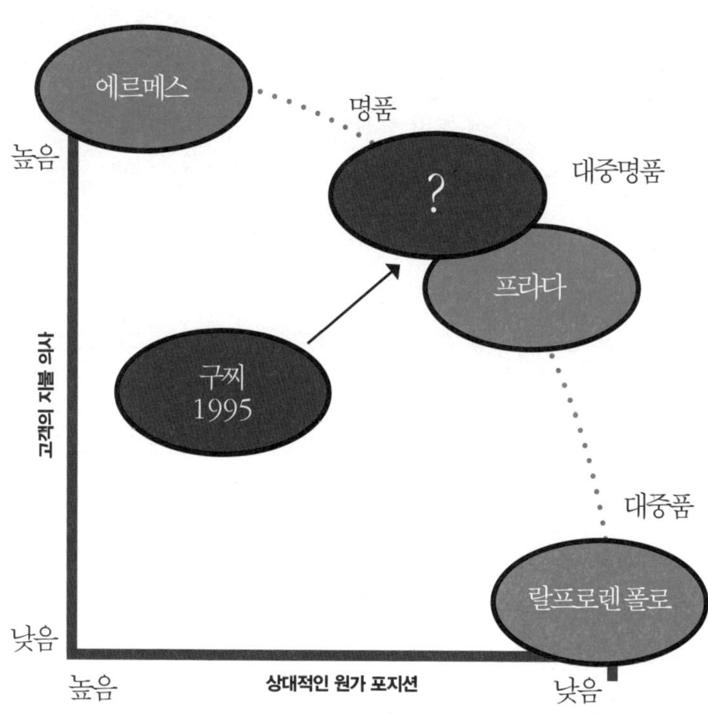

〈디자이너 패션 산업 : 구찌의 리포지셔닝〉

전통적으로 구찌의 대들보였던 부유하고 보수적인 노년의 여성들을 포기해야 했다.[18] 그런 조치가 쉽지는 않을 것이었다. 이에 대해 포드는 다음과 같이 설명했다.

"유행에 민감한 사람들은 주의 집중 시간이 짧습니다. 그들은 다른 고객들보다 브랜드에 대한 충성도가 낮을 수 있죠. 반면 고전적인 고객은 푸른색 콤비 상의에 캐시미어 카디건 세트를 입다가 그 옷이 낡아지면 똑같은 것으로 대체합니다. 유행에 민감한 고객은 소비하고, 쇼핑하고, 구입하고, 버리고, 또 다시 구입합니다."

그런 고객의 관심을 계속해서 붙잡아둘 수 있다면 오랫동안 매우 훌륭한 고객이 되어줄 것이라고 그는 지적했다.[19]

또한 '바람직한 가격'에도 막대한 트레이드오프가 필요했다. 브랜드의 격이 떨어지기 전의 구찌는 비용에 상관없이 최고의 품질을 제공하는 것으로 명성을 구축했다. 에르메스의 핸드백을 분해해 구찌의 핸드백과 비교해본 드 솔레와 그의 팀은 자신들의 회사가 여전히 높은 품질의 상품을 생산하지만 원가구조는 크게 다르다는 결론을 내렸다. 바람직한 가격에 상품을 제공하려면 원가구조가 바뀌어야 하고, 가격 또한 달라져야 했다. 이에 드 솔레는 전체 구매망을 재정비하고 구찌의 원가를 낮춘 뒤에 전체적으로 상품 가격을 30퍼센트 인하할 것을 명령했다.

종종 EOP 프로그램을 수강하는 경영자들은 그 결정에서 고전한다. 그들은 바람직한 가격 원칙에는 찬성하지만, 그토록 긴박한 상황에 처한 기업에게 그 정도의 가격인하가 정말로 필요한지에 대해서는 의아해한다. 그 정도로 가격을 인하하면 이미 약해질 대로 약해진 수익선이 엄청난 타격을 입을 것이기 때문이다. 누군가는 "아마도 나중에는 그렇게 해도 되겠지. 상황이 나아지고 나면 말이야. 아니면 30퍼센트보다 더 적은 수준으로 낮추던가."라고 말한다.

하지만 가격인하는 바람직한 가격의 핵심적인 요인이었고 구찌가 원하는 고객을 끌어들이는 데 중요했다. 드 솔레의 생각에 정말로 불리한 점은 가격인하가 아니었다. 이 시점에서 보여주는 소심함이야말로 전략의 날카로운 날을 무뎌지게 만드는 것이었다.

톰 포드가 1994년 10월에 처음 선보인 단독 컬렉션은 그다지 뜨거운 관심을 일으키지 못했다. 그는 멜로와 마우리치오의 영향을 떨쳐내고 자신만의 심미적인 디자인을 부각시키기까지는 한 시즌 정도가 걸릴 거라 생각했다.[20] 하지만 1995년 3월에 발표한 그의 두번째 컬렉션은 구찌의 새로운 목적에 활기를 불어넣었다. 구찌는 더 이상 엄마의 구찌가 아니었다. 톰 포드의 무대 위에서는 꽃무늬 스카프나 우아한 로퍼, 고전적인 블레이저가 단 하나도 보이지 않았다. 대신 두건을 두른 슈퍼모델들이 금속광택이 나는 독특한 부츠를 신고 허리춤이 낮은 벨벳 바지와 네크라인이 배꼽까지 내려오는 몸에 붙는 공단 셔츠를 입고 육감적으로 무대를 돌아다녔다. 〈하퍼즈 바자*Harper's Bazaar*〉는 이 무대를 보고 다음과 같이 설명했다.

"힘들이지 않고 보여준 성적 매력은 관객을 그 자리에 얼어붙게 만드는 완벽함을 갖추고 있었다."[21]

다음 날, 구찌의 쇼룸엔 사람들이 몰려들었고 구찌 브랜드는 다시 태어났다.

구찌 소유자들의 바람에 맞춰 드 솔레는 1995년 10월, 구찌를 상장했다. 그리고 불과 3년 뒤인 1998년에 유럽비즈니스언론연합(European Business Press Federation)은 뛰어난 경제 및 재무 성과와 전략적 비전, 관리 품질을 보여준 구찌를 '올해의 유럽 기업'에 선정했다.[22]

구찌의 재무성과는 정말로 주목할 만했다. 2001년 크레딧 스위스(Credit Suisse)는 구찌에 관한 보고서에서 2000년 1월 31일까지 5년의 회계연도 동안 평균 수익 증가율이 36퍼센트, 연평균 영업이익증가율이 54퍼센트였음을 지적하면서 그들의 변신이 '눈부실 정도'라고 표현했다. 이 기간중에 54퍼센트를 기록한 이익증가율과 함께, 구찌는 10퍼센트의 자본비용을 훨씬 상회하는 평균 34퍼센트의 투하자본수익률을 보여주었다.[23]

언론 또한 주목했다. 〈타임〉지는 '스타일 전쟁'이라는 표지 기사에서 드 솔레와 톰 포드가 놀라울 정도로 브랜드를 부활시켰다고 지적했다. 〈타임〉지는 구찌의 대단한 부활 때문에 변신을 꾀하는 명품업체에게 '구찌처럼 하려고 한다'는 수식어가 붙을 정도라고 덧붙였다.[24] 〈월스트리트저널 유럽*Wall Street Journal Europe*〉은 오늘날 구찌가 패션에 사로잡힌 사람들과 펀드매니저 모두에게 가장 인기 있는 명품 브랜드라고 선언했다.[25]

왜 성공하고, 왜 실패했는가

드 솔레는 포드와 손을 잡고 1995년에 자신이 설명한 목적, 즉 '유행 선도, 높은 품질, 바람직한 가격'을 기초로 구찌를 재건하는 데 성공했다. 그렇다면 드 솔레는 성공하고 마우리치오는 성공하지 못한 이유는 무엇일까?

이케아 스토리를 떠올려보면 드 솔레에겐 강력한 목적이 있었지만 마우리치오는 그렇지 않았다거나 드 솔레의 목적이 어쨌든 마우리치오의 목적보다 더 나았다고 추측할 수도 있다. 하지만 마우리치오가 그의 꿈 때문에 실패했다고 말하기는 어렵다. 그는 대부분의 관측자들이 정당하다고 생각했던 목적을 갖고 있었다. 과거의 구찌로, 명품시장의 최정상으로 구찌를 되돌려 보낸다는 목적이었다. '핵심으로 돌아간다'고 불리는 이 방법은 길을 잃고 헤매다가 자신의 뿌리와 처음 자신에게 성공을 안겨준 요인으로 돌아감으로써 이익을 얻을 수 있는 기업에게 추천된다.

게다가 마우리치오는 자신의 열정으로 빈틈없고 냉철한 일부 투자자들을 사로잡았다. 인베스트코프의 릭 스완슨(Rick Swanons)[26]은 이렇게 말했다.

"모든 은행들이 마우리치오를 상당히 좋아했고 그의 비전은 훌륭했다. 물론 우리에게 익숙한 수준에서 보면 정리된 재무제표나 중앙의 완벽한 관리팀도 없었고 흔들리지 않는 약속도 없었다. 그러나 그가 구찌에 대한 자신의 비전을 이야기하자 사람들은 그의 꿈에 매료되었다."[27]

드 솔레조차도 마우리치오가 추구하던 원대한 꿈이 당시 마우리치오가 이용할 수 있는 재원과 상황을 고려해볼 때 타당하다고 생각했다.

당신은 어떻게 생각하는가? 목적이 문제가 아니라면 성패의 차이는 어디에 있는 것일까?

두 사람의 차이는 각자가 선택한 목적이 아니라 자신의 목적을 행동으로 옮긴 조치에 있었다. 투자자들은 마우리치오의 매력 때문에 구찌가 내부적으로 혼란스럽다는 사실과 더불어 그가 약속을 지킬 수 없다는 사실을 간파하지 못했다. 이와는 대조적으로 드 솔레는 빈틈없이 이어지는 일련의 조치들을 통해 자신의 전략을 세우고 실행했다. 드 솔레가 다시 규정된 목적을 어떻게 실행하고 지원했는지 구체적으로 살펴보자.

■ 상품

구찌는 가죽제품을 보완하기 위해 회사의 주력상품이 아닌 인기상품으로 최신 유행을 따르는 독창적이고도 짜릿한 기성복을 매년 만들어냈다. 빈번한 유행 변화가 세상 사람들의 머릿속에서 그 모든 짝퉁 가방과 구찌 화장지를 지우는 데 도움이 될 거라는 생각이었다. 드 솔레는 이렇게 설명했다.

"우리는 구찌가 달라졌고, 더욱 흥미로우며, 유행을 선도하는 기업임을 이해시켜야 했습니다. 가죽 가방 중심으로는 그 정도의 열광을 얻어낼 수 없었을 겁니다."[28]

■ 브랜드

유행에 특히나 집중한 이유는 단시간 안에 구찌를 새로운 브랜드 정체성을 가진 기업으로 밀어붙이기 위해서였다. 최신 의복뿐 아니라 높은 마진의 핸드백과 액세서리도 함께 판매되는 매장으로 새로운 고객을 끌어들일 정도의 흥미를 일으키면서 말이다. 크레딧 스위스의 애널리스트는 다음과 같이 지적했다.

"기성복 컬렉션은 구찌의 정체성과 생활방식을 보여주는 공개 행사이다. 그것은 구찌의 다양한 상품라인을 통합하고 언론 보도를 유발함으로써 강력한 브랜드 전달수단이 된다."[29]

■ 매장

새로운 패션과 브랜드 전략을 뒷받침하기 위해 드 솔레와 포드는 매장을 직접 돌아다니면서 변화를 꾀했다. 마우리치오의 배타적인 '거실' 같은 분위기와 육중한 옷장 및 베벨 글래스를 치워버리고 대신 깨끗하고 현대적인 모습으로 매장을 바꾸기로 결정했다. 실제로는 매장 인테리어보다 더 많은 것이 달라졌다. 유행 상품이 중요해짐에 따라 매장에서의 고객 지원 또한 업그레이드되었다. 드 솔레는 이에 대해 다음과 같이 설명했다.

"기성복을 판매하는 것은 핸드백을 판매하는 것보다 직원들의 참여가 더 필요한 일이었습니다. 그리고 다른 유형의 판매사원이 필요했습니다."[30]

드 솔레와 포드는 회사 직영 매장에 특별히 관심을 기울이며 이 매장들을 새로 꾸몄다. 수적으로도 1994년의 63곳에서 2000년에는 143곳으로 2배 이상이 늘었다.[31]

■ 마케팅

드 솔레는 입소문을 내기 위해 광고비 지출을 2배로 늘렸다. 1999년에는 광고와 보도 비용이 총수입의 7퍼센트를 차지했다. 그는 또한 톰 포드를 마케팅 자산으로 활용하려는 결정을 내렸다. 그는 이렇게 설명했다.

"톰은 잘생긴 남자입니다. 그를 패션계의 유력인물로 만들면 회사의 얼굴을 확보할 수 있고 입소문을 퍼뜨리는 과정을 촉진시킬 수 있습니다."[32]

드 솔레는 스타 같은 인물이 가져다주는 특별한 에너지가 필요하다고 느꼈고 경쟁사들도 이런 마케팅에 대해 최고의 찬사를 보냈다(포드가 니콜 키드만이나 기네스 펠트로, 톰 행크스와 리타 행크스 부부 같은 유명인들에게 옷을 골라주고 친구가 되는 등, 구찌를 대표하는 얼굴이 되자 루이뷔통은 마크 제이콥스와, 에르메스는 장 폴 고티에와 똑같은 작업을 벌였다[33]).

■ 공급망

대다수의 상품을 직접 생산하는 다수의 명품 기업들과 달리 구찌는 대부분의 상품제조를 납품업체들에 의존했다. 그러나 현금이 달리고 대금지불이 불규칙해지자 많은 납품업자들이 구찌와의 관계를 끊었다.

드 솔레는 대부분의 납품업자들이 위치해 있는 토스카나의 험한 뒷길로 직접 차를 몰고 가 한 사람, 한 사람을 붙들고 대화를 나누었다. 그는 최고의 업자들만 다시 붙잡고 나머지는 포기했다. 최고 중의 최고만 선별하여 대략 25개 업체를 선정한 그는 그들에게 재정적인 지원은 물론, 기술 훈련과 생산성 향상을 위한 조언을 아낌없이 제공했다. 대신 그는 일관된 높은 품질과 빠르고 믿을 수 있는 생산을 요구했다. 그는 이런 노력을 뒷받침하기 위해 효율적인 물류 시스템을 구축했고 인센티브에 근거한 보너스 제도를 처음으로 도입하여 이탈리아에서도 거칠기로 유명한 노조의 지원을 얻어냈다.

그 결과 고정비용이 내려간 동시에 생산 효율성과 유연성이 높아졌다. 이는 비용을 줄이고 장인 수준의 품질을 유지할 수 있는 완벽한 해결책이었다.

■ 경영

조직의 최정상에서 드 솔레와 포드는 밀접한 파트너 관계를 형성했다. 드 솔레는 회사의 전반적인 운영을 책임졌고, 포드는 상품 디자인에서 광고, 홍보, 매장 디자인, 기업 커뮤니케이션의 창의적인 측면까지, 보이는 것은 무엇이든 책임졌다.[34]

드 솔레는 이 모든 것을 뒷받침하는 데 필요한 관리진과 인력을 확보하기 위해 책략과 내분에 시달리는 전통적인 가족 기반의 경영체계를, 능력과 실적에 초점을 둔 경영체계로 대체했다. 회사가 상장한 후 관리자들은 스톡옵션을 받았다. 개인 소유의 경쟁기업들은 이용할 수 없는 방법이었다. 당시 드 솔레는 이렇게 말했다.

"나는 최고의 사람들을 모두 얻었습니다. 사람들은 구찌에서 일하기를 좋아합니다. 우리는 그들에게 더 나은 임금을 지불합니다."[35]

실제로 드 솔레가 디자인, 생산 라인업, 가격책정, 마케팅, 판매,

제조, 물류, 조직 문화, 관리 부문에서 한 일은 모두 목적과 밀접하게 관련되어 있었다. 모든 것이 서로 조정되고, 내부적으로 일치하고, 서로 연결되어 함께 작동하고, 서로를 강화시켜주는 활동과 자원의 시스템이 되었다. 그리고 이 모든 것이 유행을 선도하고 높은 품질과 바람직한 가격을 제공하기 위한 것이었다.

■ 원대한 구상

마우리치오 구찌와 드 솔레의 본질적인 차이는 훌륭한 목적이 곧 훌륭한 전략은 아니라는 점이다. 훌륭한 전략은 단순한 열망이나 꿈을 넘어서는 것이다. 그것은 서로를 보강해주는 부분들로 이루어진 가치창출 시스템이다. 설득력 있는 목적에 의해 단단히 고정되어 있는 전략은 기업이 어디에서 활동을 하고 어떻게 활동하고 무엇을 달성할지 이야기해준다.

이런 시스템은 일단 제대로 구축하고 나면 쉽게 그 장점을 알 수 있다. 하지만 시스템을 구축하는 과정이 항상 수월하거나 아름답지는 않다. 철저하게 그런 시스템에 의해 도출된 결정들은 대담한 선택인 경우가 많다. 드 솔레는 구찌의 세계에서 움직이는 모든 부품들을 위해 기업의 목적을 구체적으로 진전시킨다고 생각되는 선택을 내려야 했다. 엄격히 말해서 이는 두 부분으로 이루어진 관리였다.

특정한 구성요소가 유행 선도, 높은 품질, 바람직한 가격이라

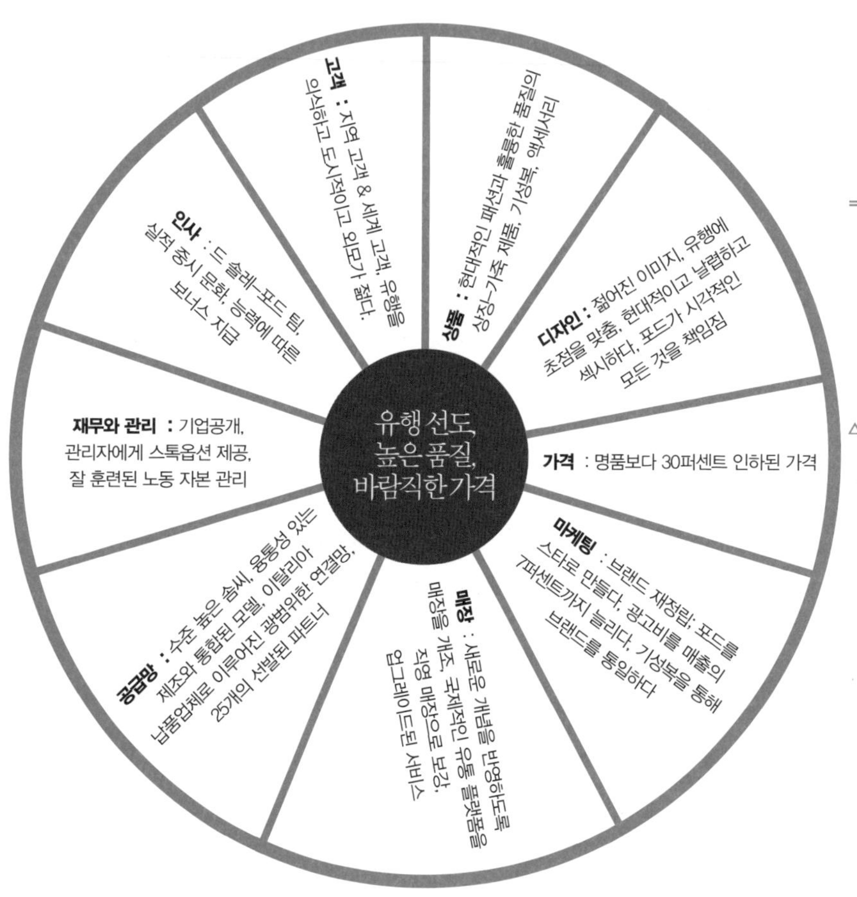

바퀴의 중심은 기업의 목적을 규정한다.

〈구찌의 전략 : 가치창출 시스템〉

는 기업의 목적을 진전시켜야 하며, 그렇지 못하면 다시 구성요소를 만들었다. 전략가들은 그런 선택을 '정체성을 부여하는 책임'이라 부르는데, 조직이 상징하는 바를 반영하는 것이다. 그런 선택은 기업의 현재 모습이나 기업이 바라는 미래상의 중심이 된다. 드 솔레의 경우 이런 선택 중 다수가 자발적으로 이루어졌는데 이는 기업이 무엇을 성취하려고 애쓰는지를 명확히 이해했기 때문에 가능했던 일이다.

발생 가능한 이익을 조금이라도 포기하지 않으려는 마음에 어려운 결정을 피하거나 뒤로 미루고 쉬운 길을 택하는 리더들이 너무나 많다. 많은 리더들이 "새로운 고객을 영입하는 동시에 전통적인 고객도 포기하지 말자."고 이야기하지만 드 솔레는 그렇게 하지 않았다. 그는 하나를 얻기 위해 기꺼이 다른 하나를 희생하려 했다.[36] 새로운 고객에 주력하고 가격을 인하하고 많은 납품업체를 포기하는 등, 그가 내린 각각의 선택은 이익을 약속하면서도 동시에 손실을 안길 우려가 있었다. 이렇게 매번 결정을 내릴 때마다 그는 구찌가 다른 기업과는 다른, 별개의 기업이라 단언했다. 그러나 위기가 닥치면 어떤 일들은 처리하기가 더욱 수월해진다. 모든 결정이 더 급박해지기 때문이다. 드 솔레는 말했다.

"회사에 문제가 있을 때, 우리는 앞으로 나아가야 합니다. 위기는 정말로 우리를 도와주었습니다. 상황이 좋지 않을 때 많은 변화를 도모할 가능성이 훨씬 높습니다. 회사를 다시 일으키려고 애쓰면서 당신은 앞으로 나아가야 합니다. 계속 뒤돌아볼 수는 없으니까요. 그리고 직원들에게 핑계를 댈 기회를 줄 수도 없습니다. 당신은 책임을 져야만 합니다."[37]

드 솔레가 수립한 시스템은 다음과 같은 질문에 대한 답을 제시한다.

"당신은 어떻게 약속을 이행할 것입니까?"

그런 시스템은 하나의 구상을 전략으로 바꾸고 그것을 실현시키기 위한 상황을 조성하는 데 있어 결정적으로 중요한 첫번째 단계이다. 섬세하게 조정되어 맞춤옷 같이 구축된 시스템 덕분에 그는 자신의 목적을 실행에 옮길 수 있었다.

마우리치오에게는 그런 시스템이 없었다. 그에게는 깊이 생각해보지 않고 마련한 원대한 조치들이 많았고, 그것들은 서로 어울려 작동하지 않았다. 내부에만 집중한 그는 자신이 활동하고 있는 현실과 점점 더 어긋나게 되었다. 유행과 손잡은 드 솔레와 달리 마우리치오에게는 사람들의 인식을 바꾸거나 지불 의사를 높일 수 있는 장치가 전혀 없었고, 그에겐 점점 불어나는 비용을 메울 만한 방법이 없었다. 자신의 전략을 뒷받침하고 경쟁을 피할 수 있는 자원이 거의 없었던 것이다.

사람들은 전략에서 희소성의 중요성을 쉽게 간과한다. 희소성을 갖추지 못한 기업은 흥미롭고 혁신적인 구상을 중심으로 한 일관된 시스템을 갖고 있을지라도 문제에 부딪히게 된다. 성공의 조짐이 보이기 시작할 때 이미 그 구상이 모방되는 상황을 겪게 되기 때문이다.

워렌 버핏은 이런 종류의 희소성을 '경제적 해자(垓字)', 즉 다른 경쟁기업이 들어오지 못하게 만드는 진입장벽이라 부른다. 버핏은 해자가 크고 깊을수록 그 기업이 투자대상으로서 매력이 있다고 말한다. 일부 기업의 해자는 유전이나 가스전, 채굴권, 부동산, 특허처럼 물리적으로 독특한 자산일 수도 있다. 일부 대기업은 다른 기업들이 초월할 수 없을 정도의 규모를 갖추고 있기도 하다(월마트나 마이크로소프트를 생각해보라). 그리고 오랜 시간에 걸쳐 구축되어 모방하기 어려운 브랜드처럼 무형의 자산을 가진 기업도 있다(일례로 디즈니 브랜드와 오래도록 친밀하게 지내온 성인의 경험이나 게토레이에 대한 운동선수들의 감정 등을 들 수 있다). 또한 너무 복잡해서 다른 기업은 이해하거나 재현할 수 없는 능력이나 과정도 독특한 요소가 될 수 있다.

이런 자원들 중에 가장 뛰어난 전략을 뒷받침하는 요인이 무엇인지 EOP 프로그램 수강생들에게 물어보면 처음의 두 가지, 즉 물리적으로 독특한 자산이나 거대한 경제적 규모와 관련된 특징을 선택하곤 한다.

하지만 실제로 대부분의 전략에서 특히 중요한 자원은 마지막 두 가지, 즉 브랜드나 기업의 명성과 같은 무형 자원과 기업의 특징에 없어서는 안 되면서 상대적으로 희소성을 띠고 모방하기 어려운, 조직의 복잡한 능력이나 과정이다.

드 솔레의 구찌는 이 두 가지를 자랑한다. 강력한 무형자산인 구찌 브랜드와 고실적의 문화, 디자인 능력, 숙련된 납품업체들로 이루어진 네트워크, 본사 직영 매장이 뒷받침해주는 국제적인 유통 플랫폼이 바로 그것이다. 이 모든 것이 그 자체로 소중하며 구찌의 경쟁력을 끌어올렸다.

이 개별 요인들을 모두 결합시켜 강력한 목적을 향해 밀어붙이는 것이 바로 섬세하게 다듬어진 가치창출 시스템이다. 그런 시스템은 존재하기만 한다면 스스로 기업의 가장 중요한 자원이 된다. 최고의 시스템은 경쟁우위를 가지는 데 중요한 역할을 한다. 또한 독특하게 만들어졌고 희소성도 있으며, 그 복잡성과 시간이 흐르면서 발전하는 방식 때문에 모방하기가 힘들다.

드 솔레가 그런 시스템으로 구찌 브랜드를 부활시키고 또한 사세 확장의 기반으로 창출한 가치는 LVMH〔루이뷔통 모에 에네시(Louis Vuitton Moët Hennessy)〕가 구찌를 인수하려 했던 시도에서 극명히 드러났다. 1990년대 중반 인베스트코프가 구찌를 매각하려 했을 때 LVMH 회장인 베르나르 아르노(Bernard Arnault)는 4억 달러에 불과한 인수대금도 지불할 마음이 없었다. 그랬던 LVMH는 1999년에 구찌의 주식을 사들이기 시작했고 아르노는 구찌를 완벽히 장악하는 대가로 80억 달러에서 90억 달러를 제시한 것으로 알려졌다. 5년 만에 25배가 뛴 것이었다.

드 솔레는 아르노의 인수 시도에 강력히 맞섰고 결국 피노 프랭탕 르두트(Pinault Printemps Redoute, 나중에 PPR로 알려진)라는 백기사를 찾았다. PPR은 1999년에 회사의 40퍼센트에 해당하는 30억 달러를 지불하고 인수와 확장을 위해 추가로 자금을 대주기로 합의했다. 아마도 입찰경쟁에서 구찌의 사업모델, 즉 가치창출 시스템이 가장 중요한 자산으로 간주되었을 것이다. PPR의 설립자, 프랑수아 피노(François Pinault)는 "나는 뭔가를 만드는 것을 좋아합니다. 지금이 글로벌 그룹을 만들 기회입니다."라고 말했다.[38] 구찌의 경쟁우위에 결정적으로 중요한 역할을 했던 구찌의 시스템은 이후 다중사업 기업의 기반이 되었으며 PPR이 다수의 비슷한 사업에 가치를 더할 수 있게 해주었다.

■ 구찌의 사람들

여기서 구찌의 사람들에 주목해보자. 그들은 기업의 가장 소중한 자원이 아닌가? 그들은 구찌의 변신을 가능케 한 사람들이며 가치창출 시스템을 수립한 사람들이다.

EOP 수강생들은 구찌의 성공 요인에서 드 솔레와 포드의 공이 크다고 생각하는데 당연히 그래야 한다. 드 솔레와 포드가 개개인으로서나 팀으로서 구찌에 엄청난 가치를 안겨주었다는 사실에는 의심할 여지가 없다. 하지만 한 기업의 소중한 자원을 확인해내기 위해서는 아무리 재능이 뛰어난 개인이라도 그들에게만 시선을 고정시켜서는 안 된다. 한 기업의 스토리는 주요 인사나 스타급 직원들로부터 시작될 수 있지만, 그 뒤에는 훨씬 더 많은 것이 존재해야 한다. PPR이 구찌에 투자했을 때, 드 솔레와 포드로 이루어진 올스타 팀은 의심의 여지없이 구찌가 가진 매력의 일부였다. 하지만 우리가 생각하는 것만큼은 아닐 것이다.

2004년에 PPR이 구찌의 나머지 사외주를 사들여 구찌를 전액 출자한 자회사로 만들었을 때, 드 솔레와 포드는 자신들의 경영상의 자유를 완벽하게 보장해달라는 요청과 함께, 구찌 감독이사회에 소수의 사외이사를 유지하겠다는 서약을 요구했다. 〈월스트리트저널*Wall Street Journal*〉에 따르면 PPR은 드 솔레에게 기대 이상의 제안을 하고 두 사람에게 두둑한 연봉을 지급했지만 그들이 원하는 독립은 보장해주길 거부했다.[39] 결국 구찌 주식으로 수천만 달러를 번 두 사람은 곧바로 회사를 떠났다.

그들의 이탈에 충격을 받고 실망한 사람들은 반대의 목소리를 강하게 냈다. 하지만 구찌는 무너지지 않았다. 실제로 그때 이후로 구찌는 높은 실적을 올리는 때도 있었고 그렇지 못한 때도 있었다. 만약 드 솔레와 포드가 구찌에 남았더라면 구찌의 앞날이 더 밝았을까? 많은 사람들이 그랬을 거라고 말한다. 하지만 그들 없이도 버텨나가는 구찌의 능력이야말로 그들이 구축한 진정한 가치를 증명하는 것이다.

구찌의 결정적 교훈 : 전략과 실행의 이분법

한 인터뷰에서 나는 드 솔레에게 그가 구찌에서 이룬 가장 중요한 업적이 무엇이라 생각하는지 물었다. 그러자 그는 이렇게 대답했다.

> 우리는 패션을 진정한 사업으로 만들었습니다. 우리는 더 강해졌습니다. 그리고 경쟁력도 강해졌습니다. 우리는 회사를 다시 선보이기도 했지만 패션의 세계를 바꾸는 데도 기여했습니다. 그 세계는 수익성이 그리 높지 않은 가족 경영의 소규모 개인 기업에 의해 지배되고 있었습니다. 우리가 거기까지 도달하는 데는 몇 년이 걸렸지만, 패션계에서도 많은 돈을 벌 수 있다는 사실을 입증했습니다.[40]

드 솔레와 포드는 단순히 몇 가지 조치를 통해 그 일을 해낸 것이 아니었다. 그들은 업계를 철저히 파악하고, 구찌의 미래상에 대해 일관된 생각을 갖고, 협력과 재건이 필요한 모든 활동을 열정적으로 그리고 규율을 지키며 진행시켰다. 드 솔레는 이렇게 덧붙였다.

"세상만사처럼 그것은 많은 사소한 일들로 이루어졌습니다. 우리는 먼저 처리해야 할 일을 적극적으로 정했고, 결단력 있고 신속하게 행동을 취해야 했습니다."

전략가가 기본적으로 할 일은 '생각'이라고 믿는 사람들이 많다. 그러나 실제로 전략가가 할 일은 생각이 아니다. 전략가는 안건을 정하고 그것을 실행하기 위해 조직을 정비하는 일을 가장 먼저 해야 한다. 드 솔레는 이렇게 말한다.

"훌륭한 전략가를 확보해놓고 말만 많이 하는 기업들이 있습니다. 결국 그들은 제대로 일을 해내지 못합니다. 반면 나는 끝까지 일을 처리합니다. 나는 늘 관리자들에게 전화를 걸어 자신이 해야 한다고 말한 일을 실제로 행동에 옮겼는지 확인합니다."[41]

해마다 학기 초가 되면 수업을 듣는 몇몇 수강생들이 전략과 실행 중에 무엇이 더 중요한지를 주제로 집단 토론을 해보자고 한다. 내 생각에 그것은 잘못된 이분법이다. 하지만 그들 스스로 해결해야 할 잘못된 토론이라 나는 그냥 해보도록 놔둔다. 나는 구찌 사례가 끝나갈 때쯤이면 항상 그 토론 얘기를 다시 꺼내어 묻는다.

"여기서 전략은 무엇인가요?" "실행은 무엇인가요?" "어디서 전략이 끝나고 실행이 시작되나요?"

명확한 답변을 하지 못하는 경우가 많다. 어쩌면 그럴 수밖에 없을지도 모른다. 자연스럽게 실행으로 이어지는, 잘 구상된 전략만큼 바람직한 것이 어디 있겠는가?

조직의 세세한 영역에까지 풍부하게 존재하고 목적에 의해 추진되는 가치창출 시스템으로 전략을 생각하는 것이 요점이다. 그것은 고상한 발상과 실행을 이어주는 다리이다. 그러나 이케아나 구찌 같은 기업처럼 모든 세부적인 내용이 우리 눈앞에 제시되어 있을 때는 그 시스템을 알아보기가 쉽지만 현실은 그렇지 않다. 그동안 수천 개의 기업과 일해본 경험에 비춰볼 때 정말로 좋은 결과를 이뤄내는, 신중하게 다듬어진 시스템은 지극히 드물다.

종종 문제는 시작에서부터 발생한다. 리더가 자신의 기업이 무엇이 되길 원하는지에 대한 명확한 생각을 갖고 있지 않으면 자신이 정확히 무엇을 해야 하는지, 자신의 성공이 어떻게 평가받을지 모르기 때문에 일관된 가치창출 시스템을 구축할 수 없다. 그로 인해 그들은 최첨단 판매 관리 방식이나 전사적 품질관리(Total Quality Management)처럼 일반적으로 훌륭하다고 평가받는 관행을 갖추고도 성공의 가장자리에서 헤매게 된다.[42] 이런 관리 방식은 도움이 될 수는 있지만, 기업의 강점을 찾거나 그 강점을 유지하며 버텨내는 데는 도움이 되지 않을 것이다.

당신을 비롯한 기업의 모든 리더는 자신의 전략이 진정한 가치창출 시스템인지, 서로 보강해주는 요소요소들에 의해 빈틈없이 뒷받침되는, 명확히 규정된 목적인지 스스로에게 물어야 한다. 만약 그렇지 않다면 그런 시스템을 구축해야 할 때이다.

제6강 • 본격적으로 전략 수립하기

당신의 전략은 무엇인가?

이제 당신 차례이다.
당신 자신을 냉정하게 파악하고 분석하고 평가하고,
그래서 드러난 결과를 바탕으로
어떤 조치를 취할 것인가를 결정해야 한다.
결과에 따라 때론 불편하고 곤욕스러운 시간이 될 수도 있음을
미리 경고해두고, 이번 수업을 시작하겠다.

당신은 매스코, 이케아, 구찌의 성공과 실패를 배웠다. 그리고 모든 기업과 조직에 전략이 필요하다는 사실을 알게 되었고, 의미 있는 목적과 빈틈없이 짜여진 가치창출 시스템이 중요하다는 사실도 알게 되었다.

이제는 당신의 기업을 살펴볼 시간이다.
당신의 전략은 무엇인가?

이제 스스로를 분석하라

■ 이론과 현실의 차이

EOP 프로그램이 끝나갈 무렵 사업가와 회장님들에게 이 질문을 던지면, 많은 이들이 자신 있게 고개를 끄덕인다. 이 즈음이면 전략에 대해 오랜 시간을 이야기했고 전략의 원칙에 대해 훌륭하게 이해한 상태이기 때문이다. 그리고 그들은 세상에 잘 알려진 유명한 기업들의 전략에서 어떤 점이 장점이고 약점인지 파악하는 능력을 향상시켰다.

하지만 그들에게 자신의 전략을 설명해볼 것을 요청하면 많은 이들이 힘들어한다. 다소 포괄적인 표현 외에 자신의 기업이 실제로 무엇을 하는지, 어떤 점에서 두드러지는지 정확히 짚어내는 데 어려움을 겪는다. 그들의 구상은 모호하고, 그들이 글로 쓴 표현은 너무 일반적이고 지루하다.

자기 자신을 분석하는 일은 다른 사람을 분석하는 일보다 항상 어렵다. 구경꾼으로서 당신이 누린 냉철한 객관성과 명확성은 자신이 처한 상황의 현실을 직면하기 시작하면 불확실성과 의심 앞에 무너지기 쉽다.

EOP 프로그램 수강생들은 열띤 수업을 통해 전략의 도구를 알게 되지만, 많은 수강생들이 전략의 작동 방식과 진정으로 전략가가 되는 과정에는 큰 차이가 있음을 절감한다. 다시 말하면 전쟁 게임과 실제 전쟁이, 수영하는 법을 책으로 읽는 것과 실제로 수영을 하는 것이 다르다는 사실을 절절히 느낀다.

현실적으로 자기 기업에서 전략적 사고를 작동시키기는 어려울 수 있다. 종종 경영자들은 목적에 대해 신중하게 생각하지 않아서 잘못된 발을 내딛거나, 기업 내에서 이뤄지는 모든 활동이 의도된 방향을 어떻게 뒷받침해주는지(혹은 뒷받침하지 않는지) 파

"난 실제로 한 번도 성으로 돌격해본 적이 없어.
하지만 포위관리 강의는 여러 번 들었지."
Shanahan

악할 수 있을 정도로 충분히 직접 과정을 경험하지 못한다. 다른 기업의 문제와 다른 경영자의 성공 사례를 연구하는 것은 좋은 출발점이지만 그것만으로는 충분하지 않다.

성공적인 전략가로 발전하려면 반드시 직접 경험을 해봐야 한다. 기업의 특정한 목적과 씨름하고, 중요한 차별성을 찾아내고, 당신의 가치창출 시스템을 규정하고, 그 모든 것을 전략에 대한 명확한 진술로 담아내야 한다.

그것을 효과적으로 시작하는 한 가지 방법이 있다. 바로 이 모든 것을 적는 것이다. 글로 적으면 생각에 짜임새가 생긴다. 그리고 자기 기업이 무엇을 하기 위해 존재하는지, 기업의 각 부분이 그런 시도에 어떻게 기여하는지를 신중하게 생각한 표현으로 규정하게 된다. 일단 글로 적고 나면 전체적으로 왜 일이 잘 되는지 또는 안 되는지, 어떤 요인으로 회사가 더 강해질 수 있는지를 분석할 수 있다.

이는 이따금 하는 연습이 아니다. 승리의 전략은 어느 날 오후 컴퓨터 자판을 두드리다가 갑자기 등장하거나 동료들과 함께 주말 수련회에 갔다가 불현듯 떠오르는 것이 아니다. 승리의 전략은 자신의 사업을 분석하고 생각해보고 그 과정의 각 단계를 모두 거쳐가면서 시간을 보낸 후에야 뚜렷해진다.[1]

그리고 그 경험은 전략적 기술을 키워주는 것 외에 기업 내의 모든 이해관계자들에게 당신의 전략을 명확히 밝히는 데 도움을 준다. 많은 기업들이 이 일을 해내지 못한다. 그들은 거창한 말이나 완곡한 표현을 제시할 뿐, 기업 자체나 기업의 특별한 존재이유에 대해서는 제대로 알려주지 못한다.

■ 명확한 전략이 미치는 영향

어느 날 우리가 수업중에 이런 얘기를 하고 있을 때였다. 한 수강생이 자신이 학교에 오기 전에 170곳이 넘는 수강생들의 회사 웹사이트를 모두 보고 왔는데, 대부분의 웹사이트가 그다지 감동적이지 않았다고 말했다. 이 기업이 정말로 무슨 일을 하는지, 어떤 점에서 특별한지, 왜 자신이 그 기업에 관심을 가져야 하는지 확실히 알려주는 경우가 드물었다고 지적했다. 그러자 다른 수강생들도 손을 들어 말했다. 그들도 똑같이 웹사이트를 둘러봤는데 같은 결론에 도달했다고 했다. 이야기의 메시지가 제대로 전달되자 많은 수강생들의 얼굴이 진지해졌다.

아마도 모호한 전략이 그 내부에 미치는 손실은 훨씬 더 클 것이다. IT 컨설턴트인 제임스 챔피(James Champy)가 지적하듯 미래에 대해, 다시 말하면 자신들이 어떤 시장에서 영업을 할지, 얼마나 빨리 그리고 어느 정도의 규모로 성장할 수 있을지, 어떤 차별성을 가질지에 대해 명확히 말할 수 있는 기업은 거의 없다. 이런 모호함 때문에 직원들은 암흑 속에 있는 느낌을 받으며, 기업의 미래의 니즈를 정확히 예상하거나 자기가 맡은 일을 잘 하지 못하게 된다. 대신 그들은 경영진의 조치를 분석하여 전략을 추측하려고 애쓰는 등, 앞날을 그저 점치기만 한다.[2]

명확히 규정된 전략은 당신이 가고 싶은 곳에 갈 수 있도록 나침반을 제공하면서 기업을 조종해나간다. 전략 덕분에 당신은 자신이 하고 있는 일과 그 일을 하고 있는 이유를 명확히 밝힐 수 있기 때문에 더욱 훌륭한 전달자가 된다. 그리하여 당신의 고객과 투자자들은 당신을 더 잘 이해하게 되며, 당신의 직원들은 당신이 무슨 일을 하려는지 추측할 필요가 없어질 것이다. 그들은 자신이 하는 일이 회사 전체에 어떤 기여를 하게 되는지, 회사가 자신에게 무엇을 기대하는지 알게 될 것이다.

어떤가? 한 기업의 전략이란 것이
리더에게, 직원 개인개인에게, 회사 전체에
어떤 영향을 주는지 깨달았는가?

EOP 프로그램의 이런 전략 개발 과정은 극적인 깨달음을 주었다. 일부 경영자들은 생산라인을 줄이거나 회사 자체를 매각해야 한다는 가슴 아픈 결론에 도달하기도 했고, 자신이 놓친 기회를 깨닫거나 새로운 입장을 분명히 밝힌 경영자도 있었다. 세 가지 사례를 간략하게 소개하면 다음과 같다.

나이지리아 최초의 집중 시험관아기 병원인 브릿지 클리닉(Bridge Clinic) 대표, 리처드 아자이 박사(Dr. Richard Ajayi)는 병원의 높은 수준과 차별화된 서비스에 대해 엄청난 자부심을 갖고 있었다. 하지만 자신의 경험을 면밀히 검토해본 그는 자기 병원의 치료비 정도는 감당할 수 있는 고객들이 종종 치료를 위해 해외로 나가는 반면, 중하위층 고객은 관련된 과학기술의 가치를 이해하지 못하고 높은 가격을 지불할 수 없다는 사실을 깨달았다.

이에 대응하여 아자이는 환자의 결과와 관련 없는 비용을 모두 줄이고, 최고 수준의 국제적 기준에 도달한 병원을 확실히 벤치마킹하면서 수준은 높지만 경제적으로 감당이 가능한 의료서비스를 제공하는 병원으로 탈바꿈했다. 그리고 "우리는 여러분의 손이 닿는 곳에 있습니다. 결정을 내리고 기회를 잡으세요."라는 모토를 내세웠다. 그의 병원은 이런 리포지셔닝 덕분에 환자 수천 명의 니즈를 충족시킬 수 있었고 전례 없을 정도의 성장률을 기록했다.

제프 피소(Geoff Piceu)의 할아버지는 1953년에 유나이티드 페인트 앤 케미컬(United Paint and Chemical)을 세웠다. 그리고 회사는 자동차 도장업계에서 견고한 기업으로 성장했다. 하지만 2000년대 초에 업계 경쟁이 치열해졌다. 당시 회사를 넘겨받은 피소는 시장의 경쟁구도가 넌더리가 날 정도로 끔찍했다고 설명했다. 미시간에 본부가 있는 유나이티드사는 이윤을 내기 위해 고전하고 있었다. 피소는 생존을 위한 최고의 기회가 저가의 생산업체가 되는 것이라는 결론을 내렸다. 그는 자동차 도장업계에서는 혁신의 유효기간이 짧아 빠르게 상품화된다는 사실을 알고, 업계의 전통이던 고가의 기초 연구를 포기하고 혁신을 습득하는 빠른 추격자로서 시장의 2인자가 되기로 결정했다. 또한 그는 군살 없는 효율적 생산의 귀감이 되도록 조업을 재정비했다. 새로운 전략은 경쟁기업들에 비해 유나이티드의 생산성을 두 배로 높였고 두 자릿수의 매출 성장을 가져왔다.

호주에 건축사무소를 세운 유진 마치즈(Eugene Marchese)는 고국인 호주에서 다른 주거시장과 지역으로 사세를 확장할 작정이었다. 하지만 그 새로운 시장에서 회사의 독특한 경쟁우위가 무엇인지가 분명히 파악되지 않았다. 결국 그는 수상 경력이 있는 도시 공동주택 부문의 설계능력을 비롯하여 직원과 다른 자원을 이용할 수 있는 해외의 2등 도시로 진출하기로 결정했다.

현재 마치즈 파트너스(Marchese Partners)는 시드니, 샌프란시스코, 광저우 등의 도시에 사무실을 두고 있고, 세계 전역의 부동산개발업체들을 상대로 혁신적인 설계 서비스와 상업적인 감각을 제공하고 있다.

위에서 소개한 세 가지 사례의 공통점은 조직의 목적을 다시 점검하는 데서부터 도약을 시작했다는 점이다. 사업을 점검하려 할 때 목적을 재검토하는 작업이야말로 가장 확실한 출발점이다.

더 분명하게, 더 정확하게, 더 상세하게

앞에서 다루었던 대로 기업의 목적은 세상을 향해 기업이 안겨주는 독특한 가치를 설명한다. 그것은 전략의 가슴 떨리는 핵심 부분으로 당신이 누구이고 당신이 왜 중요한지를 세상에 당당히 선언하는 것이다. 전략의 나머지 부분이 바로 여기서부터 생겨나고 그것을 뒷받침해주기 때문에 목적은 구체적이고 이해하기 쉬워야 한다.

우리 주변에는 '고객을 만족시키는 일을 전문으로 하는, 업계 최고의 기업'이라든지 '우리 비영리단체는 지역사회의 삶의 질을 개선하는 데 전념한다' 등으로 목적을 설명하는 기업들이 너무 많다. 또한 다음과 같이 기업의 목적을 설명하는 경우도 있다.

> 우리는 현재와 미래의 세계 소비자들의 삶을 향상시켜주는 가치와 우수한 품질을 자랑하는 상품과 서비스를 제공할 것이다. 그에 따라 소비자들은 우리에게 업계 최고의 매출과 이익, 가치창출로 보상해줄 것이며 그 덕분에 우리 직원들과 주주들, 우리가 거주하고 일하고 있는 지역사회는 번창할 수 있을 것이다.[3]

이 글을 읽고 어떤 기업이 떠오르는가? 이것이 거대한 소비재 기업인 프록터앤갬블(Proctor&Gamble)의 목적이라고 추측할 수 있겠는가?

다른 기업의 경우와 비교해보자.

> ____________________는 세계의 모든 운동선수들에게 영감과 혁신을 가져다준다.[4]

> ____________________는 점점 많아지고 있는 새로운 사이트에서 더욱 더 효율적인 방식으로 빠르고 훌륭하게 온라인 검색을 할 수 있는 방법을 모색한다.[5]

> ____________________그룹은 그룹 내 브랜드와 관련된 모든 세분화된 시장에서 최고의 수준과 뛰어난 품질에만 집중하는 유일한 자동차&오토바이 제조업체이다.[6]

목적을 설명하는 이 같은 글만 보고 나이키, 구글, BMW인지 알겠는가? 그들은 자신들의 존재이유와 자신의 모습을 정확히 파악하고 있다.

그렇다면 당신 기업의 목적은 무엇인가?

기업 내 모든 사람들이 그 목적을 알고 있는가?

때로는 하나의 슬로건이 기업의 목적을 정확히 표현하거나 또는 적어도 그 슬로건을 통해 기업의 목적에 대한 논의를 시작할 수도 있다.

■ 암리트의 성공 사례

EOP 프로그램 수강생 중 한 명인 H. 커 테일러(H. Kerr Taylor)는 휴스턴에서 암리트(AmREIT)라 불리는 부동산기업을 갖고 있다. 그는 자신이 처음에 어디에서 사업구상을 얻었는지 말해주었다.

젊었을 때 졸업여행으로 유럽을 여행하던 중 이탈리아 피렌체를 방문한 그는 1층에는 가게와 사무실이 있고 그 위로는 아파트가 있는 거대하고 아름다운 다목적 건물을 보고 깊은 인상을 받았다. 그는 카페에서 자기 옆에 앉아 있던 노신사에게 건물 주인이 누군지 물었다. 노신사는 건물이 거의 팔린 적이 없다고 설명하면서 "이 건물들은 이탈리아에서 가장 부유한 가문으로 손꼽히는 사람들 거야. 그게 바로 부자들이 세대에서 세대로 재산을 물려주는 방식이지."라고 말해주었다.

MBA와 법대 학위를 따고 고향인 휴스턴으로 돌아간 테일러는 그 부유한 이탈리아 가문과 비슷하게 포트폴리오를 짤 준비를 했다. 초창기에 그의 기업은 자본이 부족했기 때문에 은행이나 식당처럼 임차인이 한 명인 괜찮은 코너에 부동산을 사서 임대하는 데 주력했다.

마침내 그는 목이 좋은 코너에 위치한 쇼핑센터 전체를 매입하기에 이르렀다. 그 과정에서 그의 회사는 '둘도 없는 코너(Irreplaceable Corner)'라는 슬로건을 갖게 되었다. 그것은 강력한 별칭이었다. 그는 "회사 간판에서 슬로건을 본 사람들은 결코 우리를 잊지 않았다."고 말했다.

테일러가 EOP 프로그램에 참가할 즈음, 그의 사업은 20여 년의 성장 끝에 안정기에 도달한 상태였다. 그가 전략성명서를 공식적으로 작성하기 시작했을 때, 그와 그의 임원진은 자신들의 이야기를 전달할 다른 방법을 찾고 있었다. 얼핏 봐서는 간단해 보인 아래 실험 덕분에 그의 사업의 본질이 무엇인지, 다른 기업과 어떤 차별성이 있는지를 제대로 찾아낼 수 있었다.

그들은 암리트 소유의 부동산과 최대 경쟁기업의 소유 부동산(모두 합쳐서 800건이 넘는)을 모두 표시한 지도를 만들었다. 암리트의 규모가 업계의 거대기업에 비해 상대적으로 작긴 하지만 다수의 호화주택 근처에 부동산을 갖고 있는 대표기업이라는 사실이 분명해졌다. 이런 포지션은 특히 거액의 투자자들이 매력을 느낄 만한 요소였다. 2015년의 인구통계 예상치를 생각해보면 암리트와 다른 기업 간의 차이는 점점 더 커졌다. 암리트를 뒤쫓는 부동

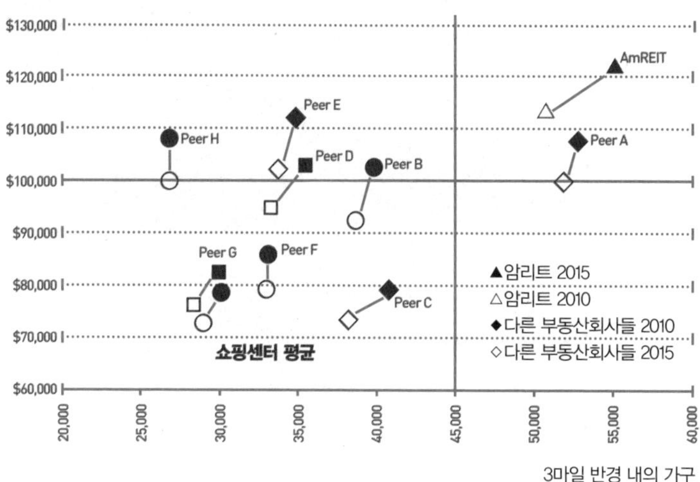

〈암리트의 포트폴리오 : 인구통계학적 포지셔닝〉

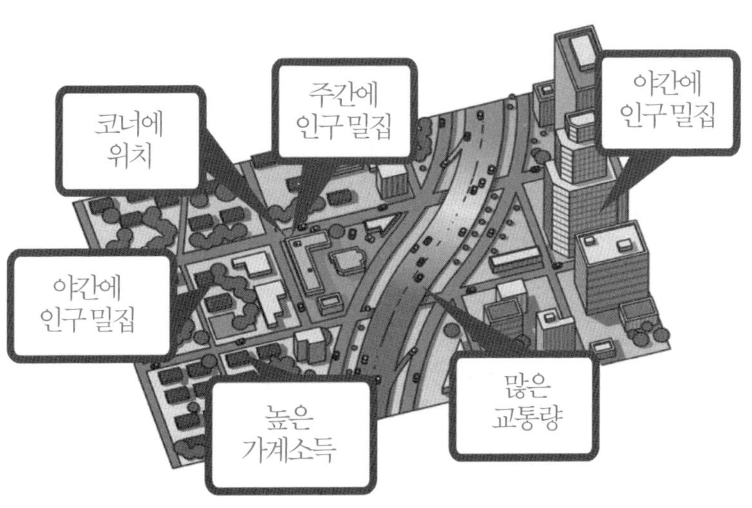

〈암리트의 '둘도 없는 코너'의 기준〉

산 회사는 단 한 곳밖에 없었다.

테일러와 그의 팀은 도표를 연구하고 전략의 표현 방법을 곰곰이 생각하면서 '둘도 없는 코너'가 정말로 무엇을 의미하는지에 대해 묻기 시작했다. 그들은 기업의 목적을 확실하게 파악하고 그 목적을 수월하게 실행에 옮기기 위해 노력했다. 그 덕분에 회사가 매입하려는 부동산의 종류와 그것의 위치, 그리고 그 부동산을 선택하는 방법을 점점 더 확실히 규정해나갈 수 있었다. 이런 작업 덕분에 매우 구체적인 기준이 탄생했다. 암리트가 찾는 코너는 다수의 가구, 특히 부유한 가구 옆에 위치해야 하고, 교통량이 많은 도로 옆에, 낮과 밤에 인구가 밀집된 지역에 위치해야 했다.

그들은 기업의 목적을 분명히 하는 과정을 통해 기업의 문제해결 방식을 효과적으로 만드는 것이 무엇인지 이해하게 됐다. 그 과정은 긍정적인 피드백 회로를 만들어냈다. 세부적인 내용을 새로 깊이 있게 규정하는 과정은 기업 운영 개선에 분명 도움이 됐다. 뿐만 아니라 기업의 전략을 그 목적에 일치시키고 암리트의 스토리를 직원들과 잠재 세입자에게 전달할 뿐 아니라 암리트 규모 정도의 기업을 무시하는 기관투자자들의 관심을 얻는 데도 도움이 되었다고 테일러는 말한다.

테일러는 우리에게 처음의 그 과정에서 말의 중요성을 새삼 느꼈다고 한다.

"나는 말이란 것이 얼마나 중요한지 몰랐습니다. 다른 사람들에게 내 뜻을 전달하고 그 과정에서 나 자신에게도 명확하게 전달할 수 있도록 정확한 어휘 선택을 하는 것은 정말로 중요한 일이었습니다."

알리트의 작업은 BP의 최고경영자를 지낸 존 브라운(John Browne)이 〈하버드 비즈니스 리뷰*Harvard Business Review*〉와의 인터뷰에서 설명한 기업의 목적에 관한 정의와 일치한다.

"기업의 목적은 우리가 누구인지, 무엇 때문에 우리가 특별해지는지를 알려준다. 하나의 기업으로서 우리가 성취하려는 것을 말해준다. (이하 생략)"

기업의 목적을 알아내고 정의하려고 할 때 첫 발상에 멈추지 말고 테일러처럼 다듬고 명확히 만들어가야 한다. 목적을 정확히 표현할수록 그것은 전략 수립을 위한 더 좋은 지지대가 되어줄 것이다. 그리고 아마도 자신의 기업에 대해 새로운 인식을 더 많이 얻게 될 것이다.

브라이톤의 특별한 가치창출 시스템

이제 당신은 기업의 목적이 시작에 불과하다는 사실을 알게 되었다. 5강에서 이야기했듯이 기업의 목적은 당신에게 게임을 할 권리를 부여하고 당신을 게임에 참여하게 만든다.

그렇다고 당신이 승리할 권리를 가졌다는 얘기는 아니다. 드 솔레가 디자인, 납품, 매장, 상품, 가격정책 등 구찌 사업의 각 부분이 회사의 목적과 확실히 조화를 이루도록 만들었던 것처럼, 당신의 모든 활동과 자원도 기업의 목적을 뒷받침하도록 조화롭게 작동해야 한다.

당신은 그 과정의 초반부에서 회사의 고객이 누구인지를 정확히 밝혀야 한다. 그런데 여기서 고객은 어떤 고객을 말하는 것일까? 고객이란 항상 최종 사용자만을 의미하는 것은 아니다.

로라 영(Laura Young)은 1991년, 브라이톤 콜렉터블스(Brighton Collectibles)에 합병된 리진(Leegin)에 입사했다. 당시 리진은 주로 남성 벨트를 판매하고 있었고 회사 소유주인 제리 콜(Jerry Kohl)은 여성 가죽제품으로 사업을 확장하려 할 때였다. 그때 이후로 브라이톤은 여성의 중가 액세서리를 전문적으로 다루는 부티크로 상당한 틈새시장을 만들면서 핸드백, 지갑, 보석, 신발을 판매상품으로 추가했다.

연간매출액이 3억 5,000만 달러가 넘는 지금도 브라이톤은 독특한 기업으로 남아 있다. 지금도 콜이 100퍼센트 지분을 소유하고 있는 브라이톤에는 특이하게도 이사회도 조직도도 없고, 공식적인 직함도 거의 없다. 콜과 영은 동업자로서 여전히 함께 회사를 운영해나가고 있다.

브라이톤의 전략을 정의하는 일을 시작하면서 영은 회사가 어느 부분에 주력해야 하는지를 놓고 고심했다. '고객이 누구인가'라는 질문이 중요해졌다. 영이 말하는 '여자친구 마케팅'에서 본인에게 어울리는 상품을 잘 건져서 친구들에게 그 횡재한 물건을 보여주는 여성 최종 소비자가 고객인가? 아니면 대부분이 가족 소유로 브라이톤의 액세서리를 판매하는 부티크 매장 주인들인가? 아니면 부티크 매장과 브라이톤 직영 매장의 판매사원인가? 그도 아니면 그 모든 매장을 방문하는 100명 정도의 헌신적인 판매 대리인인가?

고객을 규정하는 일은 대단히 중요하다.
당신이 브라이톤사의 리더라면
누구를 고객으로 설정하겠는가?

각 그룹은 중요했고 모두 브라이톤의 독특한 시장 접근방식에서 일정한 역할을 했다. 결국 영은 자사 제품을 판매하는 사람들, 즉 회사의 판매 대리인과 매장 주인 및 판매사원이 회사의 고객이라는 결정을 내렸다. 그들의 헌신이야말로 소비자의 구매결정에 가장 큰 영향을 미칠 수 있기 때문이었다. 그들을 계속 기쁘게 만들고 그들이 이익을 얻도록 만드는 일이 브라이톤의 번영을 좌우하는 열쇠라고 판단했다.

그렇다면 영은 브라이톤의 운영, 즉 가치창출 시스템을 이런 판매사원들에 맞춰 어떻게 조정해야 할까? 브라이톤사는 판매사원들이 보기에 상품이 참신하고 흥미롭도록 소수의 상품을 대량으로 만드는 대신 다수의 상품을 소량씩 만든다. 이는 소매업체들이 다양한 선택을 할 수 있게 해주고 제품 구매 여성에게 선택할 수 있는 대안을 풍부하게 제공할 수 있다는 의미이다.

브라이톤사는 또한 판매사원들이 창의적인 동기부여 행사나 세미나를 통해 브라이톤이라는 브랜드에 대해 배울 수 있는 기회를 꾸준히 마련하고 있다. 영과 콜은 거의 20년 동안 수백 명의 매장 운영자와 직원들을 데리고 로스앤젤레스, 홍콩, 중국, 대만, 이탈리아 등으로 출장을 갔다. 거기서 그들은 함께 공장을 둘러보고 식사를 하는 등, 협력을 도모하는 시간을 부단히 가진다. 영은 이렇게 말한다.

"우리는 업계의 여타 기업들과는 다르게 일합니다. 우리는 매일 고객을 접촉하는 판매사원과의 연대를 확실히 합니다. 우리가 하는 일에 대한 열정은 대단합니다. 브랜드에 대한 진정한 충성심이지요."

그 충성심을 기르는 일은 정말로 중요하다고 덧붙인다.

"열정이 없다면 판매사원들은 매장에서 꼭 해야 할 일을 할 수 없습니다. 그들에겐 다른 점이 있어야 합니다. 고객에겐 다른 선택권이 정말로 많기 때문에 우리는 그들에게 특별히 좋은 경험을 안겨줘야만 합니다."

오늘날 그런 선택권에는 인터넷이 포함된다. 그리고 모든 소매업체들은 주목해야 하는데, 브라이톤사의 의욕적인 판매사원들은 온라인에서 얻을 수 없는 무언가를 제공한다. 이에 대해 영은 이렇게 말한다.

"고객은 매장에 들어올 때마다 기분이 좋아져야 합니다. 고객을 돕는 판매사원들과 인간적이고 따뜻한 관계를 맺어야 합니다."

또한 브라이톤사가 메이시(Macy's)나 딜라드(Dillard's), 니만 마커스(Nieman Marcus) 같은 대형 백화점에서의 판매를 거부함으로써 부티크를 보호한다는 점도 중요하다. 대형 백화점들이 브라이톤의 환심을 사려고 애써왔지만, 영은 그들을 모두 돌려보냈다. 때로는 그들과 거래를 하지 않는 데 대한 진심 어린 사과문과 함께 꽃이나 과자를 보내기도 했다.

대신에 브라이톤사는 소매업자들에게 특이한 요구를 한다. 브랜드의 진실성을 보호하기 위해 브라이톤사 제품을 최저 소매 가격(minimum resale price)에 판매하도록 요구하고 있는 것이다. 그렇게 하면 고객은 어디에서 브라이톤 제품을 구매하든 공평하게 대접받고 있다고 느낄 수 있다. 이런 가격 정책으로 충분한 마진을 보장받은 소매업자들은 브라이톤 브랜드와 동일하게 여길 수 있는 푸짐한 고객 서비스와 매장 분위기, 즐거운 쇼핑 경험을 제공할 수 있다.[7]

한편 댈러스 교외의 작은 소매점인 케이스 클로젯(Kay's Kloset)

이 최저 소매 가격 정책을 고수하는 브라이톤사에 추가적인 가격 할인을 주장하다가 결국 브라이톤사를 고소하는 사건이 발생했다. 브라이톤은 반격을 가했지만, 미 연방 제5항소법원은 수십 건의 선례를 지적하면서 케이스의 손을 들어주었다. 이에 브라이톤사는 미 대법원에 상고했고, 결국 대법원은 브라이톤의 입장을 지지해주었다.

브라이톤사는 그 과정에서 미국 소매업계의 판도를 바꾸어 놓았다. 미 대법원의 판결은 96년 된 셔먼 반독점법(Sherman Antitrust Act)을 뒤집어놓았다. 브라이톤 사건에서처럼 그런 가격 정책의 결과가 친(親)경쟁적인 한, 제조업체와 유통업자들은 최소가격을 주장할 수 있다고 알려주었기 때문이었다.[8] 그때 이후로 브라이톤은 크게 성장했고, 지금은 160곳이 넘는 본사 소유의 브라이톤 매장이 생겨났다. 그래도 자사 제품에 대해 최저 소매 가격을 유지하는 정책은 여전히 브라이톤 전략의 초석이라 할 수 있다.

이런 결정들과 영이 '비밀 양념'이라 부르는 브라이톤의 가치 창출 시스템에서 그 결정들이 하는 역할을 정확히 포착해내는 작업을 시작하려면, 일단 기업의 다양한 영업활동과 그 활동들이 기업의 목적을 뒷받침해주기 위해 조화롭게 작동하는 방식을 목록으로 만들 수 있다.

예를 들어 부티크 소유주들과의 여행이나 적정가격 정책은 마케팅 활동의 핵심적인 부분이다. 상품범위, 판매 및 유통 채널도 기업의 IT 시스템이나 영업, 인사, 재무부서와 마찬가지로 가치창출 시스템의 일부분이다. 그 부서들 모두 브라이톤사의 문제해결 방식과 조화를 이루며 그 방식에 한정된 활동과 동일한 목표를 지원한다.

전략바퀴로 한눈에 파악하기

가치창출 시스템이 기업의 목적을 어떻게 뒷받침하는지 시각적으로 표시하고 기록하기 위해 '전략바퀴'라는 오랜 방식을 이용할 수 있다.

■ 콜렉터블스의 전략바퀴

앞에서 소개한 구찌 사례에서 알 수 있었듯이 전략바퀴는 당신이 '어떻게' 이길 수 있는지를 그림으로 제시한다. 다음 그림을 보자. 중심에 있는 목적은 당신 기업이 존재하는 이유, 즉 다른 업체보다 잘 하거나 다르게 할 수 있는 것을 말해주고, 활동과 자원으로 구성되어 있는 가장자리 부분은 당신이 그 약속을 지킬 수 있도록 만드는 것이 무엇인지를 보여준다. 다음은 브라이톤의 전략을 전략바퀴로 구체화한 것이다.

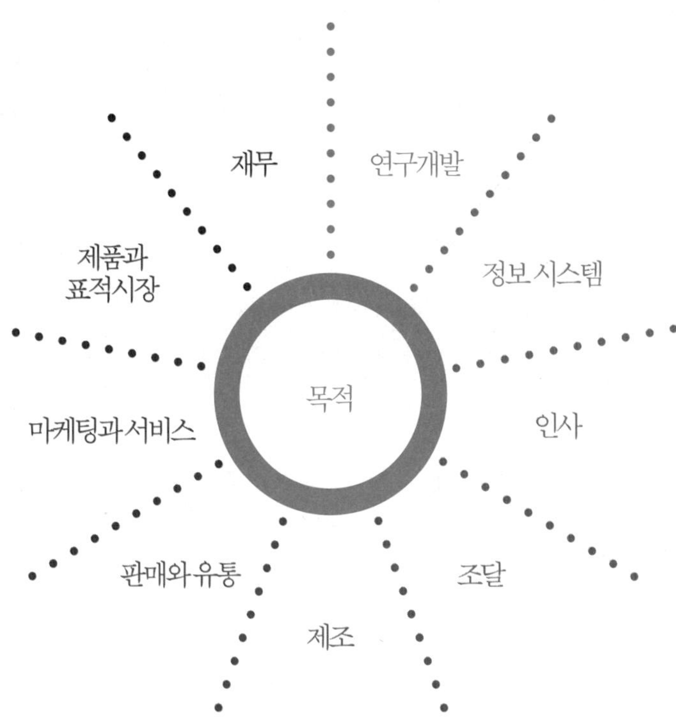

〈전략바퀴의 구성〉

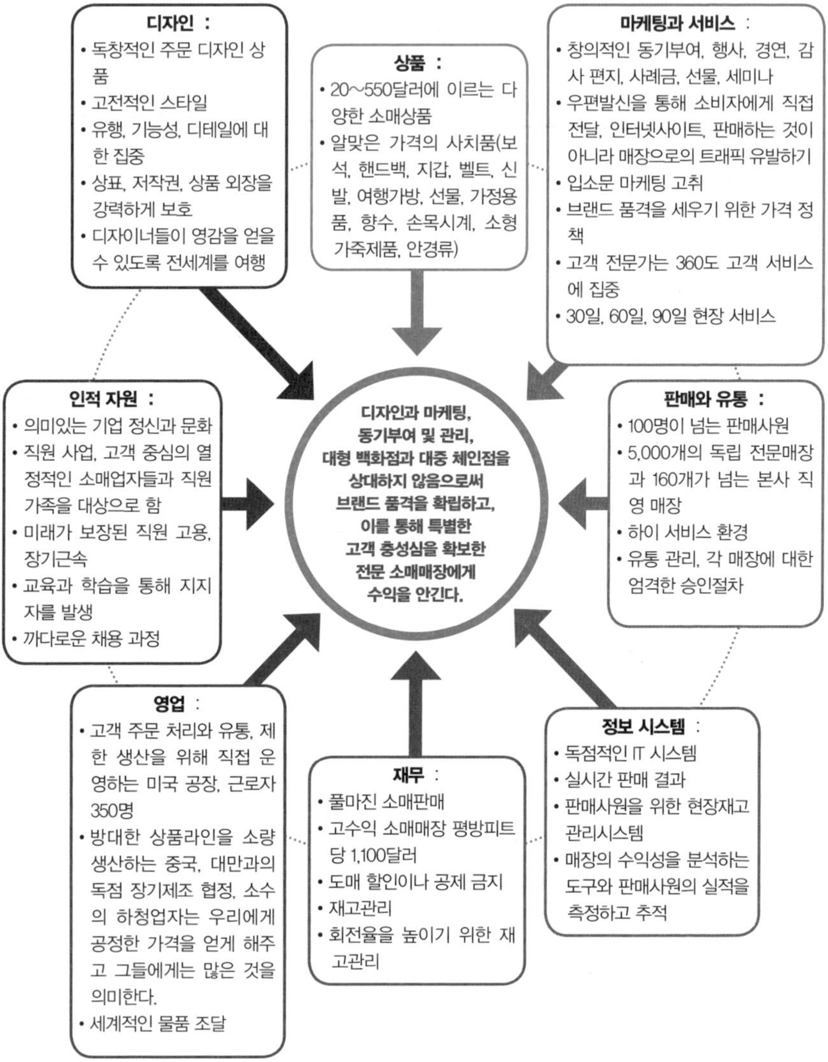

디자인 :
- 독창적인 주문 디자인 상품
- 고전적인 스타일
- 유행, 기능성, 디테일에 대한 집중
- 상표, 저작권, 상품 외장을 강력하게 보호
- 디자이너들이 영감을 얻을 수 있도록 전세계를 여행

상품 :
- 20~550달러에 이르는 다양한 소매상품
- 알맞은 가격의 사치품(보석, 핸드백, 지갑, 벨트, 신발, 여행가방, 선물, 가정용품, 향수, 손목시계, 소형 가죽제품, 안경류)

마케팅과 서비스 :
- 창의적인 동기부여, 행사, 경연, 감사 편지, 사례금, 선물, 세미나
- 우편발신을 통해 소비자에게 직접 전달, 인터넷사이트, 판매하는 것이 아니라 매장으로의 트래픽 유발하기
- 입소문 마케팅 고취
- 브랜드 품격을 세우기 위한 가격 정책
- 고객 전문가는 360도 고객 서비스에 집중
- 30일, 60일, 90일 현장 서비스

인적 자원 :
- 의미있는 기업 정신과 문화
- 직원 사업, 고객 중심의 열정적인 소매업자들과 직원 가족을 대상으로 함
- 미래가 보장된 직원 고용, 장기근속
- 교육과 학습을 통해 지지자를 발생
- 까다로운 채용 과정

디자인과 마케팅, 동기부여 및 관리, 대형 백화점과 대중 체인점을 상대하지 않음으로써 브랜드 품격을 확립하고, 이를 통해 특별한 고객 충성심을 확보한 전문 소매매장에게 수익을 안긴다.

판매와 유통 :
- 100명이 넘는 판매사원
- 5,000개의 독립 전문매장과 160개가 넘는 본사 직영 매장
- 하이 서비스 환경
- 유통 관리, 각 매장에 대한 엄격한 승인절차

영업 :
- 고객 주문 처리와 유통, 제한 생산을 위해 직접 운영하는 미국 공장, 근로자 350명
- 방대한 상품라인을 소량 생산하는 중국, 대만과의 독점 장기제조 협정, 소수의 하청업자는 우리에게 공정한 가격을 얻게 해주고 그들에게는 많은 것을 의미한다.
- 세계적인 물품 조달

재무 :
- 풀마진 소매판매
- 고수익 소매매장 평방피트당 1,100달러
- 도매 할인이나 공제 금지
- 재고관리
- 회전율을 높이기 위한 재고관리

정보 시스템 :
- 독점적인 IT 시스템
- 실시간 판매 결과
- 판매사원을 위한 현장재고 관리시스템
- 매장의 수익성을 분석하는 도구와 판매사원의 실적을 측정하고 추적

〈브라이톤 콜렉터블스의 전략바퀴〉

모든 조직은 각자의 목적을 갖고 그 목적을 수행하기 위해 독특한 활동을 펼친다. 따라서 가치창출 시스템과 전략바퀴는 조직마다 다를 수밖에 없다. 전략바퀴의 가장자리에 자리할 항목들도 기업마다 다를 것이다. 예를 들어 어떤 기업에서는 연구개발이 중요한 반면, 다른 기업의 전략바퀴에서는 연구개발이 언급조차 되지 않을 수 있다.

전략바퀴를 만드는 작업은 단순히 있는 것을 확인하려는 의도로 이뤄지는 것이 아니다. 자기 사업에 대해 시간을 두고 생각하면서 실제로 무엇이 있는지 직접 확인하고, 더 나아가 무엇이 더 있을 수 있는지 구상하는 것이다. 그냥 기계적으로 재무나 인사, 연구개발 부서에서 하는 일을 끄적거리는 것으로는 도움이 되지 않는다. 간소한 목적을 중심으로 다수의 간소한 활동을 확인해낸다고 해서 현재보다 상황이 더 나아지지는 않을 것이다.

오히려 그 과정이 가장 훌륭한 효과를 내는 경우는 조각그림을 맞추듯 작업할 때이다. 각 조각은 다른 조각과 서로 어울려서 당신의 기업이 무엇이 될 수 있는지를 하나의 그림으로 만들어내야 한다. 승리에 진정으로 필요한 것이 무엇인지, 이 요인이 어떻게 더 많은 것을 가져다줄 수 있는지, 한 가지 유형의 표적고객에게 초점을 맞출 경우 무엇을 달리 할 수 있는지 등, 당신이 도전적인 자세로 이 질문들을 던질 때, 진정한 작업이 이루어지고 진정한 이익이 발생한다. 당신은 규정하고 다시 다듬으면서 자신이 다른 사람보다 무엇을 더 잘하고 못하는지뿐만 아니라 고객 기반에서부터 당신이 고객을 위해 하는 일에 이르기까지 기업의 어떤 면이 당신에게 '차별성'을 부여하고 진정한 우위를 제공해주는지도 확인해낼 것이다.

■ 잉크포레스의 전략바퀴

필리핀의 사업가, 아마블 '미구엘' 아길루즈 4세(Amable "Miguel"Aguiluz IX)는 전략바퀴를 만드는 과정을 통해 자신의 사업을 총체적인 관점에서 볼 수 있었다. 2002년 아길루즈는 잉크포레스(Ink For Less)를 세워 주문자상표가 부착된 프린터 카트리지보다 더 저렴한 대체상품을 판매하기 시작했다. 당시 1인당 국민소득이 2,600달러 정도인 국가에서는 이런 상품이 몹시 필요했다.

오늘날 그의 회사는 잉크, 토너 카트리지, 토너, DIY 리필 킷을 비롯하여 지속적인 공급 시스템과 관련 상품 및 서비스를 다양하게 판매하고 있다. 필리핀의 대표적인 공급업체가 된 잉크포레스는 600개가 넘는 대리점을 보유하고 있고 프랜차이즈 영업 또한 확장하고 있다.

아길루즈의 전략바퀴 중심에는 '경쟁력 있는 가격에 즉시 이용할 수 있고 100퍼센트 믿을 수 있는 품질의 잉크 리필 서비스'라는, 잘 만들어진 명확한 목적이 있다. 그 목적을 중심으로 시스템을 세우다 보니 기업의 모든 요인이 회사 전체에 어떻게 기여할 수 있는지를 다시 생각하게 되었다.

물론 가격정책은 중요하다. 현재 그의 고객은 25달러나 30달러짜리 카트리지를 리필하는 데 6~8달러를 지불하거나 75달러짜리 토너 카트리지를 리필하는 데 16달러 정도를 지불한다. 따라서 아길루즈는 원가에 영향을 미치는 물류 등의 요인들에 특별히 관심을 갖는다. 그의 직원들은 괜찮은 가격의 우수한 잉크를 찾기 위해 필리핀을 뒤지고 다닌다. 그는 이렇게 말한다.

"처음 사업을 시작했을 때만 해도 잉크를 병으로 구입했습니다. 이제는 한 달에 15톤의 잉크를 구매합니다. 그 정도면 내가 납품업자들을 상대로 어느 정도의 권한을 행사할 수 있는지 알 수 있을 겁니다."

매출원가도 중요하다. 아길루즈는 매출원가율을 한 자릿수로 유지하려고 애쓴다. 이런 원가 규율 덕분에 그는 경쟁의 위협에 공격적으로 대응해야 할 때 가격 인하를 단행하는 유연성을 갖출 수 있었다. 예를 들어 호주계 프랜차이즈 체인점이 그의 시장에 진출했을 때 그는 인근 매장의 리필 가격을 극적으로 인하하여 그에 대응할 수 있었다.

잉크 카트리지를 리필하는 일은 특별히 최첨단 기술이 필요한 작업이 아니다. 그럼에도 불구하고 아길루즈는 연구개발이 회사 전략의 기초여야 함을 깨달았다. 연구개발 없이는 프린터 제조업체에 대항하거나 아길루즈보다 가격을 낮게 책정할 수도 있는 소규모 경쟁자들과 겨룰 수가 없을 것이다. 예를 들어 프린터 제조업체들은 카트리지 디자인과 주입구 위치를 부단히 바꿈으로써 잉크 리필업체들을 좌절시키려고 애쓴다.

이에 대해 아길루즈의 연구개발팀 직원들은 시장에 출시되는 모든 프린터와 카트리지를 일일이 구매하여 역설계를 해보고 그것들의 작동방식을 알아내는 작업을 한다. 프린터 제조업체들이 카트리지가 새 것이 아닐 경우 프린터를 멈추게 만드는 칩을 추가했을 때도 그의 연구개발팀은 아시아의 납품업자들과 함께 연구하여 리필된 카트리지가 작동할 수 있도록 카운터 칩을 추가하는 데 성공했다.

이런 노력 덕분에 잉크포레스는 계속 영업을 할 수 있을 뿐 아니라 정교하지 않은 다른 업체들보다 더 나은 서비스를 제공할 수 있다. 회보와 비디오 영상을 매장에 정기적으로 보내어 대리점 관리자와 기술자들이 새로운 카트리지와 새로운 프로세스에 대비할 수 있게 해주기 때문에 고객이 가져오는 어떤 카트리지도 그들을 난처하게 만들지 못할 것이다.

시간이 지나면서 아길루즈와 그의 직원들은 전략바퀴의 모든 부분에 적합한 활동들을 단계적으로 구축해나갔다. 그들은 잉크포레스가 시장에서의 우세한 위치를 유지하거나 높이는 데 도움이 되는 변화를 일으키기 위해 그 활동들을 자주 되짚는다. 아길루즈는 종종 자신의 전략바퀴를 돌아본다. 가끔은 하루 종일 가격

변경과 같은 특정한 조치의 의미를 철저히 점검해보거나 하나의 활동에서 다른 활동으로 옮겨가면서 전략바퀴를 조화롭게 유지하는 데 어떤 조정이 필요한지 살펴보기도 한다.

그의 엄격한 태도는 효과를 발휘했다. 2008년 아길루즈는 필리핀 국제청년회의소(Junior Chamber International)에 의해 '올해의 창의적인 젊은 사업가'로 뽑혔다. 지난 9년 동안 잉크포레스의 매출 증가율은 연평균 15퍼센트를 기록했고 수익은 훨씬 더 빠르게 증가했다. 하지만 더 중요한 것은 잉크포레스는 단순히 스스로를 위해 가치를 획득한 것만이 아니라는 사실이다. 그들은 잉크포레스라는 회사가 존재하지 않았을 때보다 고객의 삶을 더 업그레이드하는 데 기여했다.

승패의 명확한 기준을 갖고 있는가

아마도 당신은 당신의 전략바퀴를 그리면서 수많은 가정을 해야 할 것이다. 그 가정들을 신중하게 확인하라! 모든 직종의 사람들은 검증되지 않은 가정 위에서 활동하기 때문에 잘못된 방향을 선택하게 된다. 전략에서 이런 가정은 종종 대대적인 실패를 초래한다. 본인이 알고 있다고 생각하는 것에 가차 없이 이의를 제기하라.

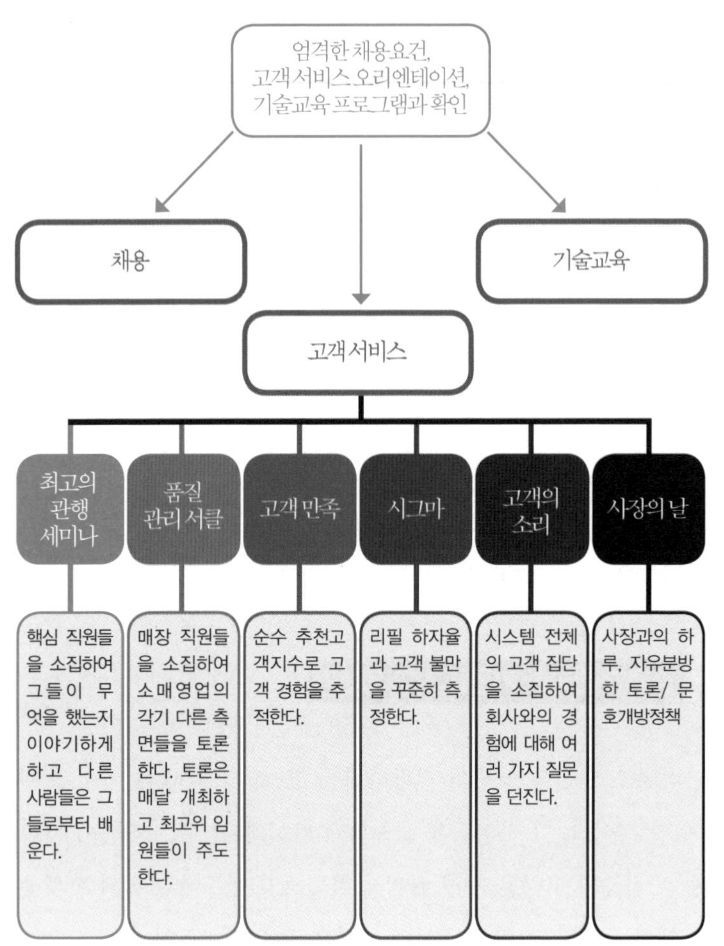

〈잉크포레스의 인적 자원과 훈련〉

특히 당신이 말한 목적과 가치창출 시스템 사이를 연결하는 부분에서 이런 실수를 저지르기가 쉽다. 과연 그 시스템은 당신이 말한 대로 고안되어 작동하고 있는가? 자기 기업이 더 낮은 가격이 아닌, 평균 이상의 우수한 제품을 판매함으로써 최고급의 차별화를 꾀한다고 주장하는 경영자들을 자주 본다. 그들은 모든 것을 갖추고 있으나 정작 그들의 제품이나 서비스에 최고 가격을 지불할 용의가 있는 고객은 없었다. 마우리치오 구찌가 고객들이 멀리하려는 최고급 제품에 기업의 미래를 걸었던 것을 기억하는가? 구찌에서는 기업의 목적과 가치창출 시스템을 잇는 고리가 존재하지 않았다.

당신의 기업은 어떤가?
진정으로 성공을 거두고 있다고 확신할 수 있는가?

자신이 하고 있는 일이 성공을 거두고 있는지 평가하기 위해서는 단순히 직감에만 의존해선 안 된다. 데이터와 사실을 찾아봐야 한다. 당신의 기업이 저가 공급업체인지 최고급품 생산업체인지 당신의 이야기를 증명해줄 어떤 증거를 갖고 있는가? 당신은 정확히 그 과정의 어느 부분에서 가치를 추가하는가? 당신은 핵심적인 성과 촉진 요인에 대한 측정치와 매출 결과나 수익 마진, 시장점유율, 투자수익률과 같은 성과 측정기준으로 그 견해를 입증

할 수 있는가?

월터 드 마토스(Walter de Mattos)가 이 일을 어떻게 했는지 생각해보자. 브라질 태생으로 오랫동안 저널리스트로 활동한 그는 1997년에 좋아하는 축구팀에 대한 스포츠팬들의 열정을 담아내기 위해 랜스! 스포츠 그룹(Lance! Sports Group)을 설립했다. 두 개 도시에서 발행되는 일간지로 출발한 그의 기업은 이후 잡지, TV, 모바일, 인터넷 버전을 포함하여 5판 이상을 발행할 정도로 성장해나갔다. 그 덕분에 랜스!는 전국적인 활동 근거를 확보하게 되었고 브라질에서 가장 유력한 스포츠뉴스기관이자 대표적인 소식통이 되었다.

랜스!의 전략바퀴에는 각 구성요소를 스스로 강화해주는 시스템이 새겨져 있다. 동시에 여러 가지 일을 해내는 기자들은 다양한 플랫폼에 독특한 내용을 제공하면서 독자 수를 늘리고 있다. 늘어난 독자 수는 다시 지역 및 전국의 광고주를 끌어들인다. 깊이 있고 폭 넓은 축구 기사와 대규모 발행부수는 경쟁사들의 진출을 어렵게 만드는 진입장벽으로 작용한다. 그는 자신의 강점에 자원을 집중하고 비용을 관리하기 위해 인쇄된 신문 보급을 외부에 맡기고 외부 디자인 업체와 일한다.

드 마토스는 시스템의 개별 부분이 제대로 작동하고 있는지 여부를 구체적이고 확실한 결과를 통해 평가한다. 예를 들면 주당 추정 독자 수(2011년 230만 명)나 웹사이트 순 방문자 수(하루에 75

만 명, 이들 중에는 한 번 이상 사이트를 들르는 사람들도 있다), 기사당 비용(콘텐츠가 인터넷과 인쇄물, 비디오 대리점에서 공유되기 때문에 순수한 TV 제작업체나 신문사보다 낮다)이 평가도구가 되는 것이다. 지난 5년 동안 랜스!는 이런 결과물 덕분에 브라질 언론사 중 가장 높은 성장률과 투자수익률을 올릴 수 있었다.

당신의 측정 기준은 당신의 전략에 대해 무엇을 이야기해주고 있는가? 그 기준은 당신의 주장과 일치하는가? 그리고 당신이 스스로 세운 계획으로 승리를 거두고 있음을 증명해주는가?

강력한 전략 선언서로 말하라

목적을 확인하고 활동과 자원을 조정하고 결과를 시험하는 내부의 작업 단계를 모두 거치고 나면, 기업 안팎에 그 약속을 전달하는 데 이용할 수 있는 선언서로 전략을 요약할 준비가 된 것이다. 공식적인 용어나 특정한 형식을 이용할 필요는 없다. 구체적이고 마음을 끄는 말로 기업의 독특한 측면과 경쟁우위를 알려주는 것이 가장 중요한 목표이기 때문이다.

지금부터 잘 알려진, 기억할 만한 전략 선언문을 세 가지 소개하겠다. 전략 선언문을 보고 그들이 누구인지 한번 구별해보기 바란다.

호텔 :

______는 부단한 혁신과 최고의 친절을 통해 고객의 여행 경험을 완벽하게 만드는 데 헌신한다. 최고 수준의 우아한 환경부터 고객을 배려한, 개개인이 원하는 24시간 서비스에 이르기까지 ______는 최고를 알고 인정하는 이들에게 멀리 집을 떠나서도 자기 집에 있는 듯한 진정한 안식처를 제공한다. 깊이 주입되어 있는 ______의 문화는 호텔 직원 개개인에게 그대로 나타난다. 그들은 단 하나에 집중하며 진심으로 훌륭한 서비스를 제공하고자 한다.

1960년에 설립된 ______는 사업 확장을 목표로 전세계 주요 도시 중심부와 매력적인 리조트 지역에 호텔을 열고 있다. 현재 31개국에 75개 호텔이 있고 31곳이 넘는 부동산을 개발중인 ______는 고객의 출장을 더욱 수월하게 만들고 휴가 여행을 더욱 보람 있게 만들며 혁신적인 발전으로 환대산업을 계속해서 이끌어나갈 것이다.[9]

잡지 :

1843년부터 런던에서 편집 발행되고 있는 ______는 세계 시사 문제와 비즈니스, 금융, 과학 및 기술, 문화, 사회, 미디어, 예술계에 관한 명쾌한 보도와 해설 및 분석을 제공하는 국제적인 주간지이다. 목차 페이지에서 언급되듯이 ______의 목표는 계속해서 앞으로 나아가는 지성과 우리의 발전을 막는 쓸모없고 소심한 무지의 극심한 경쟁에 함께하는 것이다. 5개국에서 간행되어 현재 전세계적으로

> 100만 부가 넘게 발행되고 있는 ______는 다른 어떤 잡지보다도 전세계의 수많은 정치, 비즈니스 지도자들을 독자로 두고 있다.[10]

위의 선언서에 수반된 문서에는 이 잡지의 편집방향과 독립성에 대한 약속과 함께, 서명기사 없이 익명의 글을 작성함으로써 개별 기자의 정체성보다 전체 집단의 목소리와 개성을 더 중요시하는 관행 또한 설명되어 있다.

> 비영리조직 :
>
> ______는 의사와 언론인들이 만든 인도주의적 국제 의료조직이다. …… 오늘날 ______는 60여 개국에서 주로 무장충돌이나 전염병, 영양실조, 의료서비스 박탈, 자연재해 때문에 폭력과 무관심과 재난으로부터 생존이 위협받고 있는 사람들에게 공평하고 독립된 원조를 제공하고 있다. …… ______는 또한 방치되고 있는 위기에 대한 관심을 불러일으키고 불충분하거나 남용되는 원조시스템에 이의를 제기하기 위해 공개적으로 의견을 밝히고 개선된 의학적 치료와 계획서를 주창할 권리를 갖고 있다.[11]

아마도 당신은 '최고의 친절'이나 '지성과 무지 간의 경쟁', '공평하고 독립된 원조'처럼 그들 조직과 밀접하게 연관된 표현에서 이들이 포시즌스 리조트(Four Seasons Resorts), 〈이코노미스트

Economist〉, 국경없는 의사회임을 알았을 것이다.

하지만 이 선언서들에는 그들의 경쟁우위를 규정하고 그들이 옹호하는 것을 설명해주고 그 일이 어떻게 이뤄지는지에 대해 얘기하는 요소들 또한 존재한다.

예를 들어 우리 주위에는 호텔이 아주 많지만 포시즌스는 자사의 서비스 문화가 스스로에게 전략적인 차별성을 부여하는 독특한 특징이라 규정한다. 잡지 역시 마찬가지. 우리 주위에는 대단히 많은 잡지가 있지만 대부분 시들해지고 있는 반면 독립적이고 날카로운 해설과 시기적절한 보도를 제공하는 〈이코노미스트〉는 더욱 유력해지고 있다. 국경없는 의사회의 선언서는 노벨평화상을 수상한 조직이 단순히 공평한 의료 원조를 제공할 뿐 아니라 변화를 지지한다는 사실 또한 명확히 밝히고 있다.

그 과정을 더 깊이 분석하자면, 훌륭한 전략 선언서는 기업이 무엇을 하고, 그 일을 어떻게 하는지에 대한 가장 기본적인 질문에 대답함으로써 기업의 목적과 경쟁수단, 독특한 경쟁우위를 분명히 말해준다.

- 우리가 만족시키는 사람들은 누구인가
- 어떤 종류의 상품이나 서비스를 제공하는가
- 우리가 다르게 하거나 더 잘 하는 일은 무엇인가
- 우리가 그렇게 할 수 있게 해주는 것은 무엇인가

그리고 훌륭한 전략 선언서에는 다음과 같은 특징이 있다.

- 상당히 짧고 간결하다.
- 구체적이다.
- 기업이 무엇을 하는지, 왜 그 기업이 중요한지를 글자 그대로 옮길 필요 없이 어느 누구도 요약할 수 있는 방식으로 말해준다.
- '동종 최고'나 '동급 최강' 같은 용어나 '우수한'이나 '숙달된', '권한을 가진'과 같이 모호한 말은 피한다.
- 분명하게 말하면서도 과장하거나 젠체하지 않는다.
- 사람들이 선언서만 보고 당신이 누구인지 쉽게 파악한다.

선언서는 간략해야 한다. 그래야 공허한 말이나 과장된 표현으로 설명을 꾸미지 않고 당신이 하고자 하는 말의 핵심에 가까이 갈 수 있기 때문이다. 모든 말을 실감나게 하라. 그리고 모든 말이 중요성을 띠게 만들라. 긴 문장과 모호한 표현은 정말로 중요한 게 무엇인지 설명하려는 당신의 노력을 무색하게 만든다. 그런 표현은 잘해도 도움이 되지 않고 최악의 경우엔 오해하게 만들고 정신을 산란하게 만들 수 있다.

기업의 전략이 너무 복잡해서 한두 단락으로 요약할 수 없어 보이면 전략 자체가 어떤 점에서는 불분명하거나 난해하다는 신호일 수 있다.

"내가 말했다고 당신이 생각하는 것을
당신은 이해했다고 믿겠지.
하지만 당신이 들은 얘기가 내가 하려고 했던 말이
아니라는 사실을 당신이 깨달았는지가 확실치 않아."

전략 선언서를 간단명료하게 만드는 일이 어렵다는 점에는 의문의 여지가 없다. 한 편집자가 마크 트웨인(Mark Twain)에게 이틀 만에 2페이지짜리 단편소설을 써달라고 요청했을 때, 트웨인은 과장된 표현으로 이렇게 응수했다.

"이틀 동안 2페이지를 쓸 수 있는 사람은 없소. 이틀에 30페이지는 쓸 수 있소. 2페이지를 쓰려면 30일이 필요합니다."

비록 말이 많지 않아도 간략하고 뛰어난 선언서를 작성하려면 수정과 퇴고가 필요하다. 더욱이 우리의 목표는 듣기에 훌륭한 선언서를 쓰는 것이 아니라 기업의 특징을 제대로 담아내는 '훌륭한' 선언서를 쓰는 것이다.

일단 선언서를 쓰고 한 번 더 다시 썼다면 여러 사람들에게 보여라. 부하직원이나 회사를 잘 아는 사람들에게만 보여주지 말고 당신이 무슨 일을 하는지 알지 못하는 지인들에게 보여준 다음, 사람들에게 직접 그 선언서를 고쳐 말해보라고 해보라. 이때 당신에게 돌아온 말이 당신이 의도했던 바가 아니더라도 놀라지 마라. 당신이 선언서를 읽는 사람(즉 직원, 고객, 은행가나 회사의 웹사이트를 우연히 방문한 사람)에게 그것이 정말로 무엇을 의미하는지 안내하고 해석해주지 않아도 당신의 전략 선언서는 그 자체로 의미가 전달될 수 있어야 한다.

드 마토스가 만들어낸 랜스!의 전략 선언서는 다음과 같다.

하루 24시간 정열적이고 젊은 브라질 남성 팬들을 대상으로 생동감 넘치는 스포츠 뉴스를 제공하는 최고의 소식통이 되기 위해

- 멀티태스킹 능력을 갖춘 300명의 기자를 채용하여 독점적인 내용을 제공한다.
- 가장 현대적인 기술을 이용해 다양한 미디어 플랫폼(신문, 인터넷, 모바일, 웹TV, 웹라디오)을 통해 내용을 전달한다.
- 주목하지 않을 수 없는 디자인으로 랜스의 모든 상품을 향상시킨다.
- 모든 상품이 강력한 핵심 브랜드, 랜스! 밑에 존재하도록 한다.
- 투자수익률로 평가했을 때 가장 수익성 높은 브라질 미디어 그룹 중 하나가 되는 데 일조한다.

그리고 여기, 아길루즈는 이와 전혀 다른 목소리로 잉크포레스의 전략 선언서를 다음과 같이 구성했다.

잉크포레스는 가장 수익성이 높고 큰, 전문 잉크충전업체가 되길 원한다.

- 최고와 최신의 리필 품질과 서비스를
- 합리적인 가격에
- 품질을 의식하면서도 가격에 민감한 개별 컴퓨터 사용자와 중소기업, 그리고 정부기관을 상대로

• 필리핀 대도시와 주요 도시, 아시아 전역의 가까운 잉크 리필매장을 통해 제공한다.

자, 이제 당신 기업의 전략 선언서를 생각해보자.
이를 통해 기업의 무엇을 말하고자 하는가?

전략이나 전략 선언서가 만족스럽지 않다면 반복해서 작성해보라. 좋은 글이 필요한 게 아니라 전략을 잘 짜는 일이 중요하다. 단순히 수려한 표현이 아니라 강력하고 의미 있는 전략을 원하기 때문이다. 여러 종류의 글쓰기에서처럼 대개 말 자체는 문제가 되지 않는다. 말 뒤에 숨어 있는 생각이 문제이다.

진실이 드러났을 때 당신이 취할 것과 버릴 것

지금까지의 연습은 당신의 생각을 분명하게 하고 당신의 기업을 객관적이고 빈틈없이 살펴볼 수 있게 만들었어야 한다. 만약 당신이 스스로에게 솔직했다면, 당신의 신중한 분석을 통해 고쳐야 할 문제나 새로운 관심이 필요한 분야가 표면 위로 드러났을 것이다. 이는 리더이자 전략가가 해야 할 가장 기본적인 일 중의 하나이다.

훌륭한 전략의 특징

분명하고 강력한 목적 "자신이 어디로 가고 있는지 모른다면 당신을 목적지에 데려다줄 수 있는 길은 없다."라는 말이 있다. 조직은 어떤 분명한 이유 때문에 존재해야 한다. 당신의 이유는 무엇인가?

진정한 가치창출 중요한 차이를 갖고 있는 조직은 가치를 창출한다. 만약 그런 조직이 사라진다면 고객과 협력업체들은 그들을 그리워하게 될 것이다. 당신의 기업은 어떤가?

분명한 선택 한꺼번에 너무 많은 일을 하려고 시도할 경우 어느 하나도 잘 해내기가 어렵다. 당신의 기업은 무엇을 하고, 무엇을 하지 않기로 결정했는가?

맞춤형의 가치창출 시스템 위대한 실행의 첫 단계는 하나의 아이디어를 행동 체계로 바꾸는 것이다. 이 체계에서는 여러 가지 노력이 조정되고 서로를 강화시켜 준다. 어떤가, 당신의 기업에도 이런 시스템이 있는가? 대부분의 기업들이 'No'라고 대답할 것이다.

의미 있는 측정기준 투자수익률과 같은 전체적인 성과 측정기준은 전략이 제대로 작동하고 있는지 여부를 알려주지만, 당신의 전략에 맞춰진 핵심적인 성과동인이야말로 더 훌륭한 지표라 할 수 있다. 그 동인들은 거대한 열망을 구체적이고 측정 가능한 목표로 나누고 중요한 것을 향해 행동을 이끌어준다.

열정 이 개념은 모든 훌륭한 전략의 핵심이다. 가장 평범한 업종에서도 눈에 띄게 성공한 기업은 자신이 하는 일에 대해 깊은 관심과 열정을 갖고 있다.

표면 위로 드러난 문제들 중 일부는 심각할 수도 있다. 당신은 당신 조직의 일부분을 다시 구성하거나 스스로 뛰어난 모습을 보여줄 새로운 방법을 찾아야 할지도 모른다. 최악의 경우 당신은 사업의 일부나 전부를 포기해야 한다는 뼈아픈 깨달음에 도달할 수도 있다. 특히 조직의 일부분이 한두 가지 이유에서 심적으로 포기하기 어려울 때 힘이 들 수 있다.

암리트의 커 테일러는 2008년의 대침체기에 부동산 사업을 재평가하면서 그런 문제에 직면해야 했다. 회사 규모가 친지에게 의지하기엔 너무 크지만 기관투자가를 이용하기에는 너무 작던 여러 해 전에 그는 부동산 구입 자금 마련에 도움을 얻기 위해 브로커-딜러(broker-dealer, 브로커로서의 업무와 딜러로서의 업무를 겸하는 회사) 회사를 세웠다. 그는 유가증권 인수업 허가증을 취득하여 맨 처음 회사가 성장하는 데 필요했던 2,500만 달러를 끌어들였다. 그는 다른 방법을 찾기가 힘들었다고 말한다.

경제가 안 좋아지자 다른 기업들처럼 암리트 역시 사업규모를 줄여야 했다. 그때까지만 해도 테일러는 공모와 대형 금융기관을 통해 자금을 모으는 데 성공했지만 더 이상 브로커-딜러 회사는 전략적인 우위를 제공해주지 못했다. 더군다나 그 회사를 운영하는 데 필요한 자금은 더 적절한 곳에 쓸 수 있었다. 그런 사실을 알면서도 그는 브로커-딜러 회사가 이제껏 회사 전체를 이끌어왔다는 사실 때문에 애착을 버리지 못했다.

하지만 경기침체로 인해 회사 전략을 분명히 정하는 과정을 겪은 그는 결국 브로커-딜러 사업을 접기로 했다. 이에 대해 그는 이렇게 말했다.

"이제껏 내가 한 일 중에 가장 힘든 일에 속했습니다. 이런 여정 속에서 그 결과가 발생했습니다. ……아직도 두렵습니다. 하지만 그 사업 덕분에 우리는 성장할 수 있었습니다."

잉크포레스의 미구엘 아길루즈가 깨달음을 얻은 경우처럼, 그 과정은 새로운 전략적인 추진력을 강화시켜줄 수도 있다. 다수의 대기업들로부터 잉크 리필 프로그램을 요청받은 그는 잉크포레스 프로페셔널 사업을 계획해낼 수 있었다. 처음에 그는 그 사업을 단순히 부수적인 사업으로 추가할 마음이었다. 하지만 오랜 생각 끝에 잉크포레스 프로페셔널을 중심으로 완전히 새로운 시스템을 만들지 않으면 대기업에 전적으로 집중하는 후발경쟁기업이 빠르게 그의 입지를 약화시킬 수도 있다는 결론을 내렸다.

아길루즈는 처음에 잉크포레스 프로를 위한 전략바퀴를 그리면서 이 사실을 알게 됐다. 바퀴살에 적힌 활동과 일부 바퀴살은 그의 소비재 사업과는 상당히 달랐다. 예를 들어 직원들은 넥타이를 맴으로써 더욱 전문적으로 보여야 했다. 또한 회사의 조달체계에 맞춰 새로운 지불조건을 제시해야 했다. 그는 훌륭한 서비스를 제공하고 차별성을 창출하기 위해 고객 한 명마다 대기 충전 기사를 두어 필요할 때 이용할 수 있게 해주어야 한다고 생각했다. 그 결과 상품과 서비스에는 다른 가격이 매겨질 것이었다. 그리고 그는 2년간의 잉크 계약 대신 기업고객에게 무료로 프린터를 제공함으로써 장비비용을 메울 뿐 아니라 경쟁업체들을 저지하면서 또 다른 시장우위를 만들려고 했다. 지금은 프로 사업이 새로이 시작되어 성장하고 있는 중이다.

이제 이런 사고방식은 아길루즈에게 제2의 천성이 되었다. 그는 이렇게 설명한다.

"단순히 책 때문만은 아닙니다. 새로운 사업에 대해 생각할 때마다 정말로 전략바퀴를 만듭니다."

그의 사업이 달라지거나 새로운 경쟁업체나 문제를 만나게 되면 그는 그 바퀴로 돌아가 시스템 전체를 점검한다. 그리고 사업의 어떤 부분에서 일어나는 중대한 변화가 나머지 사업에 영향을 미칠 수 있음을 확인한다.

실제로 그 과정이 가장 좋은 효과를 내는 경우, 잘 정의되어 명확해진 전략은 어떤 방향에서 경쟁의 바람이 불더라도 북극성 같이 당신을 올바른 방향으로 인도해준다. 랜스!의 월트 드 마토스는 높은 시장점유율과 상당한 규모의 마진도 사방에서의 경쟁으로부터 회사를 보호해주지 못한다는 사실을 알게 되었다. 이제 2014년에는 브라질에서 월드컵경기가 열리고 2016년엔 올림픽도 브라질에서 개최된다. 두 행사가 동일한 광고비를 놓고 경쟁을 벌이는 신생 보도업체들을 양산했다는 점을 빼면 랜스!에게 월드

컵과 올림픽은 꿈의 기회가 될 것이다.

지금은 습관 또한 변하는 시대이다. 그의 사업은 전문기자들이 한 팀을 이루어 제작하는 수준 높은 보도를 바탕으로 했다. 하지만 독자들이 인터넷을 숙독하는 모습을 지켜본 드 마토스는 이렇게 말한다.

"사람들은 10분 사이에 7~8개 언론사 사이트에 접속하여 정말로 많은 기사들을 순식간에 읽기 때문에 무슨 기사를 읽었는지, 어디서 그 기사를 읽었는지 기억하지 못합니다. 그런 세태를 보면 사람들이 어떤 종류의 정보를 원하는지에 대한 나 자신의 믿음에 의문을 품을 수밖에 없습니다. 아주 최근에 나도 내 생각에 의문을 갖기 시작했습니다."

그는 계속해서 말했다.

"그런 일이 일어나면 전략을 바꾸고 싶다는 유혹을 많이 느낍니다."

하지만 그는 근본적인 변화가 필요하다고는 생각하지 않는다. 대신 재무, 인사, 기술부서에서 나타나는 '차이'를 섬세하게 조정하여 랜스!의 역량을 강화하고 있다. 지금도 그의 기업은 모든 종류의 미디어 플랫폼에서 하루 24시간 동안 브라질 전역에 스포츠 뉴스를 제공하는 최고의 언론사가 되는 데 전념하고 있고 또한 좋은 성과를 내고 있다.

당신의 전략도 제대로 구상하고 요점을 정확히 짚었다면 당신이 소란스러운 시장과 경쟁사들의 도전을 헤쳐 나가고 새로운 분야로 진출하도록 이끌어줄 것이다. 그리고 당신이 어떤 자원을 개발해야 하고 어떤 짐은 내버려야 하는지도 알려줄 것이다.

당신의 전략바퀴는 어떤가?
이를 통해 당신의 전략적 사고에 어떤 변화가 생겼는가?

더욱 근본적으로는, 당신이 전략적 사고의 중심에 목적을 위치시킬 때 모든 기회를 바라보는 당신의 방식에 변화가 생겼음을 알게 될 것이다. 당신은 그 새로운 사업과 고객, 혹은 상품이 가치를 추가해주는지, 그 사업이 당신이 지금 하고 있는 일과 정말로 잘 맞는지, 전체 사업을 향상시키거나 그로부터 이득을 보는지 등의 여부를 본능적으로 물어보는 자기 자신을 발견하게 될 것이다. 그래야만 한다. 바로 그런 경우에만 당신은 진정으로 당신의 전략을 갖게 될 것이다.

그렇기는 하지만 당신은 계속해서 상황에 적응해야 할 것이다. 경제상황이나 당신이 속한 산업의 변화, 혹은 공장에서의 변화 때문에 당신의 문제해결 방식을 다시 생각해야 할 수도 있고 때로는 그 방식을 한 번 더 수정해야 할 때도 있을 것이다. 다음 강의에서 살펴보겠지만 바로 그때문에 전략가의 임무는 결코 완전히 끝나는 경우가 없다.

전략가들이 흔히 저지르는 실수

신중하게 다듬은 전략과 그 전략을 담아내는 선언서는 기업의 방향과 우선적으로 처리해야 할 사항을 정해주고 기업의 활동을 이끌어간다. 또한 당신이 당신의 이야기를 대외적으로 전달하는 데도 도움을 준다. 설득력 없는 전략과 선언서는 그 반대의 일을 한다. 이런 함정을 피하라.

1. 지나치게 포괄적이다

단순히 서적 출판업에 종사한다든지, 철강업이나 스포츠 마케팅에 종사한다는 표현은 알려주는 것이 거의 없다. 그 분야에서 당신의 독특한 점은 무엇인가? 스스로에게 이렇게 물어라. 고객이 당신의 전략 선언서를 읽고 당신을 알아볼 것인가? 직원들은 어떤가? 픽사(Pixar)는 영화를 만든다고 말하지 않았다. 대신 잊지 못할 등장인물과 모든 연령대의 관객에게 어필하는 가슴 따뜻한 이야기로 컴퓨터 애니메이션 영화를 개발했다고 말했다.

2. 트레이드오프가 없다

당신은 모든 사람에게 소중할 수 없다. 그런데 많은 설득력 없는 전략과 전략 선언서가 암묵적으로 그렇다고 주장한다. 그런 전략은 통하지 않는다.

3. 표현이 공허하고 진부하다

믿을 수 있는 세부 내용이 뒷받침해주지 않는 장대한 선언서는 공허하다. '뛰어난 선두'나 '현저한' 같은 표현은 구체적인 내용을 전해주지 못한다. 전략 선언서는 기업이 특히 무엇을 잘 하는지 구체적으로 담겨 있을 때 신뢰성을 얻는다.

4. 방법을 잊어버린다

설득력 없는 다수의 선언서들은 '무엇'은 열렬히 말하지만, '어떻게'는 잊어버린다. 기업이 경쟁우위를 실현할 수 있게 해주는 중요한 활동과 자원을 언급하지 않는 것이다. 읽는 사람은 그 '방법'을 통해 당신이 하는 일을 신뢰할 수 있게 된다. "우리는 저가 생산업체이다."와 "우리는 듀퐁의 독점적인 기술을 이용하여 세계 최대의 이산화티타늄 공장을 운영하는 저가 생산업체이다." 중 어떤 표현이 더 설득력이 있는가?

5. 고객을 배제시킨다

당신이 누구를 만족시키는가가 당신의 이야기에서 중요한 부분이다. 그것은 당신이 활동하는 경기장을 규정할 뿐 아니라 당신이 하는 일이 정말로 중요한지를 궁극적으로 결정해줄 사람이 누구인지도 말해준다.

6. 대단히 흐리멍텅하다

초안 상태의 전략 선언서는 대부분 확신도, 영감도 없이 계속 웅얼거리기만 한다. 전략 선언서를 쓰고자 한다면 먼저 스스로에게 묻고 그 답을 찾아보라. 이 기업을 위해 일하고 싶은가? 이 기업의 물건을 사고 싶은가?

제7강 • 전략의 역동적 진화

전략가의 역할은 어디까지인가?

애플의 기막힌 성공 사례는 귀에 못이 박히도록 반복되어왔다.
그럼에도 애플의 이야기는 모두의 관심을 끌어모으며
뜨거운 갑론을박을 부른다. 전략가의 역할에 대해 알아볼 이번 수업에서도
애플과 스티브 잡스의 신화는 대단히 유용한 시사점을 안겨줄 것이다.

전략을 힘들여 짜내고 다시 고치고 다듬어 종이 위에 적고 나면, 분명 엄청난 성취감이 느껴질 것이다. 당신에겐 작전계획이 생길 것이고 자신이 어디로 가는지, 왜 가는지 알게 될 것이다. 이 혹독한 전략 연습 과정을 거친 경영자들은 대부분이 그 과정이 끝날 때 긴 안도의 한숨을 쉰다. 그들 중 다수는 이렇게 생각하는 것 같다.

"내가 결국 알아냈어. 다 끝난 거야. 이제 전략을 실행에 옮기는 일만 남았어."

전략은 끊임없이 변화하고 진화한다

당신은 어떻게 생각하는가? 보통 사람들이 이렇게 생각하는 것은 전혀 놀랍지 않다. 신중하게 표현된 전략이 실행을 위해 준비되고 나면 전략가의 임무는 마치 끝이 난 것처럼 보인다. 아이디어를 짰고 다음 조치를 구체적으로 명시했으니 문제가 해결된 것이다.

하지만 나는 EOP 프로그램 수강생들에게 아직 마음을 놓을 때가 아니라고 말한다. 전략을 그렇게 깔끔하게 담아둘 수 있는 경우는 거의 없다. 항상 명확하지 않은 선택이 있기 마련이고 좋든 나쁘든 예상할 수 없었던 비상사태가 수없이 발생하기 마련이다. 또한 의사소통과 상호 이해에는 늘 한계가 있다. 오스카 와일드(Oscar Wilde)가 비꼬듯 말했듯이 경박한 사람들만이 자기 사신을 안다. 사실 대부분의 전략에는 약간의 미스터리가 포함되어 있다.

그 미스터리를 해석하는 일은 전략가의 영원한 책임이다. 때로 이런 책임에는 '동종 최고'가 그 기업에서는 무엇을 의미하는지, 그것을 어떻게 측정할 것인지 등 어떤 사항을 분명하게 정하거나 조직이 어떤 아이디어를 실행에 옮기도록 도와주는 일이 수반된다. 또한 전략의 어떤 요소를 변경하거나 예전에 놓친 부분을 추가하고 더 이상 기업에 도움이 되지 않는 책무는 재고하는 일이 필요한 때도 있다.

전략 업무의 많은 부분이 맨 처음에 이루어지고 전략가가 해야 할 일은 그 분석을 제대로 하는 일이라고 생각하는 것은 지나치게 단순하고 위험하기까지 하다. 나이키나 토요타, 아마존 같이 위대한 기업들은 진화하고 변화한다. 위대한 전략가 또한 그렇다. 아무리 강력하고 아무리 명확히 규정되었다 해도 오래도록 번영하길 원하는 기업에게 충분한 지침이 될 수 있는 고정된 전략은 없다.

이케아는 현상을 유지해서가 아니라 15년이 넘는 시간 동안 디자인과 소비자 가치의 한계를 극복했기 때문에 세계적인 가구기업으로 성장했다. 구찌는 거의 회사를 무너뜨릴 뻔한 큰 실수를 저지른 뒤에야 구찌라는 브랜드가 가진 진정한 멋을 재발견했다. 하지만 내가 경영자들을 상대로 역동적인 전략에 대해 이야기할 때면, 지난 30년 동안 그 어떤 기업보다 극적으로 진화하면서 새로운 모습을 보여준 애플(Apple)의 이야기를 살펴보길 좋아한다.

나는 그 30여 년의 시간 내내 애플을 주시했고, 애플의 승리와 어리석은 행동에 대해 많은 경영자들과 토의하는 기회를 수없이 가졌다.[1] 토론 분위기는 시간이 지나면서 극적으로 변화했다. 지지의 목소리가 자자하다가 통렬한 비판의 시간으로 이어졌다. 어느 쪽이든 애플은 강한 감정을 끌어낸다.

애플이 지나온 길과 논란 많고 유명한 스티브 잡스(Steve Jobs)의 경험으로부터 배울 것은 많다. 가끔은 재기 넘치고 가끔은 그렇지 않은 스티브 잡스는 애플을 구상하고 재정립할 정도로 긴 시간 동안(중간에 끊어지긴 했지만) 애플을 지휘했다. 자세한 내용은 차치하고, 애플의 핵심적인 이야기는 전략에 관한 가장 기본적인 몇 가지 진리에 대해 고심하게 만들고, 궁극적으로는 가장 기초적인 진리인 전략의 바람직한 결과에 의문을 던지게 만든다.

학자들과 벤처 투자가, 다수의 경영자들은 전략의 목표가 장기간의 지속 가능한 경쟁우위, 즉 어느 누구도 따라잡을 수 없을 정도로 경쟁사와의 심한 격차를 축적시켜주는 경쟁우위라고 말한다. 경영대학원의 사례와 애널리스트의 보고서, 설득력 있는 비즈니스 기획안에서 그 질문은 반복된다. 그 기업이 아직도 거기에 있는가? 아직도 그 난공불락의 지속가능한 경쟁우위인 킬러앱을 갖고 있는가? 하지만 스티브 잡스와 애플의 이야기는 경쟁우위에 대한 그 열망에 의심의 눈길을 보내면서 다른 의문을 제기한다.

한 기업이 지탱하는 데는 무엇이 필요한가?
그리고 그것이 전략가의 임무에 있어 의미하는 바는 무엇인가?

전략에 관한 가장 역동적인 스토리, 애플

■ 작지만 위대한 시작

애플의 공동창업자인 스티브 잡스와 스티브 워즈니악(Steve Wozniak)은 장래계획서도 없이 사업을 시작했다. 사실 애플의 심장이 될 워즈니악의 올인원 회로기판을 누구에게 팔지 고심하던 1977년 당시만 해도 그들이 품은 야망은 그리 크지 않았다. 그들이 초기에 만난 벤처 투자가 돈 발렌타인(Don Valentine)은 그들이 1년에 회로기판을 2,000개 정도 팔 것으로 짐작했다고 기억한다.

“그들은 결코 큰 것을 생각하고 있지 않았습니다.”[2]

우리가 계획서 같은 것을 볼 수 있게 된 것은 애플이 순조로운 출발을 한 지 3년이 지난 뒤였다. 그들은 1980년이 되어서야 다음과 같은 사업보고서를 발표했다.

“사람들에게 기술을 안겨주는 것이야말로 우리가 80년대에 추진할 특명의 사업이라 생각한다.”

그렇다고 워즈니악과 잡스가 그저 깜짝 놀랄 만한 기술만을 원한 것은 아니었다. 그 기술은 특별하고 독특해야 했다. 잡스가 말하던 것처럼 그 기술은 ‘혼을 빼놓을 만큼 뛰어나야’ 했다.[3]

일단 컴퓨터 세계에서 1970년대 말은 몇 세대 이전 시대라는 점을 염두에 두고 논의를 시작하자. 당시에는 IBM만이 주전산기(mainframes)를 만들었고 그 나머지는 모두 컴퓨터를 취미로 만드는 사람들의 몫이었다. 1977년에 출시된 애플 2(실제로는 조잡한 원형 이후 첫번째 제품)는 그저 개인이 사용할 수 있는 정도의 기계가 될 예정이었다. 그것은 특별한 설치 없이 곧바로 작동되는 최초의 독립형 컴퓨터였다.

컬러 디스플레이에 내장 스피커를 갖춘 애플 2는 문서 작성뿐 아니라 게임용으로도 사용할 수 있었다. 오늘날의 기준으로 보면 지극히 싸구려 같아 보이지만, 애플의 둥글린 플라스틱 케이스는 취미로 컴퓨터를 만드는 사람들의 조잡한 금속 상자와 비교해보면 디자인에서 있어 쾌거였고, 이것은 샌프란시스코 메이시 백화점에서 주방용품과 스테레오를 눈여겨본 뒤 세세한 부분에 집착하게 된 잡스의 성과였다.[4]

이듬해에 애플은 중대한 업데이트를 통해 최초의 카세트 드라이브를 대체하면서 플로피 디스크 드라이브를 컴퓨터에 통합시킨 최초의 컴퓨터 회사가 되었다.[5] 이제 컴퓨터 사용자들은 자신의 창작물을 쉽게 저장할 수 있게 되었고, 신싸 소프드웨어를 제작해 판매할 수 있었다. 1979년에 애플이 최초의 PC용 전자스프레드시트인 비지칼크(VisiCalc)를 추가하면서 아담스(Adams), 코모도어(Commodores), 텍사스 인스트루먼트(Texas Instruments), 라디오샤(Radio Shack) 같이 새로 등장한 기계들을 상대로 뚜렷한 기능상의 우위를 확보하자 그 가치는 더욱 분명해졌다.[6]

PC가 생겨난 지 얼마 되지 않은 이 세계에서 애플은 중요한 차별점을 갖고 있었다. 애플은 구매자들이 항상 기술을 소중하게 여길 것이라는 기대를 갖고 기업의 핵심적인 목적과 전략적 우위를 기술에 걸었다.

소비자들은 모여들기 시작했다. 애플의 기발한 디자인과 용이한 사용법 때문에 사용자들 사이에서 광신적인 추종 세력이 생겨나기 시작했다. 1980년 9월까지 애플 2는 13만 대가 팔렸다.[7] 월가 또한 열광했다. 1978년 벤처 투자가들은 애플의 기업가치를 대략 300만 달러로 평가했다. 하지만 1980년 말, 기업공개가 이루어진 지 한 달도 되지 않았을 때 애플의 주식시장 평가액은 무려 18억 달러에 달했다. 체이스 맨해튼 은행, 포드 자동차보다 큰 액수이고 워즈니악의 아버지가 근무했던 록히드사의 가치보다는 4배가 많았다.[8]

애플은 재치 있는 디자인과 기술에도 불구하고 전략과 영업 면에서 엄청난 도전에 맞서야 했다. 워즈니악은 PC를 만드는 데는 천재였고, 잡스는 멈출 수 없는 에너지와 스타일을 아는 뛰어난 감각의 소유자였다. 하지만 그들 중 어느 누구도 경영상의 능력이나 경험이 없었다. 잡스는 대체로 '파문을 일으키는' 사람으로 유명했다. 전직 애플 임원은 잡스에 대해 이렇게 말했다.

"그는 마치 벌새처럼 시속 140킬로미터로 바삐 돌아다니기를 좋아했지요."[9]

남의 말을 가로막거나 듣지 않는 데다 약속을 잊어버리거나 지키지 않는 일이 비일비재했던 그는 상대하기가 상당히 어려운 사람이라는 평판이 자자했다.[10] 회사의 성장 관리를 도와줄 전문 경영인이 영입되었지만, 조직의 지휘자이자 권력자가 누구인지가 명확하지 않아 어려움이 있었다.

그 사이에 빠르게 성장하던 PC 업계는 제조업체들이 차례로 새로운 특징과 더 많은 메모리 용량, 더 빠른 처리 과정, 더 나은 애플리케이션과 더욱 유용한 컴퓨터를 세상에 내놓음에 따라 하루가 다르게 변하고 있었다. 공격 기세를 유지하는 데 열심이던 애플 팀은 1980년 여름, 철저한 테스트도 거치지 않고 제대로 완성되지도 않은 애플 3를 서둘러 출시했다. 애플 3는 새로운 소프트웨어도 거의 내놓지 못했고 오류투성이였다. 한 세심한 기술지는 애플의 이런 결함을 알리는 데 적극적이었다.[11] 이는 애플이 처음으로 겪은 유명한 실패였다.

그 무렵 애플은 최대의 경쟁기업을 만나게 되었다. 거대한 IBM(International Business Machines)이 사업에 나섰던 것이다. IBM은 PC가 진정한 사업상의 용도를 갖출 수 있도록 부분 부분이 제자리를 찾을 때까지 기다리며 천천히 PC시장에 진출했다. IBM은 애플을 따라잡기 위해 외부업체들에게 크게 의존했다. 운영체계는 마이크로소프트에, 컴퓨터 처리장치는 인텔에, 메모리칩과 디스크 드라이브는 다른 업체들에 의지했다. IBM 제품은 애플 제품만큼 결코 우아하거나 최첨단을 걷지는 않았지만 상당히 실용적이었고 높은 평가를 받는, 믿을 수 있는 회사의 제품이었다.

잡스의 독점본능은 강했다. 그는 애플의 독특한 기술을 보호하려 했고, 그 기술을 다른 업체에 공개하는 데 전혀 관심이 없었다. 그런 사고방식은 20년 동안 애플을 다른 경쟁기업이나 시장의 많은 기업들로부터 구분 짓는 특징이 되었다.

반대로 IBM은 소프트웨어 개발업자들이 문서처리나 계산, 회계, 데이터베이스 소프트웨어 등, 컴퓨터 사용자들이 IBM 컴퓨터를 중요하게 여길 수 있게 해주는 다양한 소프트웨어를 제안하도록 권장하는 등, 기업 시스템을 개방하겠다는 결정을 내렸다. 이렇게 개방된 문제해결 방식으로 인해 IBM 컴퓨터를 모방하는 업체들이 양산되기도 했지만, 적어도 한동안 IBM은 자사 브랜드와 명성이 지속적인 차별성을 부여해줄 것으로 보았다.

그 무렵에 열린 한 회의는 당시의 상황을 잘 보여준다. 1981년에 마이크로소프트의 빌 게이츠(Bill Gates)와 폴 앨런(Paul Allen)을 방문한 잡스는 PC의 미래를 두고 게이츠와 설전을 벌였다. 잡스는 PC가 사업용 용도를 가진 주택소유자들과 학생들에게 중요한 도구가 될 거라 생각했다. 하지만 게이츠는 PC가 대단히 실용적인 업무용 제품으로 직장이 더욱 효율적으로 운영될 수 있게 만들어주는 장비라고 주장했다.[12]

이렇게 다른 접근방식은 두 기업이 여러 해 동안 다른 길을 걸어가도록 만들었다. 사정을 다 아는 우리는 이 두 정반대의 생각이 어떤 결과를 낳았는지 알고 있다. 하지만 당시의 전망은 어땠을까? 애플은 시장점유율 부분에서 업계 최고였고, 최첨단 운영체계와 열성적인 소비자 기반을 독점하고 있었다.

당신이라면 어떤 선택을 하겠는가?

스티브 잡스의 결정을 지지하는가?

이 모든 상황과 하늘 높은 줄 모르는 주가를 고려할 때, 당신이라면 당신의 기술을 다른 개발업자들에게 공개하고 싶겠는가? 빌 게이츠나 IBM처럼 세상이 일 잘하는 실용적인 업무용 기계를 원한다고 확신할 수 있겠는가? 아니면 기술을 통해 세상을 바꾸는 데 전념하는 이상주의자 잡스처럼 계속 자신의 길을 가면서 자신만의 우아한 최첨단 제품을 만들기를 원하겠는가?

■ 깜짝 놀랄 만큼 대단한, 그러나 한 대도 팔리지 않는 제품

애플의 한 팀이 애플 3를 처분하고 있을 때, 또 다른 팀은 중형급 매킨토시(Macintosh) 제작에 착수했다. 그리고 또 다른 팀은 리사(Lisa, 잡스의 딸 이름을 딴 듯한)라는 최첨단의 혁명적인 컴퓨터를 만드는 데 매달려 있었다.

1983년에 대대적인 축하 속에 출시된 리사는 한 마디로 기술상의 역작이었다. 당시 PC는 한 번에 프로그램 하나와 화면 하나만을 작동시킬 수 있었고 사용자들은 코드 형식으로 컴퓨터에 명령을 내리고 있었다. 리사는 이 모든 복잡한 것들을 윈도우 밖으로 내던졌다. 리사는 최초의 포인트앤클릭 마우스가 딸려 나왔고 기술 전문가들이 '그래픽 유저 인터페이스(graphical user interface)'라 부르는 것을 갖고 있었다. 옵션 메뉴를 의미하는 기술 용어인 그래픽 유저 인터페이스를 클릭하면 컴퓨터를 효과적이면서도 간단하게 조종할 수 있었다. 사용자는 한 가지 이상의 기능을 열고 한 번에 두세 개의 문서 작업을 할 수 있었다. 리사가 보여준 엄청난 가능성은 광신자들의 심장을 뛰게 만들었다.

하지만 사업 면에서 볼 때 리사는 완전한 실패작이었다. 개발비로 5,000만 달러가 들어가고 200인 년(人年)의 시간이 투입되었지만, 뚜렷한 시장을 확보하지 못했다. 애플이 직접 모든 소프트웨어를 만들었는데, 애플 2나 IBM 컴퓨터와 호환되는 소프트웨어는 하나도 없었다. 게다가 가격은 속이 쓰릴 정도로 높은 1만 달러였던 반면, 컴퓨터는 애처로울 정도로 심하게 느렸다.[13]

기절할 만큼 대단하지만 아무도 사지 않는 기술로는 세상을 바꾸기가 힘들었다. 애플의 휴먼인터페이스 대가인 브루스 토그나치니(Bruce Tognazzini)는 "단 한 대도 팔 수 없었다는 점을 빼면 리사는 대단한 컴퓨터였습니다."라고 말했다.[14]

리사 개발중에 보여준 호전적이고 파괴적인 행동 때문에 정작 잡스 본인은 도중에 밀려나 매킨토시 프로젝트로 내쫓겼다. 당시 매킨토시는 회사 사람들과 그를 떼어놓을 수 있을 만한 고립된 장소에서 개발되고 있었다. 크게 실망하긴 했지만 그는 포기하지 않았다. 곧 매킨토시를 세상을 뒤흔들어놓을 차세대 컴퓨터로 만들기 위해 진취적으로 매킨토시 개발 작업에 착수했다.[15]

하지만 매킨토시를 출시하기 전에 그는 또 다른 경영상의 문제를 처리해야 했다. 애플 3의 실망스런 판매와 후속조치로 이뤄진 인원삭감 이후 사임한 애플 사장직의 후임자를 찾는 일이었다.

최고위진이 교체되는 동안 회장직에 오른 잡스는 코카콜라를 제치고 미국 내 최고의 청량음료업체로 펩시를 급부상시킨 펩시코(PepsiCo) 사장 존 스컬리(John Sculley)를 설득했다. 잡스는 여러 달 동안 스컬리에게 매달렸는데, 소문에 따르면 "남은 일생을 설탕물이나 팔면서 보내겠습니까, 아니면 세상을 바꾸길 원합니까?"라는 잡스의 설득에 결국 스컬리가 마음을 돌렸다고 한다.[16] 이처럼 잡스의 마음속에서 애플의 목적은 분명했다.

애플로 옮긴 스컬리는 1984년, 매킨토시의 출시를 때맞춰 도울 수 있었다. 대대적인 축하 속에 출시된 매킨토시는 조지 오웰의 해를 맞아 새로운 컴퓨터가 독재자 같은 존재로부터 사용자들을 구해준다는 내용의 슈퍼볼 광고를 세상에 선보였다. IBM과 IBM 모방업체들은 여전히 투박한 DOS 프롬프트 명령어를 사용하고 있던 반면, 매킨토시는 우아하고 단순하게 디자인된 그래픽, 마우스, 그 외 훨씬 더 많은 융통성을 제공했다.

하지만 매킨토시는 노력이 더 필요했다. 평가와 판매는 확실히 뜨뜻미지근했다. 최고가가 2,495달러였던 매킨토시는 느렸고, 개발중인 MS-DOS 표준과 호환되지도 않았다. 그리고 IBM 컴퓨터용 프로그램 덕분에 컴퓨터가 더욱 더 유용해지고 있던 터라 시대에 맞는 다양한 소프트웨어가 부족했다. 회사 역사상 처음으로 애플은 심각한 곤경에 처했다. 애플의 경쟁우위와 통렬한 목적이 사라져가고 있었다. 그리고 얼마 지나지 않아 애플은 창립 이후 처음으로 분기손실과 함께 20퍼센트 직원 해고 계획을 발표했다.

에너지 넘치는 몽상가 잡스는 상황을 확실히 매듭짓지 못하고 있었다. 더욱이 당시 그와 스컬리는 애플의 전략에 대해 좁혀질 수 없을 정도로 생각이 달랐다. 스컬리의 회고록에 따르면 잡스는 애플이 멋진 소비재기업이 될 거라 생각하고 있었다. 하지만 1980년대 중반에는 소비자 시장이 아니라 기업고객을 대상으로 하는 비즈니스 시장이 급격히 성장하고 있었고, 스컬리는 그런 맥락에서 소비재 사업을 추구하는 것이 '미치광이 같은 계획'이라 생각했다.[17]

〈비즈니스 위크*Business Week*〉, 〈타임*Time*〉 등, 무수한 잡지의 커버를 장식해왔고 다수의 사용자들에게 최첨단 제품을 안겨준 31세의 천재, 잡스는 기업 대표로서는 실패했다. 그의 애플이 창조적이고 혁신적이라는 점은 사실이지만, 당시 컴퓨터업계는 개별소비자가 아니라 낮은 원가와 더 높은 생산성을 의식하는 기업을 목표로 삼고 있었기 때문에 애플은 업계의 이런 추세와는 점점 더 멀어지고 있었다.

이사회의 지원을 받은 스컬리는 잡스에게서 모든 운영상의 책임을 해제시켰다. 애플 컴퓨터를 대표하는 인물로 카리스마 넘치고 큰 생각을 하는 그에겐 큰 타격이었다. 잡스는 한 인터뷰에서 이렇게 말했다.

"누군가에게 복부를 강타당해서 숨이 막히는 느낌입니다. 적어도 내 안에 위대한 컴퓨터가 하나 더 있다는 사실을 알고 있지만, 애플은 내게 그 일을 할 기회를 주지 않을 것입니다."[18]

그 해가 끝나기 전에 잡스는 애플을 떠나 새로운 컴퓨터 제조회사인 넥스트(NeXT)를 세웠다.

■ **슈퍼 경영자의 시대**

회사 창립자가 매질을 당하면 종종 외부의 관리자가 개입한다. 하지만 그 슈퍼 경영자가 시장을 더 잘 읽어낼 거라고 장담할 수 있을까? 전문 경영인이 애플의 예전 경쟁우위를 회복해내거나 더욱 의미 있는 목적을 훌륭하게 만들어낼 수 있을까?

스컬리가 이끄는 애플은 창의적인 면이 떨어졌을 수는 있지만 더욱 규율 잡힌 기업이 된 것은 분명했다. 애플은 헌신적인 팬을 확보하면서 매킨토시의 문제를 말끔히 없앴다. 스컬리는 고급 프린터와 매킨토시의 장점을 이용하여 급성장하고 있는 탁상출판(desktop publishing) 분야에서 애플이 대표주자가 되는 데 도움을 주었다. 덕분에 다수의 사용자들은 전문가의 작품처럼 보이는 서류와 전단지, 팸플릿 등을 직접 만들 수 있게 되었다.

그러나 애플이 학교와 그래픽 디자이너 시장에 진입한 반면, IBM 컴퓨터와 복제품들은 사무용 컴퓨터로 확고히 자리잡아 나갔다. 그 컴퓨터들은 예쁘지도 않고, 사용하기 편하지도 않고, 확실히 재미도 없었지만 여러 가지 소프트웨어 덕분에 난해한 스프레드시트를 만들고 복잡한 서류를 손쉽게 작성하고 다량의 데이터를 획득할 수 있었다. 그리고 중요하게는 다른 유사한 컴퓨터와 쉽게 그 데이터를 공유할 수 있었다. 상대적으로 이렇게 효과적인 컴퓨터들로 이루어진 네트워크는 1960년대에 주전산기가 등장한 이후로 아무것도 없었던 것처럼 사무실의 생산성을 바꾸어놓고 있었다.

PC 시장이 호황을 누리기 시작하자 스컬리가 이끄는 애플의 매킨토시는 1,200만 대가 넘게 판매되었고, 스컬리가 애플에 영입된 1983년에 6억 달러에 불과했던 매출은 80억 달러로 늘어났다.[19] 하지만 1984년 중반에 21.82퍼센트를 기록하면서 최고에 달했던 애플의 시장점유율은 점점 줄어들고 있었다.[20] 한때 혁신적이었던 기업은 트렌드를 선도하는 제품을 내놓으려 애썼지만 모두 무위로 돌아갔다.

애플도 1990년대의 인기 제품인 휴대용 기기를 처음 선보였지만 너무 크고 무거웠다. 그리고 다소 늦은 감도 있었다. 팜(Palm)이나 블랙베리(Blackberry) 이전의 개인용휴대단말기(personal digital assistant, PDA)인 뉴튼(Newton)은 획기적인 제품이 될 가능성이 있었지만 시대를 너무 앞섰던 것으로 드러났다. 마진이 악화되고 점점 심화되는 가격경쟁에 대해 해답을 찾지 못하는 상황에서 성공적인 신상품마저 내놓지 못하게 되자 결국 1993년에 스컬리도 밀려나고 말았다.[21]

그의 뒤를 이은 마이클 스핀들러(Michael Spindler)는 애플의 유럽 사업 규모를 3배로 키운 현실적인 경영인이었다. 스핀들러는 애플 제품에 다시는 비싼 값을 매기지 않았다고 선언하면서 비용을 줄이기 시작했다. 그는 연구개발비를 축소하고 효율성을 높이고 개발주기를 줄였다. 또한 애플의 오래된 독점적인 철학과 단절하고 애플의 기술을 공식적으로 인가해주려 했지만, 복제품들로 인해 매출이 감소되자 그 조치를 철회했다.

실행 가능한 목적과 제대로 조율된 시스템을 갖추지 못한 스핀들러는 스컬리와 마찬가지로 인텔 프로세서에 의해 작동되고 윈도우 운영체제를 설치한 컴퓨터로 빠르게 이탈하던 구매자들을 저지하는 데 실패했다. 140개 기업 컴퓨터 시스템 관리자를 대상으로 설문조사를 실시한 1995년의 〈컴퓨터 월드*Computer World*〉에 따르면, 윈도우 사용자 중 매킨토시 구매를 고려하는 사용자는 한 명도 없는 반면, 애플 사용자의 절반은 인텔 기반의 PC를 구매하려고 했다.[22] 스핀들러는 애플을 매각하려고 필사적으로 애썼다. 하지만 줄어드는 마진과 극렬한 경쟁 속에 고전하던 컴퓨터 제조업체들은 애플이 제시하는 내용에서 밝은 미래를 읽을 수 없었다.

스핀들러는 3년 간 애플에 머물다가 1996년에 물러났고, 애플 이사인 길 아멜리오(Gil Amelio)가 그의 후임이 되었지만 그의 임기는 더 짧았다. 아멜리오가 회사를 맡았을 때, 애플은 현금이 빠져나가고 매출은 곤두박질치고 있었다. 애플의 운영체제야말로 대대적인 점검이 필요한 상태였다. 애플 초창기에 고객에게 정말로 중요했던 브랜드는 이제 그 의미가 없어지고 있었다. 마이크로소프트는 애플이 가진 최고의 특징들 중 다수를 모방했고 IBM과 애플 컴퓨터가 작동하는 방식은 그 차이가 줄어들었다.

애플을 맡은 직후 아멜리오는 실리콘 밸리에서 열린 한 칵테일 파티에서 애플의 문제에 대한 자신의 견해를 밝힌 적이 있었다. 파티에 참석했던 손님에 따르면 그는 이렇게 말했다고 한다.

"애플은 배입니다. 그 배에 구멍이 나서 물이 차고 있습니다. 그런데 배 위에는 보물도 있습니다. 문제는 배에 타고 있는 모든 사람들이 다른 방향으로 노를 젓고 있기 때문에 보트가 제자리를 맴돌고 있다는 점입니다. 내가 할 일은 보물을 지킬 수 있도록 모두가 같은 방향으로 노를 젓게 만드는 것입니다."

아멜리오가 돌아가자 그 손님은 자기 옆에 있는 사람을 향해 너무나도 자명한 질문을 던졌다.

"그럼 그 구멍은 어떻게 한답니까?"[23]

정말로 그 구멍은 어찌 되었을까? 아멜리오는 록웰 인터내셔널(Rockwell International)과 내셔널 세미컨덕터(National Semiconductor)에서 반도체 사업을 하며 갈고 닦은 기술로 그 구멍을 메우려 했다. 그는 생산라인을 감축하고 급여를 삭감하고 현금준비금을 다시 늘렸다. 그는 서버나 인터넷 접속장치, PDA 같은 고

마진 세분시장을 목표로 삼아 애플이 과거에 즐겼던 최고가 게임으로 애플을 되돌리는 것이 자신의 전략이라고 말했다.

하지만 애플이 아무리 열심히 노를 저어도 효과는 없었다. 애플의 품질은 이미 의심받고 있었고 10년 가깝게 유지되어온 애플의 운영체제는 훌륭한 경쟁체제인 윈도우 95의 공격을 받고 있었다. 결국 아멜리오는 반복적으로 연기되어온 차세대 맥 운영체제(Mac OS) 개발을 취소하는 것으로 애플의 손실을 줄이기로 결정했다. 맥 운영체제 연구개발에는 이미 5억 달러가 넘게 들어간 상태였다.

놀랍게도 아멜리오는 개발 취소된 소프트웨어를 대체하기 위해 스티브 잡스에게 손을 내밀었다. 스티브 잡스에겐 고급 PC와 서버용으로 설계된 넥스트스텝(NeXTStep) 소프트웨어가 있었다. 많은 사람들은 인수 가격이 어처구니없다고 생각했지만, 1997년에 애플은 넥스트를 5억 달러에 사들이면서 잡스를 다시 고문으로 맞이했다.

하지만 애플의 하락세가 계속되자 아멜리오 본인이 비난을 한몸에 받았다. 1997년 1분기 말에 애플은 그의 임기 동안 16억 달러의 손실을 입었다. 이사회는 멋진 황금 낙하산과 함께 그를 내보냈고, 잡스를 임시 최고경영자로 지명했다.[24]

경쟁 환경을 읽지 못한 그들의 오만

전략가들은 애플의 경험으로부터 무엇을 배울 수 있을까?

일단 중요한 차별성도 덧없다는 사실이 핵심적인 교훈이다. 차별성은 홀로 지속되지 않으며, 일단 사라지고 나면 아무리 노를 젓고 구멍을 메워도 근본적인 문제를 고칠 수 없다. 배가 이미 방향타를 잃어버렸기 때문이다.

■ 변하는 환경, 고정된 전략

오스트리아계 미국인 경제학자, 조지프 슘페터(Joseph Schumpeter)는 1940년대에 쓴 글에서 이 같은 새로운 사건을 경제주기의 일부분이라 지적했다. 혁신자들은 신기원을 열고 혁신의 노력으로 발생하는 큰 수익, 즉 '경제 지대(economic rents)'를 획득한다. 이런 사건들 중에 가장 강력한 사건은 슘페터가 말하는 '창조적 파괴'를 야기한다. 이는 세상을 뒤흔들 정도의 혁신으로 시장을 재편한다. 그리고 이런 과정은 단순히 수익 마진이나 기존 기업의 생산물이 아니라 기존 기업의 기초와 생명 그 자체를 뒤흔드는, 결정적인 원가 및 품질 우위를 요구하는 경쟁을 조장한다.[25]

그런 창조적 파괴는 주기적으로 발생한다. 먼저 하나의 아이디어가 전개되어 발전한 다음 상업화된다. 이는 애플 2가 컴퓨터를 취미로 다루던 사람들의 차고로부터 사람들의 가정으로 옮겨간 경우와 흡사하다. 시간이 지나면서 풍부한 기회를 감지한 경쟁기업들이 생산수량을 늘리고 가격을 떨어뜨리며 시장에 진출하게 되면, 결국 혁신으로 인한 경제지대는 모두 사라지게 된다. 이윤이 다시 증가하기 위해서는 창조적 파괴가 또 한 차례 발생해야 한다. 정확히 이는 애플이 애플 3와 리사, 매킨토시 컴퓨터를 서둘러 시장에 출시하여 피하려던 붕괴 과정이었다.

애플을 괴롭힌 창조적 파괴는 애플이 애초에 탁월함을 보여준 제품혁신이 아니라 시장혁신의 유형이었다. 이는 IBM이 오픈소싱(open sourcing, 원청업체와 납품업체의 개방적인 납품-하청 관계를 만드는 경영전략)과 그에 따른 표준화에 전념함으로써 기업 사용자들과 소프트웨어 개발업자들에게 안겨준 이익을 의미했다. 그 전략은 초기 단계에는 IBM에게 높은 성장률과 수익을 안겨주었지만, 20년이 안 되는 시간이 지나면서 매력적이고 수익성 높던 컴퓨터업계를 심하게 경쟁적이고 가격 주도적인 산업으로 바꾸어놓았다. 즉시 구매가 가능한 간단한 부품과 호환성 덕분에 PC는 일용품이 되었고, 가장 효율적이고 가장 저렴한 공급업자에게로 판매가 옮겨갔다.

PC 제조업체들 사이에서 불균형을 찾기는 거의 힘들었다. 2001년 당시 업계 수익의 96.5퍼센트는 유일하게 희소한 자원을 통제하고 있던 두 공급업체, 즉 업계 표준의 MS-DOS 운영체제를 보유한 마이크로소프트와 컴퓨터의 두뇌에 해당하는 프로세서를 보유한 인텔이 가져갔다. 델(Dell)의 인기 또한 이 시기에 높아졌는데, 이는 델이 특별히 뛰어난 컴퓨터를 만들어서가 아니라 델이 대량 고객화와 전자상거래, 공급망 관리에 뛰어났기 때문이었다.[26]

오래도록 활약해온 업체들 중 다수는 이후 10년 동안 사라질 것이었다. 컴팩(Compaq)과 게이트웨이(Gateway)는 다른 기업에 의해 인수되었고, IBM은 1990년대 말 이후로 10억 달러에 가까운 손실을 입은 뒤 결국 2004년에 PC사업을 매각했다.[27] 이런 상황에서 애플은 부분적으로는 매스코의 머누지언을 곤란에 빠뜨린, 업계의 집요하고 매력 없는 경쟁요인에 의해 피해를 입었다. 머누지언과 마찬가지로 애플의 많은 지도자들 역시 업계 상황을 악화시키는 요인들이 애플의 전망에 미치게 될 극적인 영향을 완벽히 이해하거나 중요시하지 않았다.

솔직히 말하면 그들은 오만했다. 애플의 초창기 시절을 지켜본 한 사람은 이렇게 지적했다.

“애플에 있는 모든 사람들은 빈둥거리며 이렇게 말한다. ‘우린 최고야. 우린 그걸 알아.’ 그들은 그렇게 말하는 문화를 갖고 있으며, 그 문화는 스티브 잡스로부터 시작되어 계속되고 있다.”[28]

또 다른 이는 오만이 회사 전체로 확산되어 회사의 모든 면에 영향을 주었다고 지적했다. 납품업체나 소프트웨어업체, 중개인을 다루는 스타일이나 경쟁기업에 대한 태도, 신제품 개발에 접근하는 방식 등이 모두 영향을 받았다고 할 수 있다.[29]

기업의 목적은 경쟁 환경과 조화를 이루면서 중요한 차별성을 만들어내야 한다. 조직 자체와 조화를 이루지 못하고 더 이상 존재하지 않는 과거에 기업을 묶어두는 목적은 골칫거리다. 본질적으로 애플은 점점 더 연관성이 커지고 상품화되어간 컴퓨터시장과 어긋나면서 스스로 만든 덫에 빠지고 말았다. 애플은 다른 모든 컴퓨터와 상이한 소프트웨어를 필요로 하고 상이한 프로세서를 사용하는(심지어는 프린터까지) 고가의 영리한 PC를 생산하겠다는 애초의 전략을 고집스럽게 고수했다.

잡스의 뒤를 이어 애플을 이끌어간 슈퍼 경영자들은 해고와 구조조정, 개방 시스템으로의 변경, 가격인하, 고마진 세분시장 진출에 대한 전략 변경 등으로 문제를 고쳐보려고 기를 썼지만, 당신도 아주 잘 아는 근본적인 문제, 즉 '기업의 핵심인 목적이 제대로 작동하고 있는지' 여부를 깊이 파악하지 못했다.

돌아보면 애플의 공동창업자, 스티브 워즈니악은 애플의 핵심적인 가정을 시험하지 않았던 점을 후회한다. 특히 경영자들이 애플의 중대한 자원이라고 생각했던 하드웨어를 지키기 위해 운영체제를 엄격히 통제하려 한 결정이 뼈아픈 실수였다고 생각한다. 실제로 당시 형성된 경쟁 환경에서 사용자들에게 가장 중요했던 것은 애플의 하드웨어가 아니라 소프트웨어였다.

워즈니악은 이렇게 말했다.

"우리에겐 가장 아름다운 운영체제가 있었다. 하지만 사람들이 그 체제를 손에 넣으려면 2배 높은 가격에 우리의 하드웨어를 사야만 했다. 우리는 적절한 가격을 계산하여 그 운영체제를 허가했어야 했다."[30]

초기에 컴퓨터를 개발하던 사람들은 더 나은 기술만 있으면 만사형통일 거라고 생각했다. 하지만, 시장이 관심을 갖는 것은 한 가지 차원뿐이며 애플의 하드웨어가 풀패키지의 불리한 점을 극복하기에는 충분하지 않았음을 어렵게 깨달았다. 이에 대해 워즈니악은 "컴퓨터는 결코 문제가 아니었다. 애플의 전략이 문제였다."고 말했다.[31]

■ 넥스트 컴퓨터의 실패, 픽사의 성공

1985년에 애플을 떠난 잡스는 콧대 높고 건방진 젊은 경영자였다. 그는 훌륭한 기술로 최첨단 컴퓨터를 만들겠다는 전략으로 승리를 거둘 수 있음을 증명하려고 단단히 마음먹고 있었다. 넥스트를 세운 잡스는 회사를 완전히 장악했다. 애플에서처럼 그의 에너지를 진정시키던 전문 경영인도 없는 데다가 이사회로부터도 방해받지 않은 잡스는 통제 불가능할 정도로 행동했다. 앨런 도이치만(Alan Deutschman)의 설명에 따르면 거의 불가능할 정도로 높은 그의 기준이 넥스트를 지배했다.

"새로운 컴퓨터가 한 가지 특별한 획기적인 기술에 의해 두드러지는 것만으로는 충분하지 않았다. 그는 소프트웨어를 위해 완전히 새로운 방식을 택하고 있었다. 아무것도 없는 상태에서 시작하여 지금껏 작성된 소프트웨어 코드 중에 가장 우아한 제품을 만들기 위해 노력하고 있었다. 산업 디자인은 지금껏 어느 누구도 만들지 못한 컴퓨터여야 했다. 그것은 스티브의 검은색 포르쉐처럼 멋지고 맵시가 있어야 했다. 심지어 공장마저도 아름다워야 했고, 세상 어느 공장보다도 완벽하게 자동화가 이루어져야 했다."[32]

넥스트가 맨 처음 선보인 컴퓨터는 잡스가 당시대보다 5년은 앞섰다고 설명한 멋진 정육면체 디자인을 자랑했는데, 대학시장을 겨냥한 제품이었다. 하지만 너무 뒤늦게 등장했다. 또한 레이저 프린터와 일부 필요한 제품을 추가로 살 경우 1만 달러에 육박하는 가격은 PC 가격이라기보다는 자동차 한 대 가격에 가까웠다.

상업적으로 볼 때 넥스트 컴퓨터는 엄청난 실패작이자 애플의 실패한 전략을 확인시켜준 서투른 모방이었다. 물론 그 책임은 전적으로 잡스에게 있었다. 학생이나 학자들은 1,500달러짜리 기본적인 PC가 있었기에 넥스트 컴퓨터를 외면했다. 비즈니스 세계 또한 크게 흥미를 보이지 않았다. 넥스트 컴퓨터는 PC가 되기에는 너무 고가였던 반면, 워크스테이션이 되기에는 힘이 너무 부족했다.[33] 애플에 있을 때처럼 잡스는 또 다시 시장과 시장이 원하는 것을 잘못 해석했다. 결국 넥스트는 5만 대밖에 판매되지 못하는

한심한 성적표를 받았다.[34]

그가 다시 해낼 수 있음을 보여줄 수 있는 기회가 사라지자 실리콘 밸리에서 잡스의 인기는 급격히 떨어졌다. 잡스 개인에게는 당혹스러운 실패였다. 이미 1993년부터 넥스트의 고위직 관리자들은 서둘러 퇴사했고, 공장의 생산품은 경매로 처분되고 있었다. 〈포춘〉지는 잡스에게 '가짜 약장수'라는 별명을 붙였다.[35] 나중에 잡스는 당시의 실패를 되돌아보며 이렇게 설명했다.

"우리는 애플이 성공한 최후의 하드웨어 회사거나 성공하지 못한 최초의 회사가 될 것을 알고 있었다. 그리고 우리는 실패한 최초의 기업이 되었다."[36]

하지만 그 기간 동안 잡스는 더욱 오래 지속될 또 다른 벤처사업에 참여하고 있었다. 그는 애플을 떠난 뒤 자신의 주식을 거의 모두 처분하고 그 수입의 일부분을 이용하여 픽사(Pixar)라는 신생 애니메이션 회사의 대주주 지분을 사들였다. 픽사의 임원이라기보다는 벤처 사업가에 가까웠지만, 그는 회장 및 최고경영자의 직함을 갖고 있었고 여러 차례의 매출 감소기에 회사에 자금을 지원했다.

컴퓨터로 만든 최초의 장편영화인 〈토이 스토리(Toy Story)〉가 1995년에 개봉을 앞두자 잡스는 회사 경영에 더욱 적극적으로 참여하면서 픽사의 성공적인 기업공개(그에게 11억 7,000만 달러를 안긴)를 위해 세심히 준비했다. 기업공개 후에 그는 애니메이션 영화 부문에서 모든 인습을 깬 〈토이 스토리 2〉와 〈몬스터 주식회사(Monsters Inc)〉, 〈니모를 찾아서(Finding Nemo)〉 등 5편의 새로운 영화제작 협정을 체결했다.

2006년 디즈니가 픽사를 75억 달러에 인수하자 잡스는 디즈니의 최대주주이자 이사가 되었다.[37] 픽사는 잡스에게 디즈니 영화 같은 결말을 안겨주었다. 그는 픽사 덕분에 억만장자가 되었고 비즈니스계에서 명성을 되찾았다. 그리고 오락산업에 대한 깊은 통찰력과 지인을 얻었는데, 이는 나중에 그에게 무척이나 중요한 존재가 되어주었다.

창조적 파괴의 힘으로 도약하다

애플이 넥스트를 인수했을 때, 넥스트는 가까스로 버티고 있는 상태였고 애플은 실패한 기업으로 인식되고 있었다. 잡스가 돌아왔을 때, 애플은 빠른 속도로 파산을 향해 가고 있었다. 주가는 10년 내 최저가에 도달했고 시장점유율은 3퍼센트로 추락했다. 델 컴퓨터의 회장이자 최고경영자, 마이클 델(Michael Dell)은 컨퍼런스 강연 석상에서 어느 날 갑자기 깨어보니 스티브 잡스가 되어 있다면 무엇을 하겠냐는 질문에 다음과 같이 신랄하게 대답했다.

"나는 애플 문을 닫고 주주들에게 돈을 돌려주겠소."[38]

하지만 넥스트와 픽사에서의 경험으로 견문을 넓힌 잡스는 과감하게 도전에 응했다. 그는 자신이 한 해 전에 제시한 조언을 따라 자신의 옛 회사를 재건하는 고통스런 과정을 시작했다. 그는 1996년 〈포춘〉지와의 인터뷰에서 "내가 애플을 경영하고 있다면, 매킨토시의 모든 가치를 죄다 빼낼 것입니다. 그리고 다시 괜찮은 제품을 개발하는 일을 시작할 겁니다."라고 말한 적이 있다.[39]

잡스는 애플의 광범위한 제품라인을 4개의 제품으로 축소하는 일부터 시작했다. 휴대용 모델과 데스크톱 모델에서 소비재 제품과 업무용 제품을 각각 두 가지씩만 정한 뒤, 최고의 아이디어에만 연구개발을 집중시켰다. 이 아이디어들 중에서 잡스가 돌아온 뒤 구상하여 만든 첫번째 제품은 아이맥(iMac)이었다. 그는 옛날을 돌아보며 이렇게 말했다.

"내가 애플을 떠나던 날, 우리는 마이크로소프트보다 10년을 앞서 있었습니다. 기술 사업에서 10년의 우위라는 것은 정말로 얻기 힘든 성과지요. …… 하지만 오늘 출하되는 맥을 보면 내가 애플을 떠난 날과 25퍼센트가 달라져 있습니다. 그리고 10년의 세월과 수십 억 달러의 연구개발비를 생각해보면, 그 정도 차이는 충분하지 않습니다. 마이크로소프트가 맥을 모방하는 데 정말로 뛰어나거나 영리해서가 아니라 맥이 10년 동안 공격하기 쉬운 봉이었기 때문입니다. 그것은 애플의 문제입니다. 제품의 차별성이 사라져버린 것이지요."[40]

다음 해까지 잡스는 넥스트에서 자신과 함께 일했던 여러 명의 관리자를 포함하여 새로운 관리팀을 애플에 배치했다. 이 팀은 거의 10년 동안 그의 핵심적인 두뇌집단이 되어줄 예정이었다.[41] 새로워진 잡스는 새로운 경영스타일 또한 보여주었다. 의심할 여지없이 그는 여전히 성마르고 사람들을 거칠게 대하고 건방진 모습을 보여주었지만, 애플로 복귀한 잡스는 업무 실행에 대해 무언가를 알고 있었고 자신의 못된 성질을 누그러트릴 정도로 충분히 성숙해져 있었다.

프로덕트 그룹(product group, 특정한 광고주의 광고계획이나 특정 캠페인을 기획 · 실시 · 평가하기 위해 광고대행사 내에 설치되는 그룹이나 팀)과 가진 첫번째 회의에서 스티브는 귀 기울여 들으며 집중했다. 두번째 회의에서 그는 대답하기 어렵고 도발적인 질문들을 연달아 던졌다. 그는 '만약 당신이 제품 절반을 축소해야 한다면, 어떻게 하겠습니까?' 라고 질문했다. 그리고 긍정적인 사고를 보여주기도 했는데, 돈이 목적이 아니라면 무엇을 하겠냐고 묻기도 했다.[42]

1998년에 출시된 아이맥은 뛰어난 디자인의 올인원 컴퓨터 및 모니터였다. 대중적인 PC보다는 여전히 비싼 1,299달러였지만 2,000달러가 훌쩍 넘던 이전 모델보다는 상당히 낮은 가격이었다. 처음에 출시된 맥의 단순함과 인터넷 사용이 편리한 점을 통합한 아이맥의 디자인은 한동안 근본적인 혁신이 전무했던 시장에 청량제 같은 존재였다. 아이맥은 빠른 속도로 새로운 고객 집단의 마음을 사로잡았다. 아이맥 구입 고객 중 30퍼센트 정도가 예전에 컴퓨터를 가져본 적이 없던 사람들이었다. 첫 해에 애플은 200만 대를 판매했는데, 비용 절감 조치와 함께 애플에게 정말로 필요한 여유 현금을 확보하는 데 도움이 되었다.[43]

실제로 잡스는 아이맥으로 애플이라는 배에 난 구멍을 메웠다. 잡스는 그 현금을 이용하여 애플이 처음에 설정한 목적과 소비자들이 중요하게 생각하는 것에 대한 예리한 이해력을 결합시켜 새로운 전략을 수립하고 그것을 실행에 옮겼다. 2001년에 열린 맥월드(MacWorld) 회합에서 그는 애플의 더 큰 목적을 자세히 설명했다. 그의 설명에 따르면 생산성의 시대였던 PC의 첫번째 황금시대는 초기의 컴퓨터로 시작되어 15년가량 지속되었다. 뒤이어 인터넷의 시대인 두번째 황금시대가 도래했는데, 인터넷은 기업과 소비자 모두에게 새로운 용도를 안겨주었다.

그는 이제 컴퓨터가 휴대전화, DVD 플레이어, 디지털 카메라, 디지털 음악이 존재하는 디지털 시대인 세번째 황금시대에 진입했다고 말했다. 이 새로운 시대에 등장할 '다음의 위대한 사물'은 별개의 장치가 아니라 이 모든 기기의 중심물로서 존재하는 컴퓨터가 될 거라고 잡스는 생각했다. 그 컴퓨터는 이 모든 기기를 사용하는 방식을 향상시키면서 정보관리, 커뮤니케이션, 오락 기능을 이음새 없는 완벽한 통일체로 한데 모을 것이다. 이제 사람들은 비디오를 찍고 그것을 편집할 수 있고, 음악을 들으며 직접 자신만의 음반을 만들 수 있으며, 사진을 저장하고 새롭고 특별한 방식으로 그것들을 공유할 수 있게 될 것이었다.[44]

디지털 허브라 불린 이 전략은 애플의 새로운 목적이 되었다. 차후 10년 동안 애플의 제품과 전략을 이끌어갈 새로운 구상이 된 것이다. 그 구상이 형태를 갖추기 시작함에 따라 애플은 컴퓨터에서 음악을 정리하는 방법으로 아이튠스(iTunes) 음악 소프트웨어를 도입했고 완벽하게 검사를 마친 맥 운영체제를 발표했다. 또한 '지니어스 바(genius bar)'라는 고객상담센터를 갖추고 최첨단의 고감도 매장에서 애플 제품을 판매하는 최초의 소매점을 열었다.

잡스는 조금씩 애플을 새로 만들기 시작했다. 그 과정이 항상 순탄하거나 걸림돌 없이 진행된 것은 아니었다. 처음에 잡스는 픽사에서의 경험을 통해 매킨토시 사용자들이 쉽게 영화를 만들고 편집할 수 있게 해주는 아이무비(iMovie)라는 소프트웨어를 추진했다. 그런데 그가 아이무비에 집중하는 동안, 컴퓨터 사용자들은 디지털 음악을 무료로 제공해주는 서비스에 푹 빠져 PC에 설치된 CD버너를 이용하여 자신만의 CD를 만드는 데 열중했다. 아이맥에는 아직 CD버너가 없었던 탓에 매출이 둔화되는 사태가 발생했다.

잡스에겐 '아차' 싶은 순간이었다. 그는 말했다.

"정말 바보 같다는 느낌이 들었습니다. 우리가 기회를 놓쳤다는 생각이 들더군요. 우리는 따라잡기 위해 열심히 노력해야 했습니다."[45]

매킨토시 운영체제를 업그레이드하는 과정에서 그 문제가 해결되면서 애플 디자이너들은 또 다른 기회를 볼 수 있었다. 당시 이용 가능한 디지털 음악 플레이어는 끔찍했다. 음악을 올리는 데 더뎠고 저장할 수 있는 곡도 많지 않았다. 소니의 워크맨(Walkman)보다는 확실히 나아졌지만, 디지털 시대에 맞는 제품은 아니었다. 마침내 애플은 작은 하드 드라이버 덕분에 주머니에도 쉽게 들어갈 수 있는 강력한 음악 플레이어인 아이팟(iPod)과 아주 빠른 속도로 다운로딩을 가능하게 해주는 파이어와이어(FireWire)라는 소프트웨어를 2001년 말에 출시했다. 이는 상전벽해와 같은 변화였다.

애플은 아이팟과 아이튠스로 음악 산업에 일대 변혁을 일으켰다. 파일을 공유하는 인기 있는 소프트웨어, 냅스터(Napster)가 자신이 선택한 음악을 무료로 다운로드하는 개념에 사용자들을 길들였지만, 결국 이 서비스는 나중에 불법으로 선언되었다. 잡스는 음악업계와 협상했다. 애플이 아이튠스로 비슷한 서비스를 제공하면서 곡과 앨범마다 요금을 부과하고, 업계는 그 수익을 나눠갖기로 했다. 2004년 4월에 매킨토시 사용자들을 위한 아이튠스 매장이 개점했고, 그 해 10월에는 윈도우 사용자들에게도 서비스가 확대되면서 시장이 기하급수적으로 성장했다(애플이 아이맥에서처럼 일반 PC에서도 작업할 수 있도록 소프트웨어를 개발했다는 사실은 새로운 시대가 왔다는 또 다른 표시였다). 그리고 드물게 찾아온 경기호황 속에서 소비자들은 최근까지 무료였던 서비스에 돈을 지불하기 시작했다.

애플이 출시한 제품과 서비스는 고상한 디자인 감각과 묘기에 가까운 기술을 이용했고 완벽한 디지털 혁명을 돋보이게 만들었다. 잡스는 2002년 초에 〈타임〉지를 상대로 이렇게 말했다.

"마이크로소프트와 다른 제품군으로 경쟁을 하느니 소니와 경쟁하겠습니다."[46]

보트 이야기를 하나 더 해보자. 이 과정을 효과적으로 비유해주는 고대 그리스의 역설이다. 영웅 테세우스(Theseus)는 크레타섬의 미노타우로스(Minotaur)를 살해한 뒤 아주 낡은 배를 타고 아테네로 돌아갔다. 항해중에 널빤지가 하나씩 썩어 무너질 때마다 튼튼한 새 목재로 대체하다보니 결국 배의 판자를 모두 다 바꾸게 되었다. 판자를 다 바꿨을 때 그 배는 예전과 같은 배인가? 만약 같은 배가 아니라면 어떤 시점에, 어떤 판자에서 그 배의 정체성이 바뀐 것인가? 플루타르크(Plutarch)는 이 역설을 '자라는 것들에 대한 논리학적 질문'이라 불렀다.[47]

잡스는 애플에서 아이팟이 전환점이라고 생각했다.

"애플의 존재이유를 촉진시킨 제품이 있다면, 아이팟이 바로 그것입니다. 아이팟은 애플의 엄청난 기술 기반과 손쉬운 사용법, 그리고 애플의 근사한 디자인을 결합시킨 제품이기 때문입니다. 그 세 가지가 이 아이팟에서 하나로 합쳐졌습니다. '그게 바로 우리가 하는 일'입니다. 따라서 누구든 애플이 이 세상에 존재하는 이유를 궁금해한다면 나는 이 제품을 좋은 예로 제시할 겁니다." 라고 그는 말했다.[48]

2005년까지 총 4,200만 대의 아이팟이 판매되었다.[49] 2009년에 애플은 해마다 6,000만 대를 팔아치우고 있었다. 사용자들은 아이튠스에서 10억 곡이 넘는 곡을 다운로드받았고 아이팟에서 시청할 영화와 TV프로그램, 심지어는 경영대학원 강의까지 구입했다.

아이맥이 잡스가 배를 안정시키는 데 도움을 주었다면, 아이팟과 아이튠스는 회사 전체가 새로운 목적과 새로운 도착지를 정한 새로운 선박으로서 앞으로 나아가게 만들고 있었다. 그리고 구찌의 경우와 마찬가지로, 애플의 성공 또한 다수의 단발성 제품 때문에 가능했던 것이 아니라 서로 조화롭게 작동하는 요소들로 복잡하게 짜인 시스템과 아이디어, 정체성을 연마한 결과였음이 점점 더 분명해졌다.

잡스는 창조적 파괴에 대한 슘페터의 메시지를 직감적으로 이해했고 그 의도를 제대로 알아챘다. 새로운 잡스가 이끄는 새로운 애플은 누구든 턱밑까지 따라올 기회를 잡기 전에 예감에 의지하여 자사 제품을 스스로 무너뜨리는 더 나은 제품을 출시함으로써

'창조적 파괴' 조직이 되었다.

2007년 애플은 아이팟의 특별한 디자인을 이용하여 통화가 가능하고 인터넷에서 대화까지 나누면서도 엄청난 양의 음악이나 사진을 담을 수 있는 신용카드 크기의 패키지 상품인 아이폰(iPhone)을 출시했다. 책상 위에 있던 여러 기기들이 갑작스럽게 주머니 속으로 손쉽게 쏙 들어가게 되면서 애플은 또 다른 산업에 일대 혁명을 일으키는 과정에 진입했다.

때마침 그 해에 애플은 회사 명칭에서 '컴퓨터'를 없애고 간단하게 애플(Apple Inc.)이 되었다. 2010년에 아이팟과 음악, 아이폰이 총수입의 60퍼센트 정도를 벌어들인 반면, 컴퓨터는 9월 25일에 끝나는 사업연도에 기록된 652억 달러의 매출액 중 27퍼센트를 차지하는 데 그쳤다.[50] 애플의 주가는 지금까지 보지 못했던 수준까지 치솟았다. 시장가치가 3,000억 달러는 족히 넘는 애플은 마이크로소프트를 제치고 세계에서 가장 귀중한 기술 기업이 되었다.

애플은 많은 사람들의 기대를 한 몸에 받는 태블릿 컴퓨터인 아이패드(iPad)를 출시함으로써 다시 한번 스스로를 능가했다. 아이패드의 디자인, 기능, 소프트웨어는 완전히 새로운 범주의 휴대용 소비자기기가 무엇인지에 대한 새 기준을 세웠다. 어쩌면 머지않은 미래에 그것은 전통적인 컴퓨터를 완전히 대체할 수도 있다. 2011년 여름에 발표되면서 자주 화제에 오른 아이클라우드

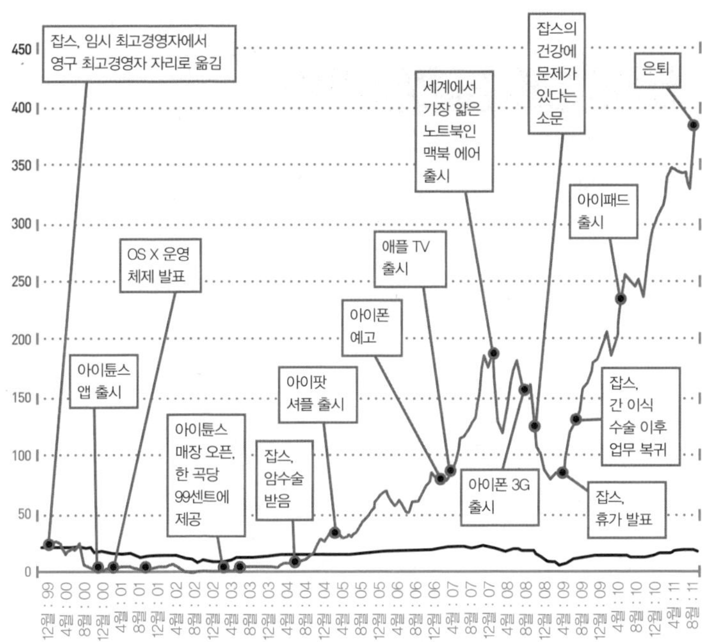

450
400
350
300
250
200
150
100
50
0
잡스, 임시 최고경영자에서 영구 최고경영자 자리로 옮김
OS X 운영 체제 발표
아이튠스 앱 출시
아이튠스 매장 오픈, 한 곡당 99센트에 제공
잡스, 암수술 받음
아이팟 셔플 출시
아이폰 예고
애플 TV 출시
세계에서 가장 얇은 노트북인 맥북 에어 출시
아이폰 3G 출시
잡스의 건강에 문제가 있다는 소문
잡스, 휴가 발표
잡스, 간 이식 수술 이후 업무 복귀
아이패드 출시
은퇴

〈애플의 주가〉

(iCloud) 베타판은 이메일이나 USB로 파일을 전송할 필요 없이 어떤 애플 제품이나 PC와도 동시에 데이터를 간직할 수 있게 해 주는 더 발전된 형태였다.[51]

지속 가능한 경쟁우위는 존재하는가

이 엄청난 변신을 생각해보면 다음과 같이 묻는 게 적절하다.

애플은 아직도 거기에 있는가?
20세기 말에 발생한 여러 문제에도 불구하고
현재 애플은 지속 가능한 경쟁우위를 갖고 있는가?

나는 애플 사례를 가르칠 때마다 EOP 프로그램 수강생들에게 이런 질문을 던진다. 수강생들은 대개 그렇다고 말하는데, 사실 "맞습니다!"라고 외치거나 심하면 "그걸 물어봐야 압니까?"라고 응수해도 할 말이 없을 것이다. 애플은 혁신적인 목적을 다시 설정했고 겉으로 보기에는 경쟁사들의 부족한 창의력을 비웃기까지 하며 그들을 훨씬 능가하고 있는 듯 보인다. 그러니 사건은 종결된 게 아닌가?

하지만 나는 그렇게 생각하지 않는다. 2010년 애플의 컴퓨터 시장 점유율은 약 11퍼센트까지 치솟았지만, 그 정도의 수치는 결코 시장지배기업의 위치를 나타내지 못한다. 게다가 평범한 사람들은 최신 아이폰을 구매하기 위해 애플 매장 밖에서 진을 치겠지만, 시장 리서치 업체인 NPD그룹에 따르면, 2010년에 구글의 안드로이드(Android) 소프트웨어를 기반으로 한 스마트폰이 아이폰보다 훨씬 많이 팔렸다고 한다.[52] 윈도우를 깔고 아이패드에 경쟁하는 업체들은 빠르고 맹렬하게 추격하고 있다. 그런 태블릿 PC는 주로 가격에 의거하여 판매되는 상품이 되는 동시에, 디지털 허브의 중심으로서 전통적인 PC를 대체하면서 네번째 황금시대를 야기할 수 있다. 그리고 아이패드, 아이클라우드 시스템이나 후속상품들이 지금부터 몇 년 뒤에 선두가 될 거라는 보장도 없다.

통념에 따르면 전략의 목표는 장기적으로 지속 가능한 경쟁우위라고 하는데, 나는 그런 견해에 감히 이의를 제기한다. 그런 우위는 흔하지 않으며 여기에는 그럴 만한 충분한 이유가 있다. 슘페터가 증명했듯이 높은 시장성장률과 수익성은 정지된 상태가 아니라 변화에 의해 달성 가능하다.

헨리 포드(Henry Ford)는 가격이 알맞은 단일 모델로 자동차 판매세계를 지배했지만, 결국 알프레드 슬론(Alfred Sloan)의 제너럴 모터스(General Motors)가 차별화된 제품라인으로 그를 물리쳤다. 폴라로이드(Polaroid)도 즉석사진 기술을 보유했지만, 결국 디지털사진 기술에 의해 완봉패당했다. 독점을 누리던 광역 서비스 병원들은 저가 서비스에 초점을 둔 병원들에 의해 기반을 잠식당했다. 그리고 여기저기 캠퍼스를 둔 대학들은 고등교육시설을 보유했지만, 지역사회 대학이나 영리 목적의 기관, 혹은 원격 교육이 제공하는 색다른 경제모델의 도전을 받았다.

한 가지 경쟁우위를 목표로 삼고 그것이 지속 가능하기를 기대하는 행동은 전략가의 과제를 잘못 표현한 것이다. 관리자들이 자신의 전략을 최종적으로 굳어진 것으로 생각하게 되어 문제를 감지했을 때 방어적인 태세에 돌입하고 새로운 현실의 니즈를 충족시키지 않는 대신 현 상태를 유지하려는 태세를 취하기 때문이다. 확실히 경쟁우위는 전략에 있어서 정말로 중요하며, 경쟁우위가 오래 지속될수록 더 좋다. 하지만 어떠한 경쟁우위도, 일개 기업의 기초가 되는 가치창출 시스템마저도 큰 그림의 일부분이자 영화 속의 한 장면에 불과하다. 전략에서 리더의 역할을 절대적으로 중요하게 만드는 것은 날마다, 해마다 장면 전체를 관리해야 하는 필요성이다.

전략을 유기적으로 바라보는 이런 관점은 전략적 우위의 구성요소가 무엇이든 결국엔 그것이 변할 것이라는 점을 인정한다. 이 관점은 특정 순간에 확립된 대로 기업의 부가가치를 지키는 행동과 시간이 지나도 한 기업이 계속해서 가치를 확실히 추가할 수 있게 해주는, 훨씬 더 중요한 행동 간의 차이를 강조한다. 지속되는 것은 특정한 목적이나 특정한 경쟁우위, 혹은 특정한 전략이 아니라 항상 가치를 추가해야 하는 지속적인 필요성이다. 다시 말하면 한 기업이 계속해서 중요성을 띨 수 있도록 그 기업을 이끌어가고 발전시켜야 할 지속적인 필요성 말이다. 그렇다고 꾸준히 핵심적인 차별성을 향상시키는 기업은 훌륭한 자원과 훌륭한 경쟁우위를 확보하지 못한다는 얘기는 아니다. 하지만 그런 차이를 구체적으로 보여주는 제품과 서비스는 발전하고 변해야 하고, 애플이 힘들게 깨달았듯이 그것의 가치는 과거가 아니라 현재의 환경에 의해 측정되어야 한다.

상당히 힘들겠지만 그것은 테세우스의 배처럼 널빤지를 다시 깔거나 배를 아주 다른 방향으로 저어나가야 한다는 의미일 수도 있다. 내 수업을 듣는 경영자들이 지적하기 좋아하듯이, 이 과제는 당신이 선착장에 앉아 있다면 결코 발생하지 않는다. 항해를 하는 중에도 배가 계속 물 위에 떠 있도록 배를 운전해나가는 동시에 널빤지를 갈아야 한다는 것은 힘든 깨달음이다.

잡스는 애플에 돌아오자마자 회사의 파산을 막는 동시에 회사의 널빤지를 일일이 다시 갈아야 했다. 먼 바다에서 폭풍우보다 강한 허리케인을 만난 그는 거친 환경 속에서 다시 배를 조립해야 했다. 대체로 그는 제대로 해냈다. 하지만 한때는 당할 자가 없었던 애플의 최대 라이벌, 마이크로소프트도 깨달았듯이 도전은 결코 끝나지 않는다.

스티브 잡스가 아니라도 누구나 전략가가 될 수 있다

지금쯤 당신은 이렇게 생각하고 있을지도 모른다.

'그래, 나도 전략이 역동적이어야 한다는 사실은 이해했어. 그리고 애플이 전략상의 성공작이라는 사실도 인정해. 스티브 잡스가 애플을 완전히 호전시켜놓았지. 하지만 솔직하게 말해보자고. 그는 스티브 잡스지만, 나는 아니야. 그리고 내 회사도 애플이 아니라고.'

물론 당신 생각은 맞다. 잡스는 오직 한 명밖에 없었다. 하지만 그의 성공 스토리에서 주목할 만한 부분을 살펴보면, 그가 타고난 전략가는 아니라는 사실을 알 수 있다. 그는 엄청난 실수를 저질렀고, 결함이 있는 제품을 출시하기도 했다. 또한 한 기업을 몰락의 지경까지 끌고 갔고, 본인도 다른 회사에서 쫓겨나기까지 했다. 다른 사람들과 똑같이 그도 전략가가 되는 법을 배워야 했다.

구찌의 드 솔레처럼 잡스 역시 회사를 계속 전진시키기 위해서는 에너지와 동기가 있어야 했다. 그는 많은 전략가들과 마찬가지로 '하던 일을 계속하면서 자기 개혁을 하라'는 심오하고 지독한 역설과 씨름해야 했다. 이 역설은 특정한 길을 계속 가거나 다른 길로 바꾸는 선택처럼 들릴 수도 있지만, 대부분의 기업에게 그것은 다른 무언가가 되는 동시에 어떤 것이 되어야 하는 이중성의 문제이다. 이는 기업에게 또 다른 우위인 전략가, 더욱 구체적으로 말하면 바로 당신을 가리킨다. 전략가인 당신은 조직을 보살피고 조직의 갈 길을 안내하고 기업의 중심인 목적 자체가 변할 때도 선택을 내려야 하는 동시에 매일, 그리고 해마다 기업의 중심으로 돌아가는 선택 또한 내려야 하는 사람이다. 당신은 예감에 의지할지 결정해야 하고, 당신의 전략이 역동적인지 아니면 죽은 듯 생기가 없는지도 판단해야 한다.

전략을 이끌어나가는 일은 쉴 틈 없는 책무이다. 그 일은 외부에 맡길 수도 없고 한 차례의 대단한 브레인스토밍 회의를 통해 해결할 수도 없다. 어느 날 그냥 잠자리에서 일어나보니 자기 회사가 새로운 경쟁우위를 갖고 있다거나 기업의 목적이 하룻밤에 바뀐 사실을 알게 되는 일도 없다. 오히려 기업의 목적은 업계 상황이 변하기 때문에 달라질 것이다. 그리고 사람들의 취향이 변하기 때문에도 달라질 것이다. 회사 직원들이 바뀌고 그들이 새로운 기술과 장점을 회사에 안겨주기 때문에도 기업의 목적은 달라질 것이다. 결국 기업의 목적은 전략가인 당신이 그렇게 하라고 요청했기 때문에 달라질 것이다.

이제 유일하게 지속 가능한 전략은 변화를 예상하는 전략임을 인정했다면, 기업이 가야 할 방향으로 기업을 이끌어가는 전략가가 될 만반의 준비가 된 것이다.

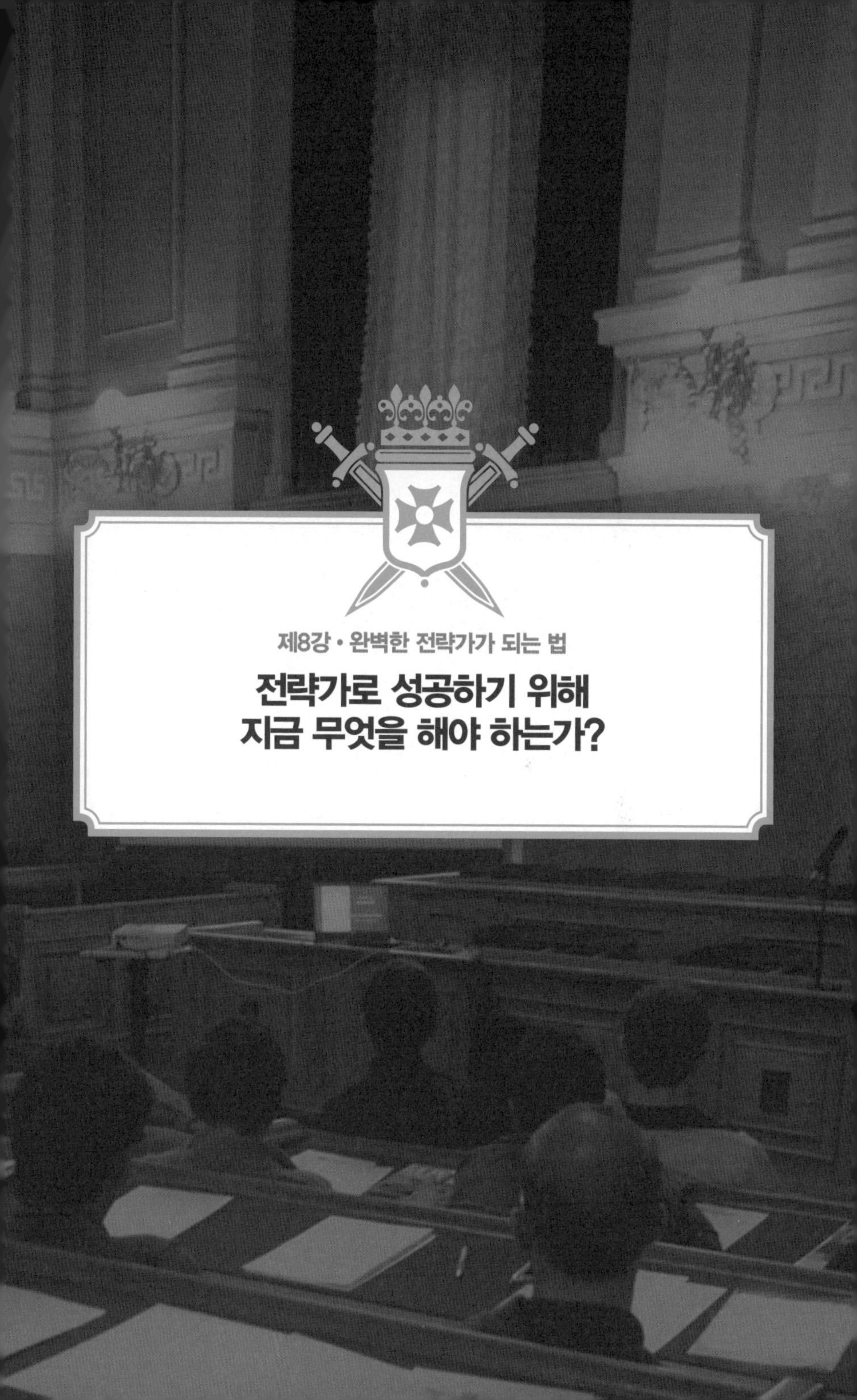

제8강 • 완벽한 전략가가 되는 법

전략가로 성공하기 위해 지금 무엇을 해야 하는가?

마지막 수업이다.
앞으로 당신이 진정한 전략가로 거듭나기 위해 필요한
가장 기본적인 자세, 마음가짐에 대한 이야기를 하려 한다.
당신의 목적을 확인하고 전략을 수립하고
이를 진화시켜가는 전과정에서
이러한 마인드는 지속되어야 할 것이다.

우리는 전략가가 하는 일에 대해 많은 얘기를 나누었지만, 그 일을 하는 사람에 대해서는 조금밖에 다루지 않았다. 전략에 관한 모든 이용 가능한 정보에도 불구하고 성공적인 전략가가 되려면 무엇이 필요한지 알아내는 데는 거의 노력을 기울이지 않았다. 대체 어떤 기술과 사고방식을 연마해야 하고 어떤 독특한 가치를 기업에 안겨주어야 하는가?

내가 마지막으로 할 일은 바로 이런 문제들을 다루고 당신이 되고자 하는 전략가가 되도록 도와주는 것이다. 지금까지 해온 많은 작업과 달리, 이 마지막 도약을 위해서는 업계 분석이나 전략 선언서는 제쳐두고 대신 전략가가 되는 '방법'을 깊이 살펴봐야 한다.

새로운 가르침에 관대하라

일단 당신이 전략 관리자나 전략 전문가가 아니라는 점을 이해하는 것이 가장 중요하다. 그런 역할은 다른 사람들에 의해 충족될 수 있다. 당신은 다른 무엇보다도 리더이다. 당신의 목표는 이미 거기에 존재하지 않은 중요한 것을 만들어내는 것이다. 그렇게 하기 위해서는 이미 앞에서 조사했던 아래의 네 가지 기본적인 질문에 답해야 한다.

나의 조직은 세상에 무엇을 가져다주는가?
그 차별성은 중요한가?
그 차별성의 어떤 점이 희귀하고 모방하기 어려운가?
내일 중요해지기 위해서 해야 할 일을 오늘 하고 있는가?

리더인 당신은 위의 질문에 답해야 한다. 대부분의 사업가들(그 문제에 관해서는 대부분의 경영 사상가도 해당된다)은 단도직입적으로 표현된 이런 종류의 질문을 직접 처리하는 데 익숙하지 않다. 우리는 더욱 실질적인 사업상의 문제들에 국한 지을 때 훨씬 더 편안해한다. 시장이 위축되고 있는지, 성장하고 있는지 여부나 경쟁사들이 무엇을 할 것인지와 같은 문제들을 수월하게 생각하는 것이다.

기업을 이끌어나가기 위해서는 여유를 갖고 새로운 도전에 맞서려 하고 자신의 기업에 가치를 추가해줄 수 있는 여러 가지 독특한 방법을 관대하게 받아들여야 한다. 선(禪)에 관한 오래된 다음 이야기를 생각해보자.

강하고 확신에 찬 한 남자가 선사(禪師)를 찾아가 깨달음에 대해 가르침을 달라고 부탁했다. 처음 나눈 대화에서 손님을 파악한 선사는 그에게 차를 함께 마시자고 초대했다. 선사는 차를 부었다. 그런데 그는 찻잔에 차가 흘러넘치는데도 계속 차를 부었다. 손님은 소리쳤다.

"그만하세요. 찻잔 밖으로 넘치는 게 안 보이세요?"

이에 선사는 대답했다.

"그래요. 넘치고 있지요. 하지만 이미 가득 찬 찻잔은 다른 어떤 것도 담을 수가 없습니다."

사람의 마음이 가장자리까지 이미 꽉 차 있다면, 새로운 생각이 들어갈 자리는 없다. 당신도 마찬가지다. 받아들일 자세가 필요하다. 전략가가 되려면 새로운 가르침의 방식을 탐구하려는 적극적인 마음을 가져야 한다.

물살을 거슬러 헤엄치는 '활동가'로 살라

전략가가 되려면 추진력과 결단력, 엄격함과 상상력, 질문을 던지고 과감히 앞으로 나가려는 적극적인 자세와 호기심이 필요하다. 당신은 스스로 시동을 거는 용감한 태도로 전략에 참여해야 한다. 앞으로 내딛고, 앞을 내다보고, 독립적인 평가를 내리고, 일을 행동에 옮기고 실제로 일어나게 만드는 일에 깊이 관여해야 한다.

전략은 기업의 장기적인 성공에 굉장히 중요하다. 당신은 투자자와 자문단, 심지어는 회사 직원들이 그것을 리더의 가장 중요한 마인드로 간주할 것이라 생각하겠지만 불행히도 그렇지 않은 경우가 흔하다. 특히 기업의 실적이 상당히 좋을 때는, 리더인 당신에게 더 많은 것을 극성스럽게 요구할 것 같은 집단마저 별다른 요구를 하지 않는다. 따라서 불쏘시개가 되는 헌신과 열정은 당신이 스스로 발현해야 한다.

전략을 다룰 시간과 용기를 찾는 일은 대부분의 리더에게 늘 도전과제다. 물론 이사회가 가끔 당신에게 전략계획을 보여달라 요청할 수도 있고, 관리팀에게 그것이 필요하기도 하다. 하지만 전략이 존재할 공간을 확보해야 하는 사람은 바로 당신이며, 그 일은 쉽지 않다. 하이케 부르흐(Heike Bruch)와 수만트라 고샬(Sumantra Ghoshal)은《문제는 성과다*A Bias for Action*》에서 이렇게 지적했다.

"너무 버거운 요구사항들 때문에 함정에 빠진 관리자들은 판에 박힌 일상의 수인이 된다. 그들에겐 기회를 알아챌 시간이 없다. 그들은 습관이 되어버린 일 때문에 의지력을 이용하는 데 필요한 첫 걸음을 내딛지 못한다. 하나의 아이디어가 행동으로 옮겨지는 과정을 꿈꾸는 능력을 개발하고 그것을 구체적인 목적으로 바꾸는 조치를 취하지 못하는 것이다."[1]

긴급한 활동과 중요한 활동을 비교한 스티븐 코비(Stephen Covey)의 유명한 구분은 이런 결과가 나타나는 이유를 이해하는 데 도움이 된다. 긴급하고 중요한 활동에는 위기, 마감시한에 몰린 프로젝트, 조직 활동과 관계, 장기적인 전략 수립 등이 포함된다. 하지만 그날그날 처리해야 하는 많은 활동과 매일 꺼야 하는 '일상적인' 불처럼 긴급하지만 중요하지 않은 활동에 쫓기는 일이 너무 흔하게 발생한다. 설상가상으로 하찮은 일이나 바쁜 업무, 시간을 낭비하는 일처럼 중요하지도 긴급하지도 않은 활동에 쫓기는 경우도 허다하다.[2]

서로 경쟁하듯 발생하는 요구사항이나 끊임없는 활동으로 인해 생기는 아드레날린의 분출 등 많은 리더와 많은 기업이 전략에 전념하지 못하는 이유는 여러 가지다. 하지만 더욱 심오한 설명이 가능하다. 그들은 현 상황이 재미가 없더라도 그 상황에 편안해한다. 오래전 슘페터는 대부분의 사람들이 상황을 있는 그대로 유지하는 데 만족한다고 경고했다. 슘페터 전문가, 리처드 스웨드버그(Richard Swedberg)는 사람들의 보수적인 특성 때문에 혁신이 밀려나고 많은 리더들이 변화에 저항한다고 지적한다.

"익숙한 일을 하는 것은 항상 쉽지만, 새로운 일을 하기는 쉽지 않다."[3]

슘페터 역시 "물살을 따라 수영하는 것과 물살을 거슬러 수영하는 것의 완전한 차이는 여기에서 발견할 수 있다."[4]고 말했다.

경제발전이 계속되려면 리더는 물살을 거슬러 헤엄쳐야만 한다. 그들은 정력적으로 솔선수범하면서 앞으로 나가 주도권을 잡아야 한다. 슘페터는 이런 유형의 리더를 '활동가(Mann der Tat)'라 불렀다. 현실을 있는 그대로 인정하지 않는 사람들이다. 스웨드버그의 해석에 따르면 활동가는 정적인 사람들이나 새로운 것을 하지 않으려는 사람들처럼 변화를 막는 장벽을 내면에 갖고 있지 않다.

그렇다면 그 사람을 활동하게 만드는 것은 무엇일까? 자신의 니즈를 충족시키기 위해 자기가 할 일을 하고 일단 자신의 목표가 달성되고 나면 중단하는 정지된 사람들과는 달리 리더는 다른 동기의 근원을 갖고 있다. 그는 힘을 원하고 목표를 달성하고 싶어하기 때문에 앞으로 돌진한다.[5]

모든 진동 뒤에서도 결국 성공하는 활기찬 전략은 주도권을 잡고 일을 성사시킨 리더이다. 중대한 결정을 내리는 책임을 포함하여 모든 필요한 차원에서 전략을 실행하는 일은 하나의 기능이 아니라 리더가 할 일이며 리더의 중요한 임무이다.

하버드대학 강사였던 시모어 틸스(Seymour Tilles)는 MBA에 처음으로 여학생 입학이 허용되기 1년 전인 1963년에 〈하버드 비즈니스 리뷰〉에 논문을 발표했다. 이제는 고전이 된 그의 논문은 리더가 기업의 진로 결정에 있어서 맡고 있는 책임을 지적했다. 그는 최고경영자가 대답해야 하는 모든 문제들 중에서 다음의 문제가 가장 중요하다고 주장했다.

"당신은, 당신의 기업이 어떤 종류의 기업이 되길 원하는가?"

그는 큰 뜻을 품은 리더에게 스스로에 대한 유사한 질문을 던지기도 했다. 그의 글을 일부 소개하면 다음과 같다.

당신이 젊은 사람들에게 마흔이 될 때까지 이루고 싶은 것이 무엇이냐 묻는다면, 두 가지 종류의 대답을 얻을 것이다. 우선 대다수는 자신이 갖고 싶은 것에 관해서 대답할 것이다. 특히 경영대학원 졸업생들이 이렇게 대답할 것이다. 그러나 일부는 자신이 되고 싶은 사람에 대해 대답할 것이다. 이들은 자신이 향하고 있는 미래에 대해 명확한 생각을 갖고 있는 사람들이다.

기업도 마찬가지다. 너무나도 많은 기업들이 미래에 대해 생각할 때 주로 돈에 대해 이야기한다. 물론 재무 설계에 치중하는 것이 잘못된 것은 아니다. 대부분의 기업들이 그 일을 더 많이 해야 한다. 하지만 재무 설계를 짜는 일과 자신의 기업이 되기 바라는 기업에 대해 생각하는 일을 혼동하는 것은 명백한 잘못이다. 이는 "내가 마흔이 되면 부자가 될 거야."라고 말하는 것과 비슷하다. 그렇게 되면 너무나 많은 근본적인 질문들이 해답을 찾지 못하게 된다. 어떤 방법으로

부자가 되고 무엇을 해서 부자가 될 것인지 전혀 알 수 없다.[6]

지난 30년 동안 전략이 하나의 학문으로 발전해가면서 이런 근본적인 인식은 사라지고 말았다. 우리는 그 인식을 되찾아야 한다. 실존주의 철학자들은 선택의 중요성을 알았다. 그들은 사람들이 크든 작든 모든 선택이 축적된 결과물인 현재의 모습으로 오랜 세월 동안 살아왔음을 깨달았다. 외부의 사건과 영향 또한 중요하지만 선택은 우리가 갖고 있는, 삶에 영향을 미치는 수단 중 가장 강력한 것이다.

기업 또한 마찬가지다. 하지만 한 기업의 정체성 자체를 결정하는 중요한 선택은 누가 내리는가? 누가 "우리의 목적은 저것이 아니라 이것이다. 이것은 우리의 미래의 모습이고 우리의 고객과 단골이 우리가 없는 세상보다 우리가 있는 세상을 선호하게 될 이유이다."라고 말하는가?

이는 전략가가 반드시 자신의 것임을 인정해야 하는 질문이다. 존재가 주어질 수는 있지만 본질은 결코 주어지지 않는다. 스토리와 의미, 진정한 의미는 만들어져야 한다. 그것은 리더인 당신이 만들어야 한다. 회사 안팎의 사람들이 의미 있는 방식으로 기여할 수는 있지만 결국 선택에 대해 책임을 지는 사람은 리더이다.

바로 이런 책무로 인해 당신은 사업을 구상하고 그 사업의 운명에 영향을 미칠 수 있는 엄청난 기회를 부여받았다. 대표적인 실존주의 철학자, 장 폴 사르트르(Jean-Paul Sartre)가 지적했듯 '빚어내야 할 미래가 있는 것이다.'[7] 사르트르는 사람들이 선택으로 인해 정체성을 만들고 목적을 규정하게 되는 과정을 찬양하면서 '선택의 가능성'을 옹호했다. 그가 생각하기에 의미를 찾을 수 있는 기회는 선택의 가능성이라는 이런 근본적인 측면에 의해 생긴다. 그는 "인간은 우선 존재하고, 자기 자신을 만나고, 세상에서 비상한 뒤에 자기 자신에 대해 정의한다."[8]고 말했다.

이제 세상에 불쑥 등장하여 자기 자신을 창조하고 미래를 빚어내는 인간 능력에 대한 이런 확신이 비즈니스 세계에서 갖는 의미를 생각해보자. 그 의미는 바로 슘페터가 말하고 있던 것이 아닐까? 기업이 되어야만 하는 모든 것이 아닐까? 전략적인 관점을 유지하려고 애쓰는 경영자는 이 기본적인 문제에 맞설 준비를 갖추어야 한다.

조직은 '비상하고', '스스로를 창조하고', 미래를 '빚어내야만' 한다. 그들 또한 매일 회사 문을 열 때마다 사르트르가 '선택의 가능성'이라 말한 것에 직면한다. 조직이 직면하지 않는다면 그 조직의 주인이나 관리자가 선택의 가능성에 직면한다. 왜냐하면 사르트르가 사람들에게 미래를 빚어내는 책임을 부여한 것처럼 조직의 전략적 임무 역시 조직을 이끄는 사람들의 몫이기 때문이다.

이 문제는 소유주에 의해 한 가지 업종에 집중하는 기업뿐 아니라 여러 사업을 하는 대기업과도 관련이 있다. 차입금에 의한 기업매수가 증가하고 전세계에서 공급망이 구축됨에 따라 자기 기업이 왜 중요한지, 즉 기업의 목적이 무엇인지에 대한 명확한 인식만큼 기업에 중요한 것은 없어 보인다. 한 거대 복합기업의 회장은 "이 기업은 어떤 맛있는 음식을 식탁 위에 내놓고 있는가?"라고 물으며 기업의 목적을 명확히 인식하는 것이 중요함을 직설적으로 지적했다. 그는 바로 그 문제를 제기하고 있었던 것이다.

그런 작업에는 엄청난 용기와 대담함이 필요하다. 브라이톤의 영과 콜이 최저 소매 가격을 주장하면서 자사 브랜드에 충분한 마케팅 지원을 제공하지 않을 매장에는 제품을 팔지 않겠다고 했던 것처럼, 혹은 이케아의 잉그바르 캄프라드가 소수가 아닌 다수를 위한 가구를 제작하기로 선택했던 것처럼 말이다. 이런 결정들은 기업이 무엇을 할지만이 아니라 더욱 근본적으로는 기업이 무엇이 될지를 결정해준다. 소수의 선택이 더 중요해질 수 있다.

모든 것을 바꾸겠다는 각오

애플 사례에서 봤듯이 전략가의 업무는 결코 끝나지 않는다. 전략적 모멘텀을 확보하여 그것을 유지하는 일은 매일 뒤엉킨 존재로 살아가는 조직과 리더가 맞서야 하는 도전이다. 그 도전은 전략가가 내려야 하는 한 번의 선택이 아니라 오랜 시간에 걸쳐 내려야 하는 여러 번의 선택이다.

군사이론가 클라우제비츠(Clausewitz)를 신봉한 헬무트 폰 몰트케(Helmuth von Moltke)는 이 점을 잘 이해했다.

"분명 총사령관은 파란만장한 사건에 흔들리지 않으며 자신의 위대한 목적을 계속해서 생각해낼 것이다. 하지만 그가 그 목적에 도달하기 위해 가는 길은 미리 확실하게 정할 수 없다. 그는 출정하는 내내 예측할 수 없는 상황을 기초로 연달아 결정을 내려야 한다. …… 베일에 가려진 듯 확실치 않은 상황을 통과하여 사실을 평가하고 미지의 것을 분명하게 하고 빠르게 결정을 내린 다음 그 결정을 힘차고 꾸준히 실행하는가에 의해 모든 것이 좌우된다."[9]

이는 최고사령관의 임무일 뿐 아니라 당신의 임무이기도 하다. 그리고 결코 쉽지 않은 조율행위이다. 앞서의 내용에서 알게 되었듯이 위대한 전략은 그 자체로 완전함을 갖추고 각 요소들이 내부적으로 조화를 이룬 시스템이다(드 솔레가 생산라인으로부터 경영문화에 이르기까지 자신이 하는 모든 일을 자신의 목적에 어떻게 연결지었는지 생각해보라).

종종 당신은 당신의 목적은 그대로 두고 주변 상황에 적응할 수 있어야 할 것이다. 하지만 시스템의 완전함을 엄격함과 혼동해서는 안 된다. 당신의 가치창출 시스템은 유연하고 융통성을 지녀야 한다. 당신의 전략처럼 가치창출 시스템 역시 시간이 지남에 따라

서서히 발전해야 한다. 그리고 시스템의 각 요소들을 쓸모없게 만들 수 있는 사업 환경이나 기업 내부의 변화에 대응하고 예상해야 한다.

철학자 마르타 누스바움(Martha Nussbaum)은 시스템의 균형을 '불안정한 완전함'이라고 설명한다. 그녀는 이렇게 지적한다.

"모든 우발적 사건을 견뎌낼 수 있는 수밀(水密)선박을 건조하기는 불가능하다. 사람의 인생에서도 제멋대로의 우연을 제거할 수는 없다."[10]

그리고 그런 우연을 제거하려고 노력하는 것은 잘못된 행동이다. 당신은 전략가로서 '제멋대로의 우연'을 감수해야 한다. 누스바움은 이런 태도가 엄격한 완고함이 아니라 유연성 있는 대응력을 키우며 자신감을 다소 누그러뜨리는 자세라고 말한다.[11] 이렇게 하려면 '지배력에 대한 열망'을 포기하고 전략의 각 요소를 다시 생각하고 빚어내는 일을 순순히 받아들여야 한다.

더욱 근본적인 얘기를 하자면, 당신은 리더로서 기업의 모든 부분을 재해석하는 일을 스스로 해낼 수 있어야 한다. 목적을 분명하게 밝히는 일이 필요한 것처럼 기업을 앞으로 나가게 만들기 위해서는 그 목적을 다시 생각하는 일에 관대해야 한다. 테세우스는 배의 내항성을 유지하기 위해 적극적으로 배의 모든 부분을 교체했다. 전략가인 당신도 기업의 타당성과 미래를 연장하기 위해서라면 사실상 기업의 모든 부분을 바꾸어놓는 일도 꺼리지 않아야 한다.

기업이 기업 각 부서들과 그들의 협력으로 이루어지고 기업의 특정한 부분들이 기업의 모습에 정말로 중요하기 때문에 그들 없이는 기업이 존재하지 못하게 된다고 믿는 경향이 있다. 당신은 이런 유혹에 저항하고 중대한 기회가 오려 할 때 다른 사람들을 설득해야만 한다. 파블로 피카소(Pablo Picasso)가 직설적으로 이야기하기 않았던가.

"성공은 위험하다. 성공한 사람은 자기 모방을 시작한다. 그리고 자기 모방은 다른 사람들을 모방하는 것보다 더 위험하다. 그로 인해 자기 고갈의 결과가 발생한다."[12]

리더로서 일을 하다가 어느 시점에 이르러 기업의 전략을 극적인 방식으로 점검하지 않아도 되는 경우는 지극히 드물다. 때때로 이런 점검을 통해 우리는 섬광과도 같은 깨달음의 순간을 맞이하여 기업과 기업의 목적, 잠재력을 새롭게 생각할 수 있다. 나는 경영자들이 자신의 기업이 무엇을 하는지, 무엇을 할 수 있는지 새로이 개념을 정립하는 이런 순간을 소규모의 그룹 회의나 심지어는 강의실에서도 목격해왔다. 그런 깨달음의 순간은 감격을 안기며 촉매제 역할을 할 수 있다.

때로는 이런 결정이 고통스러울 수도 있다. 당신이 세운 회사를 분해하여 새로운 방식으로 다시 맞춰야 하는 경우에는 특히 그렇다. 조직이 어떤 모습이고 무엇이 되기를 바라는지 이해한 여러 소유주와 경영자들은 그런 조직개편을 개인의 치열한 투쟁으로 설명했다.

앞에서 경기침체 때문에 초창기에 시작한 브로커 딜러 사업을 중단하기로 한 부동산 사업가 커 테일러의 고민에 찬 결정을 생각해보라. 그 사업이 더 이상 그의 기업에 전략적 우위를 제공해주지 않았지만, 그는 감정적으로 그 회사에 애착을 갖고 있었기 때문에 포기하기가 힘들었다. 마침내 그는 현실을 직시하고 그 사업을 접었는데, 그가 그때까지 한 일 중 가장 어려운 일이었다고 고백했다.

그런데 그렇게 고통스러워한 사람들이 그런 경험이야말로 살면서 겪은 가장 보람 있는 시간이었다고 말한다. 그 경험은 일종의 부활이나 창조처럼 해방감을 안겨줄 수 있다. 아시아 대기업의 최고경영자로 내 수업을 들은 한 경영자는 자신의 경험을 다음과 같이 설명한 적이 있다.

"나는 우리 회사와 직원들을 사랑합니다. 그리고 도전을 사랑하고 다른 사람들이 우리가 판매하는 제품으로부터 많은 이익을 얻기를 원합니다. 그렇다고 해도 나는 앞으로 몇 년 뒤에 우리가 새로운 방향으로 향할 것을 알고 있습니다. 그리고 그것은 회사의 일부분을 매각하는 것을 의미할 수도 있습니다. 시장의 경쟁이 너무 심해져서 과거만큼 마진이 남지 않으니까요."

그런 다음 그는 목소리를 낮추고 놀라운 사실을 덧붙였다.

"하지만 근본적인 차원에서 보면 우리를 참신하게 유지해주고 계속 나아가게 만드는 것은 이런 변화입니다. 이런 변화가 발생하면 고통스러울 수도 있지만, 장기적으로 나는 변신하지 않는 기업을 이끌고 싶지는 않습니다."

제대로 이루어지고 조직적으로 착수된다면 전략을 짜는 과정은 기업과 리더를 동시에 부활시킬 수 있는 여정이 된다. 한 기업의 소유주나 최고경영자로서 책임을 지고 있는 사람들은 변화가 없었다면 존재하지 않았을 무언가를 만들어내고 창조할 때의 만족감을 이미 알지도 모른다. 허먼 밀러(Herman Miller)의 전설적인 최고경영자, 맥스 드 프리(Max De Pree)가 그 만족감을 훌륭하게 표현한 적이 있다.

"결국 현재의 모습 그대로를 유지해서는 우리가 되어야 할 모습이 될 수 없음을 기억하는 것이 중요하다."[13]

결국 그것이 모든 것의 요지가 아닌가? 무언가를 만들어내고 그것이 제 길을 찾아가도록 돕고, 계속해서 그것의 존재이유를 가다듬고 새롭게 하는 것이야말로 리더의 오랜 임무이다. 애플 사례에서 살펴봤듯이 사람과 마찬가지로 기업도 다른 모습을 보여주어야 한다.

팀원과의 커뮤니케이션 속에 답이 있다

당신은 회사에 대한 전체적인 시각을 얻으려고 애쓰는 동시에 기초적인 차원에서도 회사를 정확히 파악해야 한다. 어쨌든 당신은 집단의 노력을 이끌어가고 있기 때문이다.

당신은 전체 직원들에게 영감을 부여하는 동시에 그들로부터 배울 수 있으려면 그들과 친숙해져야 한다. 당신이 그들에게 당신 생각을 설명해주지 않는다면, 그들은 회사의 전략을 그들의 중요한 안건으로 여기지 않을 수 있다. 그리고 계획을 짜는 데 그들의 지식을 얻어내지 못한다면, 당신은 무척이나 소중한 자원을 낭비하고 있는 것이다. 고객과 대화를 나누고 알짜배기 업무를 해내는 직원들은 당신에게 꼭 필요한 정보를 갖고 있다.

경영개발기업인 RHR 인터내셔널(RHR International)의 토머스 사포리토(Thomas Saporito) 회장은 많은 리더가 자신의 비전에 너무 사로잡힌 나머지, 다른 사람들이 그 비전을 믿지 않을 때도 그들의 이야기를 귀담아들으려 하지 않는다고 생각한다. 그가 코치한 포춘 100대 기업의 최고경영자는 야심찬 목표를 세웠지만, 그 목표에 대해 다른 사람들의 인정을 얻기보다는 전략 자체의 건실함에 더 초점을 맞췄다.

그는 이사회나 직원들이 그의 비전에 대해 어떻게 느끼는지 전혀 신경 쓰지 않았기 때문에 직원들의 낮은 동의율을 측정하지 못했다. 결국 그는 최고경영자 자리에서 물러나라는 요구를 받았다. 사포리토는 이렇게 지적했다.

"나와 작업했던 거의 모든 최고경영자들이 어느 시점이 되면 이런 문제로 비틀거린다. 그런 일이 생기면 나는 경영자는 올바를 때가 아니라 유능할 때 돈을 받는다는 사실을 그들에게 일깨워준다."[14]

맥스 드 프리 또한 이 주제를 잘 설명해주었다. 그는 조직의 모든 구성원이 전략을 이해하고 그 전략에 관여할 권리를 갖고 있다고 믿었다. 그는 다음과 같이 지적했다.

"훌륭한 커뮤니케이션은 단순히 의견을 보내고 받는 것이 아니다. 또한 단순히 데이터를 교환하는 것도 아니다. 최고의 커뮤니케이션은 사람들로 하여금 귀를 기울이게 만드는 것이다."[15]

그러나 드 프리는 리더라면 기업에 활기를 제공하고 그것을 유지해야 한다고 줄곧 인정했다.

"그 활기라는 것은 직원들의 삶과 일이 서로 뒤엉켜 있다는 느낌이며, 인식 가능하고 합당한 목표를 전진시키는 것이다. 그런 활기는 기업이 무엇이 되어야 한다는 명료한 비전과 그 비전을 완수시켜주는 세심히 숙고된 전략, 조직 내의 모든 사람들이 계획을 달성하는 데 참여하고 공식적으로 책임질 수 있게 하는, 신중하게 구상되고 전달된 지시사항과 계획으로부터 생겨난다."[16]

나폴레옹은 다음과 같이 표현했다.

"현실을 규정하고 희망을 심어줘라."

그 훌륭한 조언은 냉철한 경제 현실을 직면하고 해석하는 행위의 중요성을 인정하고(매스코의 머누지언은 그렇게 하지 않았다), 목적과 계획의 필요성을 강조하며 동기와 확신을 부여받아야 하는 팀원들의 인간적인 요구를 인정한다. 드 솔레는 자신의 새로운 목적을 중심으로 구찌의 병사들을 소집하면서 급속도로 달라지는 사업 환경에 대응하는 동시에 직원들에게 늘 최신 정보를 알려주었다.

그는 한 인터뷰에서 이렇게 말했다.

"나는 직원들에게 동기를 부여하고 그들과 소통하는 일을 매우 잘 했습니다. 나는 식당에서 모든 직원들이 우리가 무엇을 하고 있는지 알 수 있도록 이야기를 했습니다. 그리고 단호하게 직원들을 승진시키고 매우 어려운 결정을 내렸습니다. 나는 절제했고, 일을 제대로 해내야 한다는 압박감을 느꼈습니다. 그것은 변화를 만드는 끊임없는 과정이었습니다."

단호함과 유연함이 하나가 된 것이다.

암리트의 테일러는 자신의 팀과 전략을 짜는 일에 대해 열심히 이야기한다.

"그 작업은 깊게 잠수하는 일로 시작되지만, 그 뒤에는 전략적 대화로 계속 이어집니다. 토론은 솔직하고 막힘없이 이루어집니다. 문제가 어려울 때 이 점은 특히 중요합니다."

그는 여기까지 도달하는 데 시간과 노력이 필요했다고 덧붙인다.

"지난 10년 동안 우리는 많은 자존심과 권위를 포기해야 했습니다."

이제 그의 팀은 전략에 관해 공통의 언어를 사용한다. 그리고 오늘날 그것은 접착제와 같은 역할을 한다.

"우리는 매주 어떻게 해서든 전략과 관계된 대화를 나눕니다."

만약 기업의 리더가 전략에 관한 질문을 무시한다면, 조직과 조직 내의 모든 구성원들은 힘든 시간을 보낼 것이다. 만약 리더가 조직 내의 팀을 무시하고 그 전략을 명확히 전달하거나 다른 사람들의 의견을 듣거나 그들에게 한 배를 타자고 영감을 주지 못할 경우에도 결과는 나쁠 것이다.

그것은 전략가로서 당신의 전달 능력과 조직 내의 다른 사람들과 소통하는 능력이 당신의 성공에 결정적으로 중요하다는 의미이다.

전략은 과제가 아닌 생활이다

EOP 프로그램이 끝나갈 무렵이면 나는 수강생들에게 다음과 같은 조언을 제시한다.

"집으로 돌아가는 길에 비행기 옆 좌석 사람이 무슨 일을 하냐고 물으면 그냥 이렇게 대답하세요. '저는 조직의 목적을 지키는 수호자입니다.' 라고요.[17] 그러면 그 사람이 질문을 또 던질까봐 걱정할 필요가 없을 겁니다!"

EOP 프로그램 수강생들은 이 얘기에 항상 웃는다. 지금쯤이면 다들 그 뜻을 알고 웃는 것이다. 그들은 유머 속에 진실이 깃들어 있다는 점을 인정한다. 그들이 그 말 뒤에 숨어 있는 리더의 역할을 받아들이지 않는다면, 자신의 기업에서 본질적으로 중요한 무언가는 사라지고 말 것이다.

수천 명의 리더들과 일해온 나는 스티브 잡스 같은 사람들만 자신이 큰 공헌을 했거나 회사를 세우는 데 기여했다고 기뻐하는 것은 아님을 알게 되었다. 내 수강생 중 만족감을 맛본 사람들은 수십 억 달러 규모의 철강회사나 세계 일류의 소액금융기업을 이끄는 경영자에 국한되지 않았다.

부엌에서 출발하여 이제는 1,000명이 넘는 사람들을 부양할 정도로 성장한 양초 회사도, 가업 수준을 벗어나서 새로운 고객 집단을 상대로 새로운 가치제안을 제공하는 커피로스터 회사도, 3대를 이어 내려온 가업을 성장시킨 의약용품업체도 모두 만족감을 얻었다. 그 기업의 리더들은 모두 위기를 넘기고 새로운 거점을 찾아야 하는 지속적인 요구와 새로운 존재이유를 충족시키며 어려움을 이겨왔다.

부분적으로 이 리더들이 경험한 희열은 강력한 경쟁요인의 영향력을 더욱 세심하게 이해하게 된 창고보관업체의 경영자나 독점사업권을 철저히 재건하여 덜 부유하지만 규모가 더 큰 고객집단을 확보한 금융서비스네트워크의 소유주처럼 예상하지 못할 정도로 심각한 사업상의 문제들을 해결하려고 애쓰고 그 문제들을 더 큰 맥락에서 파악할 때 발생한다. 기업의 목적이나 방향을 가다듬었든, 그 모든 것에 어떻게 활기를 불어넣었든, 리더들은 과거보다도 더 기본적인 차원에서 기업의 미래를 해결하기 위해 애쓰고 있다고 말한다.

일부 경영인들은 그 자리가 요구하는 바에 대해 더욱 근본적인 깨달음을 얻게 되었다고 말한다. 그리고 과거에는 생각지 못했던 방식으로 기업의 미래를 형성할 수 있다는 가능성을 믿게 되었다고 말한다.

그리고 소수의 경영인들은 다른 것을 언급하기도 한다. 예전에 그들은 전략을 해결해야 할 일단의 문제로 생각했다고 한다. 실제로 학교와 현장 양쪽에서 이런 식으로 전략에 자주 접근한다. 하지만 이제 그들은 전략이 리더인 본인들의 생활방식이고 실생활로 실현해야 할 문제들이라 생각하고 있다.[18]

잉크포레스의 창업자, 미구엘 아길루즈는 자신이 어떻게 그 과정을 자기 것으로 만들었는지 이야기해준다. 그는 회사를 차렸을 때만이 아니라 시간이 지나면서도 회사가 경쟁기업들과 뚜렷이 다르기를 원한다.

"이제 막 다른 사람들과 달라지는 방법과 수단을 찾았습니다. 그게 바로 제가 하는 일입니다."

가끔 그는 하나의 전략을 실행하는 과정에서 새로운 아이디어를 만들어낼 때 회사 임원들과 논쟁을 벌이게 된다. 그들이 기어를 바꾸거나 잘 되고 있는 것을 바꾸길 꺼려하기 때문이다. 하지만 그는 대체로 내부적으로 일관된 전략이 기업에 승리를 안겨준다고 말한다.

이 리더들은 모두 최고의 자신을 일에 투자했다. 그들은 강렬한 목적을 알아보고 그 목적을 달성하기 위한 조직을 세웠다. 그리고 마침내 정말로 중요한 차별성을 만들어냈다. 그들은 그렇게 하는 과정에서 자신의 기업뿐 아니라 자기 자신에게도 의미를 부여했다. EOP 프로그램의 종강일을 며칠 앞두고 나는 수강생들에게 작고한 하버드대 철학과 교수인 로버트 노직(Robert Nozick)의 다소 특이한 논문을 읽어볼 것을 권한다.[19]

논문에서 노직 교수는 일상생활의 어려운 일과 잠재적인 외로움을 일종의 가상현실장치인 경험기계로 대체해볼 것을 제안한다. 단순히 경험기계의 프로그램을 짜서 기계를 작동시키면 자신이 바라는 것은 무엇이든 이룰 수 있는 세상이 가능하다고 생각하라는 것이다.

우리에게 준비된 경험만 있으면, 경험 그 자체를 선택하는 일 외에는 다른 결정이나 행동이 필요하지 않다. 말하자면 잠 못 이루는 밤이나 고통으로 손을 부들부들 떨고 괴로워하는 일이 없다는 얘기다. 그냥 그 기계에 들어가기만 하면 된다.

처음에는 이 기계가 매력 있어 보일 수 있지만, 그 제안을 받아들이려는 사람은 거의 없다. 사람들은 그런 상상 속의 현실이 많은 경험을 만들어내는 행동 자체에 참여하지 못하게 만든다는 사실을 깨닫는다. 여기에서 저기에 도달하는 과정이 항상 즐거울 수는 없고 결말이 항상 좋은 것은 아니지만, 그 일 자체가 그들의 것이고 그들 모습의 일부분이다. 노직은 이렇게 묻는다.

"자신의 현재 모습이 스스로에게 중요하다는 사실이 놀랍습니까? 왜 사람들은 자신의 모습이 아니라 자기 시간을 채우는 방법에만 관심을 가질까요?"[20]

EOP 프로그램 수강생들은 자기 인생을 돌아보면서 자신이 이제껏 살아온 과정과 그 과정의 독특함을 책임져야 한다는 사실이 마음에 든다고 말한다. 그들은 미리 프로그램으로 계획된 존재에서는 놓치게 되는 우연한 경험을 좋아한다.

잉그바르 캄프라드가 자기 제품이 배척당하고 완전히 새로운 경쟁방식을 낳은 폴란드식 해결책을 경험하지 않았으면 어땠을지 생각해보라. 그리고 도메니코 드 솔레가 곤란에 빠진 고객의 기업에 말려들지 않고 워싱턴에서 법조인으로서의 경력을 계속 추구했다면 어땠을지 상상해보라.

확실히 이런 경험은 프로그램에서 조정될 수도 있지만, 일단 누군가가 그런 경험을 상상해야 하고, 혹시나 상상한다고 해도 그 경험이 진짜가 아니기 때문에 실제로 그런 경험을 겪은 뒤 얻는 보람 또한 진짜가 아닐 것이다.[21]

물론 노직의 경험기계는 적어도 지금까지는 가공의 장치지만, 그 기계는 자신이 하는 일의 의미에 대해 깊이 생각해볼 수 있는 기회를 제공한다. 당신은 목적의식 없이 인생을 힘들게 살아가고 마지못해 시늉만 내면서 다른 사람들이 가는 길을 흉내 내다가 우연히 성공하여 보상을 얻는 사람들을 얼마나 많이 만났는가? 그들은 크게 성공할 수도 있지만, 그들의 성공에서 진정함은 거의 존재하지 않는다.

사르트르는 "사는 방법만 빼고 모든 것을 알아냈다."며 도전적인 주장을 펼쳤고, 시인 T.S. 엘리어트(T.S. Elliot)는 다른 각도에서 "우리는 경험을 했다. 하지만 의미는 놓쳤다."고 지적했다.

사진작가로 MBA 과정을 밟던 토니 데이펠(Tony Deifell)은 2002년에 이 문제에 큰 관심을 가졌다. 그는 몇몇 동기생에게 미국 작가, 메리 올리버(Mary Oliver)가 시 속에서 물은 "당신이 이 소중한 삶을 걸고 하려는 일이 무엇인가요?"라는 질문에 대답해 달라고 요청했다. 그들이 준 답변은 그들의 사진과 함께 하버드경영대학원의 '인물사진 프로젝트'의 기초가 되었다. 이 프로젝트는 이후 매년 개최되는 전통이 되었다.

나도 EOP 프로그램을 마치면서 학생들에게 올리버의 시를 들

여름날(The Summer Day)

누가 이 세상을 만들었을까요?
누가 백조와 검은 곰을 만들었을까요?
누가 메뚜기를 만들었을까요?
풀 밖으로 튀어 나와
내 손에 묻은 설탕을 먹고 있는 이 메뚜기 말입니다.
위 아래로 턱을 움직이는 게 아니라 앞뒤로 움직이며,
엄청나게 크고 복잡한 눈으로 사방을 주시하고 있는 이 메뚜기 말입니다.
이제 메뚜기는 창백한 앞다리를 들고 얼굴을 깨끗이 씻고 있네요.
그러고는 날개를 활짝 펴서 날아가버리네요.
난 메뚜기의 기도가 무엇인지 정확히 모릅니다.
어떤 식으로 세상에 관심을 보이고, 어떤 식으로 풀 속으로 떨어지고,
어떤 식으로 풀 속에서 무릎을 꿇고 있는지.
어떻게 한가하게 놀고 즐겁게 지내는지,
어떻게 들판을 산책하는지는 압니다.
내가 하루 종일 해왔던 거니까요.
말해보세요, 제가 달리 무엇을 했어야 했나요?
결국엔 모든 게 너무 일찍 사라져버리잖아요?
말해보세요. 당신이 이 소중한 삶을 걸고 하려는 일이 무엇인가요?

– 메리 올리버 New and Selected Poems (Boston : Beacon Press, 1992)

(Copyright 1992 by Mary Oliver. Reproduced with Permission.)

려주며 그들에게 '인물사진 프로젝트'를 방문해보라고 권한다. 전시회가 인생을 막 시작하는 사람들에게 초점을 맞추고 있지만, 나는 올리버의 질문을 30대, 50대, 70대가 돼서도 계속 묻는 것이 중요하다고 믿는다.

올리버의 질문을 제기하면서 내가 정말로 하고 싶지 않은 일은 '증인을 유도 심문하는' 것이다. 다시 말하면 전략가가 되는 일이 그 질문의 대답이라 생각하게 만들고 싶지는 않다. 당신이 감격에 겨워 그 시에 대답한 EOP 프로그램 수강생들과 비슷하다면, 여러분 중 많은 사람들이 그 연관성을 찾을 수 있을 거라 생각한다.

당신은 내가 30년 넘게 가르쳐온 MBA 학생들이나 기업 지도자들처럼 "우리 회사가 없으면 세상이 어떻게 될까?"만이 아니라 "전략가가 없다면 우리 회사는 어떻게 될까?"도 물어야 한다.[22] 만약 당신 회사에서 아무도 그 역할을 맡겠다는 사람이 없다면? 아무도 그 선택을 고려하지 않고 회사가 무엇이 될지 왜, 누구에게 중요할지 선택하지 않는다면? 아무도 회사가 특별히 무언가를 잘할 수 있게 만드는 경쟁우위의 시스템을 구축하지 않는다면? 어느 누구 하나 경계의 눈빛으로 멀리 내다보면서 회사를 감독하고 회사가 활력을 유지하고 앞으로 나가게 만들지 않는다면?

나는 이런 기업을 알고 있다. 당신도 알고 있다. 그런 기업은 세계 전역에 존재한다. 그들은 무슨 일이 일어나기만을 기다리는 듯 보이는 활기 없는 기업들이다.

그들은 직원들이 열심히 일은 하고 있지만 앞으로 나아가지 못하는 맥 빠진 기업이다. 그들은 터벅터벅 앞으로 나아가기는 하지만 결코 파문을 일으키지 못하는 기업이다. 그들은 시종일관하지 않으며 스스로에게 피해를 끼치거나 한 부서에서 하는 일이 다른 부서에서 하는 일을 해치는 그런 기업이다.

그런 기업은 대부분의 사람들이 진심으로 다니고 싶어하거나 거래하고 싶어하는 기업이 아니다. 그들은 차이를 만들어내는 기업이 아니다.

반대로 내가 함께 일해온 대부분의 기업 지도자들은 전략가의 역할을 진지하고 열렬히 받아들이게 되었다. 그들은 자기 기업이 하는 일과 기업의 존재이유에서 느껴지는 감동을 좋아한다. 그들은 자신이 이끌어가는 세상과 그렇지 않은 세상이 다를 거라는 생각을 마음에 들어한다.

리더인 당신이 전략가라는 중요하고 지속적인 역할을 무시하거나 과소평가한다면, 당신 기업에서 정말로 중요한 무언가가 사라지고 말 것이다. 전략의 중심에 있는 질문에 평생 동안 훌륭하게 대답한다면, 기업의 성공에 도움이 될 것이다. 그 질문에 제대로 답하지 못하거나 전혀 답하지 않는다면, 기업은 나아갈 길을 잃고 취약해질 것이다.

전략의 가장 진정한 의미 측면에서 볼 때, 활기 있는 전략을 명확히 밝히고 그런 전략에 신경을 쓰는 것은 인간적인 노력이라 할 수 있다. 기업의 모든 부분을 균형 있게 유지하면서 기업을 앞으로 나아가게 하는 일은 무척이나 어렵다.

재능이 뛰어나고 자신이 하는 일을 깊이 이해하고 있는 지도자라도 결국엔 제대로 일을 해내지 못하는 경우가 있다. 그들의 유산은 집사의 일이 얼마나 복잡하고 책임이 무거운지 제대로 알려주는 역할을 한다. 반면에 바로 이런 도전이 그 승리를 그토록 보람 있게 만든다.

| 특 별 부 록 |

리더들이 가장 궁금해하는 몇 가지 질문

전략가를 꿈꾸는 리더들에게 추천하는 책

저는 비영리조직을 운영합니다.
이 책에서 제시된 개념이 저와 얼마나 관련이 있을까요?

훌륭한 전략은 어떤 조직에게도 중요합니다. 전략의 중심에서 조직에게 중요한 차별성을 안겨주고 조직이 중요한 일을 특별히 잘 할 수 있게 해주는 것이 목표입니다. 이렇게 할 수 있는 전략을 가지는 것은 벤처기업뿐 아니라 비영리조직에도 똑같이 중요하지요.

비영리조직은 가혹한 경쟁을 안 해도 된다고 생각하거나 그런 조직이 일하는 방식이나 추구하는 가치는 다른 조직과는 달리 끊임없이 평가되지 않을 거라고 추측하는 것은 큰 잘못입니다. 상황은 정반대입니다! 이 분야의 경쟁도 다른 어떤 분야만큼이나 치열하고, 대부분의 비영리조직은 재원이 부족한 상태에서 더욱 빡빡한 예산 하에 운영되고 조직 자체와 고객, 그리고 그들의 활동에 자금을 제공해주는 사람들 간의 관계가 훨씬 더 산만하게 얽혀 있는 편입니다. 이 때문에 그만큼 더 명료함과 효율성이 요구되지요.

비영리조직을 이끌어가는 리더는 자신이 무엇을 하고 무엇을 하지 않을 것인지를 의미하는 조직의 목적을 제대로 이해해야만 합니다. 그리고 인색할 정도로 그 목적에 딱 맞는 조직을 세워야만 합니다. 이는 사람들이 최고의 조직에 요구할 수 있는 측정기준 또한 필요로 한다는 의미이기도 하지요. 이 모든 것이 당신이 이끄는 조직 모습의 일부분이 됩니다. 그러니 그것을 신중하게 연마하길 바랍니다. 그렇게 하면 당신의 조직은 더욱 강해질 뿐 아니라 조직의 이야기를 알아야 하는 모든 사람들에게 당신의 이야기를 전달하는 데 도움이 될 것입니다.

? SWOT 분석이 필요한 곳이 아직도 있습니까? 만약 있다면 어디입니까?

여전히 우리에겐 SWOT 분석이 절대적으로 필요합니다. 이 분석은 많은 정보를 취합해주는 영원한 도구들 중 하나이며, 시장에서 활동하는 한 명의 선수로서의 기업과 그 기업이 처한 경쟁 환경을 고도로 요약한 내용입니다. 그리고 당신이 당신의 목적을 가다듬고 전략을 세울 때 소중한 전후사정을 제공해줄 수 있지요.

SWOT 분석을 잘 모르는 분을 위해 설명하자면, 이 분석은 한 기업의 강점과 약점, 그 기업이 처한 환경에서의 기회와 위협요인을 알려주는데, 가끔은 다음과 같은 행렬을 이용합니다.

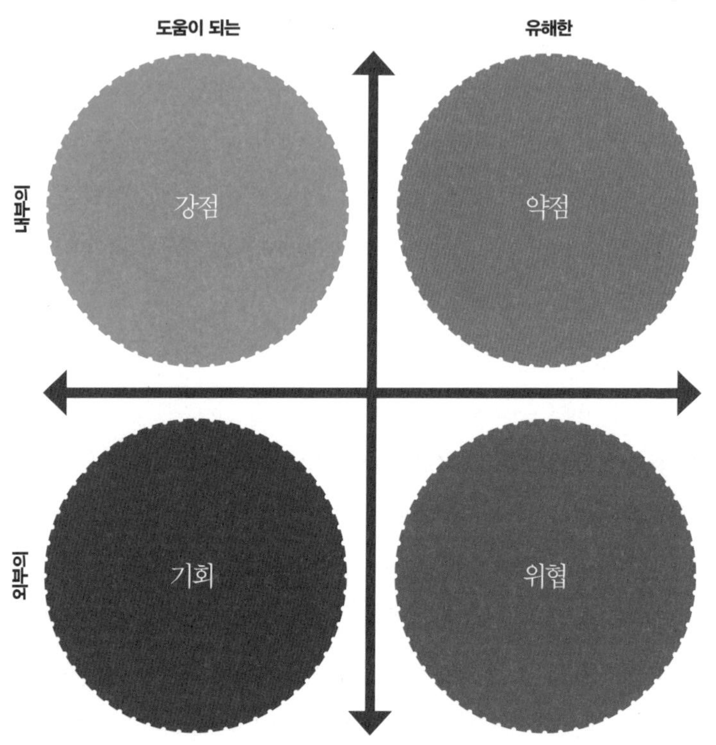

〈SWOT 분석〉

비전, 미션, 목적의 차이는 무엇입니까? 이 세 가지가 모두 필요합니까?

비전은 미래의 어떤 시점에 당신의 기업이 되었으면 하는 것입니다. 지역에서 활동하는 기업이 전국적으로 활동하는 기업으로 성장하기를 원할 수도 있고, 전국적으로 활동하는 기업이 세계적으로 경쟁하는 기업으로 성장하기를 원할 수도 있습니다. 혹은 제품 판매와 함께 서비스 사업을 시작하려 할 수도 있습니다. 어떤 비전이든 그것은 당신이 도달하고자 하는 곳의 미래상이며 분명 쓸모가 있습니다. 내 수업을 들은 어떤 최고경영자는 최근에 다음과 같은 조언을 받았습니다.

"당신이 마지막에 도달하고 싶은 곳을 그리며 시작하라."

미션을 담은 선언서는 사람들에게 각기 다른 것을 의미하며 너무나도 여러 가지 방식으로 사용되어왔기 때문에 그것이 무엇인지, 혹은 무엇이어야 하는지에 관한 명확한 인식이 없어지고 말았습니다. 매우 광범위하고 고상하기까지 하고 기업이 지역사회에 어떻게 기여할지에 대해 모호한 말로 설명하는 미션 선언서도 있습니다. 종종 기업의 실제 경제적 측면과 잘 맞지 않는 미션 선언서도 있습니다.

이런 혼동을 피하기 위해 나는 '목적'을 사용하여 기업이 처한 경쟁 환경에서 중요해질 수 있는 이유와 기업이 추가하는 가치, 그리고 기업이 존재하기 때문에 그 분야가 달라질 수 있는 이유를 규정합니다. 그 덕분에 미션은 처음에 의도했던 대로, 다시 말하면 기업의 '더 높은' 목적과 기업의 사회와의 관계를 이야기해주는 용도로 사용될 수 있습니다.

산업 분석은 어떻게 합니까?

일단 자신이 아는 내용으로 시작해도 많은 견인력을 얻을 수 있습니다. 팀을 소집한 뒤 업계에서 얻은 당신의 경험에 의존하여 다섯 가지 요인을 하나씩 차례로 다뤄봅니다. 사실을 확인하고 나면 그 사실들이 무엇을 의미하는지 생각해보세요.

"이 상황에서는 누가 강자인가? 그 이유는 무엇인가? 그 상황이 변하고 있는가? 변한다면 어떻게 변하고 있는가? 전체적으로 그런 경쟁요인 때문에 당신의 기업이 활동하고 있는 업종이 사업하기에 매력적인 분야가 되는가? 시장에서 더 매력적이거나 덜 매력적인 부분이 있는가? 특정 기업이 다른 기업들보다 더 낫거나 좋지 않은 포지션을 갖고 있는가? 당신 기업은 더 나은 포지션을 확보할 수 있는가?"

회사 밖에는 이 과정에서 당신에게 도움이 될 수 있는 관련 정보가 많이 존재합니다. 정부기관과 업계의 동업자단체는 사실과 통계치를 제공해주는 훌륭한 정보원이 될 수 있지요. 컨설팅업체나 S&P 같은 투자리서치 서비스에서 제작하는 업계조사서는 업계의 주요기업에 관한 애널리스트 보고서처럼 상세한 업계분석을 담고 있습니다.

지역의 공공도서관이나 대학도서관에서는 비교정보나 시장리서치 및 애널리스트 보고서, 최신 신문잡지기사 등을 제공하는 출판물과 데이터베이스에 접근할 수 있기 때문에 도움이 될 수 있습니다. 대표적으로 팩티바(Factiva), 후버스(Hoover;s), 렉시트넥시스(LexisNexis), 원소스(OneSource), 스탠더드앤드푸어스(Standard&Poor's), 톰슨(Thomson), 비즈니스 소스 컴플리트(Business Source Complete)는 특정 업종과 기업에 관련된 다양한 정보를 제공해주며 다수의 도서관에서나 회원가입을 통해 이용할 수 있습니다.

더 다양한 자료를 원한다면 다음을 참조해보길 권합니다.

"Finding Information for Industry Analysis," Jan W. Rivkin and Ann Cullen, Harvard Business Publishing, Note 708481, 2010년 1월 7일.

? 성공하기 위해서는 반드시 저원가 기업이 되어야 합니까?

아닙니다. 가치를 추가하는 방법은 여러 가지가 있고, 경쟁하는 방법에도 여러 가지가 있습니다.

역사적으로 보면 마이클 포터는 세 가지 일반적인 전략을 소개했습니다. 저원가 생산업자가 되거나 최고 가격으로 판매하는 차별화 기업이 되거나 매우 독특한 세분시장에서 경쟁하면서 원가가 높거나 낮은 생산업체가 되는 것입니다. 실제로 이 주제에 관해서는 무수하게 다양한 전략이 존재하며 성공을 거둔 많은 전략이 '순수하게 한 가지 전략'에 집중한 것은 아닙니다. 그럼에도 불구하고 일반적인 전략의 개념은 기업이 어떻게 가치를 추가하고 있는지, 그 과정에서 필요한 트레이드오프는 무엇인지에 대해 깊이 생각할 수 있게 만드는 유용한 인식을 제공합니다.

여러 집단의 경영자들을 만나본 나는 자신의 기업이 주로 가격으로 경쟁하는 저원가 생산업체라 주장하는 경영자는 비교적 드물다는 사실을 알게 되었습니다. 대다수가, 그리고 일부 기업은 자연스럽게 자기 기업이 차별화된 기업이라고 주장합니다. 그들은 그 맥락에서 스스로를 생각하고 설명하며 일부는 그것을 증명할 증거를 갖고 있습니다.

하지만 그들 중 상당수가 현혹시키는 그림을 그리고 그 그림에 맞게 모든 것을 갖추어놓지만, 정작 그 그림에서 그들의 '독특한' 가치를 인정해주고 그 가치에 대해 기꺼이 대가를 치르려는 고객은 빠져 있습니다. 그 독특한 가치를 얻어내려면 진정으로 '중요한 차별성'을 지닌 제품이나 서비스를 생산하고 판매할 수 있게 해줄 뿐 아니라 원가가 높아지더라도 당신과 당신 고객이 대신 무언가를 얻게 해주는 가치창출 시스템을 갖춰야 합니다.

성공한 다수의 중소기업들은 넓은 고객집단보다는 좁은 고객집단에 집중하고 사업영역을 엄격히 조이기 위해 신중한 선택을 내립니다. 이 덕분에 그들은 특정 고객 집단의 특이한 니즈에 모든 신경을 맞출 수 있고, 그 니즈를 특히 잘 충족시켜주는 가치창출 시스템을 구축할 수 있습니다. 그렇게 하면 그들은 넓은 영역에서 경쟁하는 일반적인 기업들로부터 두드러질 수 있고 고객 특유의 니즈를 충족시킴으로써 그들에게 더 나은 생활을 안겨줄 수 있습니다.

? 많은 기업들이 밀접하게 연결된 가치창출 시스템 없이도 그럭저럭 살아가는 듯 보입니다. 그 시스템을 회사의 최우선과제로 정해야 하는 이유는 무엇입니까?

훌륭한 시스템의 본질적 가치는 경쟁기업이 성공기업을 모방하려고 할 때 가장 쉽게 보일 것입니다. 이를테면 제조법을 알아내어 코카콜라를 만들 수는 있지만 코카콜라의 브랜드 인지도와 공급 및 유통라인, 가격정책까지 모방할 수는 없는 것이죠. 이런 것들은 그 기업이 오랜 세월 동안 닦아온 자원과 활동이기 때문입니다. 그것들이 밀접하게 연결된 시스템 안에서 함께 작동한다는 사실 때문에 성공기업을 모방하기가 훨씬 더 어려워지는 것입니다.

여러 해 전에 미국의 일부 투자자들이 스토르(STØR)라는 회사로 이케아를 모방하려고 한 적이 있습니다(아마도 O에 선을 그은 것은 스칸디나비아와 연관이 있음을 암시한 것으로 보임) 스토르는 이케아의 외형과 제품을 모방했지만, 처음에 잠깐의 성공을 거두었을 뿐 그 위치를 유지하지 못했습니다.[1] 스토르를 비롯한 여러 모방업체들은 오직 한 가지 경쟁우위만을 모방할 수 있었기 때문에 실패한 것입니다.

이케아 그룹 회장, 앤더스 달비그(Anders Dahlvig)는 이렇게 말한 적이 있지요.

"많은 경쟁기업들이 이것들 중의 한두 개 정도는 모방할 수 있습니다. 하지만 그들이 우리가 가진 것을 전부 만들어내려는 것은 어려운 일입니다. 우리의 저렴한 가격을 모방할 수도 있지만, 우리의 거래량과 글로벌 소싱(기업의 구매활동 범위를 범세계적 시야로 확대, 외부조달 비용의 절감을 시도하는 구매전략)도 필요합니다. 우리의 스칸디나비아 디자인을 모방할 수 있어야 하는데, 그것은 스칸디나비아 전통 없이는 쉽지 않은 일입니다. 그리고 우리의 플랫팩 유통개념도 모방할 수 있어야 하고, 매장과 카탈로그를 정리하는 방식이나 우리의 매장 인테리어 능력도 모방할 수 있어야 합니다."[2]

앞에서 여러 번 언급했듯이 성공 스토리는 서로 단단히 맞물려 있는 가치창출 시스템에 깊이 새겨진 강력한 목적으로부터 발생합니다. 그리고 다른 사람들이 모방하기 어려운 방식에서 발생합니다.

혼자서 전략을 개발해야 합니까? 아니면 팀과 함께 해야 합니까?

분명 당신의 팀은 전략을 개발할 때 한 부분을 담당해야 합니다. 하지만 많은 리더들은 6강에서 대략적으로 설명한 전략 훈련을 통해 먼저 혼자 작업을 시작하는 것이 유용하다고 생각합니다. 당신은 그 작업이 생각했던 것보다 훨씬 더 어렵다고 생각할 수 있습니다. 그리고 그 경험을 통해 당신은 그 전략 개발 과정을 알게 되어 회사에서 가장 어려울 수 있는 문제들을 파악하는 데 도움을 받을 수 있습니다. 그런 다음, 팀을 참여시키는 것입니다.

종종 팀은 기업의 전략 선언서를 작성하는 일로 작업을 시작합니다. 그런 출발은 괜찮지만 처음에 그 작업에 너무 많은 시간을 들이지는 않았으면 합니다. 일단 전략을 정하고 나면 일이 훨씬 더 쉬워집니다. 전략을 정하기 위해서는 기업의 목적을 정의하는 일부터 시작하세요. 이 시점에서는 표현에 너무 신경 쓰지 않는 게 좋습니다. 그리고 전략바퀴를 통해 바퀴의 살을 하나씩 처리해 나가는 겁니다. 이는 반복되는 과정으로 계속 다듬는 과정이 이어져야 합니다. 당신이 하는 일의 중요한 구성요소가 제자리를 잡고 나면, 목적을 다시 살핀 다음 전략바퀴로 돌아가세요. 목적과 그 목적을 지원하는 활동 및 자원을 매듭지었으면, 다시 전략 선언서로 돌아가는 겁니다. 이때가 되면 당신이 전달해야 하는 내용이 명확해질 것입니다.

? 그 과정에 얼마나 오랜 시간을 써야 합니까?

두세 달에 걸쳐 여러 차례 회의를 하는 것으로 충분합니다. 일부 정보를 놓치고 있다면, 직원들에게 그 정보를 찾아서 다음 회의에 가져오라는 임무를 맡기세요. 여세를 몰아 결론을 향해 나아가는 것이 중요합니다. 계속 의논만 하다 끝나버리는 기업들이 너무나도 많습니다. 의논은 그 자체로는 훌륭할 수 있지만, 전략은 선택의 문제입니다. 토론을 끝내는 것이 중요합니다.

? 그 과정은 민주적이어야 합니까?

팀의 도움이 있더라도 기업의 대표인 당신이 그 과정을 이끌어나가야 한다는 것은 분명합니다. 다른 사람들의 의견을 듣고 그들의 의견과 피드백을 반영하는 것이 중요하지만, 명확하고 강력한 방침이 자연스럽게 도출되지 않는다면 당신이 결정해야 합니다. 집단 의견으로 전략을 만들려고 노력하지 마세요. 합의에 의존한다면, 그리 야심차지 않은 결과가 발생할 수 있고 야심찬 열망이라기보다는 타협에 가까운 전략이 탄생할 수 있습니다.

그렇긴 하지만 8강에서 얘기했듯이 하나의 계획을 실행에 옮기려면 다른 관리자와 많은 직원들의 헌신과 지원이 필요하다는 사실을 처음부터 기억하는 것이 중요합니다. 토머스 사포리토는 경영자교육 프로그램을 시행하면서 이런 차원의 의견수렴 없이 앞으로 밀고 나가려 했기 때문에 실패한 최고경영자들을 너무나도 많이 만났습니다. 그는 이렇게 지적한 바 있습니다.

"최고경영자는 자신의 전략에 있어서 100퍼센트 옳을 수 있지만, 이사회나 임원진, 직원들이 최고경영자의 전략을 대폭적으로 지지하지 않는다면, 그의 전략이 100퍼센트 옳다는 사실은 중요하지 않다."[3]

? 우리 웹사이트에 전략 선언서를 게재하는 것이 위험하지는 않을까요?

경영자들은 이렇게 자주 묻습니다.

"경쟁자들이 우리가 하는 일을 알아내지 않을까요?"

실제로 당신이 누구인지, 무엇을 하는지가 당신의 고객에게 명확히 알려져 있다면, 경쟁기업에게도 확실하게 알려져 있을 것입니다. 이케아와 코카콜라의 경우처럼 자신이 하는 일을 정말로 잘하는 경우에는 모방이 힘들어지는 다른 장벽이 존재하게 됩니다.

구체적인 활동과 자원이 세세하게 밝혀져 있는 전략바퀴는 분명 내부의 작업문서입니다. 그러나 하나의 기업으로서 당신이 누구이고 왜 중요한지가 비밀이어서는 안 됩니다. 그것은 당신이 널리 알려야 할 사실입니다. 사내뿐 아니라 사외의 사람들은 당신의 기업이 세상에 무엇을 가져다주고 그것이 왜 중요한지 분명히 알아야만 합니다.

얼마나 자주 전략을 다시 논의해야 합니까?

상대적으로 안정된 환경에서는 커다란 변화가 자주 일어나지 않을 수도 있습니다. 하지만 공식적으로 전략은 1년에 한 번 정도 정기적으로 다시 논의해야 합니다. 이런 논의는 미미한 코스 조정이나 일부 요소들의 수정을 야기할 수 있고, 종종 당신이 이미 하고 있는 일의 효율성과 유효성을 크게 높여주기도 합니다. 내부에서든 외부에서든 빠르게 변화가 이루어지는 시기에는 이런 검토가 공식적으로 이루어지지 않거나 더 빈번히 이루어질 수 있으며 더욱 의미 있는 변화를 일으킬 수도 있습니다. 어떤 시나리오든 이런 검토가 시간을 투자할 만한 결과를 낳으려면 대담하고 철저해야 하며, 당신의 기업이 시장에서 어떻게 해내고 있는지와 개선을 위한 기회에 대해 거리낌 없이 논의하는 자리가 되어야 합니다.

공식적인 절차 외에 기업의 장기적인 번영과 생명력을 가장 많이 책임지고 있는 한 기업의 리더는 전략의 관점에서 한 기업에 발생하는 모든 일을 살펴야 합니다.

"이 사건과 활동, 기회, 위협은 우리에게 무슨 의미가 있는가? 그런 것들은 우리가 누구이고 왜 중요한지에 대해 무슨 얘기를 해주는가? 우리는 어떻게 반응해야 하는가?"

이런 참여는 일정표에 따라 이루어질 수 없습니다. 그것은 지속적으로 이루어지며 끊임없는 주의를 필요로 합니다.

이 책에서 다룬 개념과 기업들에 대해 더 많이 알고 싶은가? 다음은 내가 좋아하는 일부 자료이며 이 자료를 추천하는 이유도 함께 소개한다.

산업 분석

〈Competitive Strategy : Tech-niques for Analyzing Industries and Competitors〉 Michael E. Porter. 1980년 재판, New York : Free Press, 1998.

이 책은 산업분석을 다룬 마이클 포터의 대표작이다. 그는 이 책에서 업계의 수익성에 영향을 미치고 업계 차원의 수익에 큰 영향을 주는 다섯 가지 경제적 요인을 확인해냈다. 그는 각자의 업계에서 이 요인들을 분석하는 방법과 그 요인들의 영향력을 고려하여 기업의 포지션을 잡는 방법에 대해 이야기했다.

"The Five Competitive Forces That Shape Strategy," Michael E. Porter. Harvard Business Review, 2008년 1월 1일.

이 논문은 〈Competitive Strategy〉에서 더욱 상세하게 발전된 주요 개념을 간결하고 쉽게 제시해주었다. 이 주제를 한 차원 더 높이 조사하고자 한다면, 출발점으로 삼기에 좋은 논문이다. 더 깊이 파고들려면 〈Competitive Strategy〉를 직접 읽어라.

"What is Strategy?" Michael E. Porter. Harvard Business Review, 1996년 11월 1일.

포터는 일정한 활동이 요구되는 독특한 포지션을 만드는 것으로 전략을 설명한다. 그로 인해 기업은 트레이드오프를, 다시 말하면 무엇을 하고 하지 않을지 선택해야 하고, 기업이 하는 모든 활동에서 적합성이 요구된다. 내 강의를 듣는 관리자들은 이 논문이 영감을 불어넣어주는 동시에 실용적이었다고 말한다.

"Creating Competitive Advantage," Pankaj Ghemawat and Jan W. Rivkin. Harvard Business School Note, 9-798-062, Harvard Business School Publishing, 2006.

본래는 MBA 학생들을 위해 쓴 이 기본적인 수업 노트는 몇 가지 중요한 전략틀과 그것을 실제로 사용하는 방법을 간단하고도 신중하게 제시한다. 경영자 수강생들은 여기서 부가가치와 상대적인 원가분석의 양적 사례들이 특히나 유용하다고 생각했다.

〈Co-opetition〉 Adam Brandenburger and Barry Nalebuff. New York : Currency/Doubleday, 1996.

이 책은 전략가가 시장에서 기업의 상호작용을 철저히 생각할 때 게임이론이 어떻게 도움을 줄 수 있는지를 보여준다. 한 기업이 얻으면 다른 기업은 손해를 본다는, 경쟁에 관한 제로섬 관점에서 벗어나서 고객, 판매업체 등과 협력하여 더 많은 가치를 창출하는 협력적인 관점을 채택한다. 전략의 목표와 의도에 대해 생각하는 방식을 바꾸어놓을 수 있는 중요한 저서이다.

〈Blue Ocean Strategy : How to Create Uncontested Market Space and Make Competition Irrelevant〉 W. Chan Kim and Renee Mauborgne. Boston : Harvard Business School Publishing, 2005.

남과 다르다는 점은 훌륭한 전략의 특징에 속한다. 하지만 그 특징을 성취하는 방법과 다수의 기업과는 다른 포지션을 취할 수 있는 방법을 알아내는 일은 특히나 어렵다. 김위찬 교수와 르네 마보안은 이 문제를 진지하게 다루었다.

〈Creating Competitive Advantage : Creating and Sustaining Superior Performance〉 Michael E. Porter. 1985; 재판, New York : Free Press, 1998.

이 책은 업종 차원의 분석에 치중한 〈Competitive Strategy〉의 동반서이다. 책에서 포터는 개별 기업과 경쟁우위를 만드는 방법을 집중적으로 다루었다. 읽기 힘들지만 경쟁전략을 깊이 있게 다루고 싶은 사람들에게는 통찰력을 제시해준다.

경영과 리더십

〈Good to Great, Why Some Compa-nies Make the Leap… and Others Don't〉 Jim Collins. New York : HarperCollins, 2001.

종종 수업중에 기업 대표들을 상대로 좋아하는 경영서적을 조사하는데, 이 책이 1위를 차지한다. 왜 그 책을 그토록 특별하다고 생각하는지 물어보면, 그들은 전략적으로 옳은 일을 하는 것과 그 일에 딱 맞는 직원들을 동참시켜 그 일을 하게 만드는 과정이 균형 있게 이루어져야 한다는 짐 콜린스의 의견에 동조하기 때문이라고 말한다. 나 역시 같은 생각이다.

〈Leadership Is an Art〉 Max De Pree. New York : Currency/Doubleday, 2004.

맥스 드 프리는 기업을 이끌어가는 일, 특히 직원들을 기업의 미션에 참여토록 영감을 주는 일에 대해 자신 있게 글을 썼다.

기업의 소중한 자원을 파악하는 일

"Competing on Resources," David J. Collis and Cynthia A. Montgomery. Harvard Business Review, 2008년 7월 1일(원래는 1995년 7~8월에 발표됨).

경영자가 기업의 핵심 역량을 파악하려 할 때, 종종 길고 특징 없는 리스트를 작성한다. 이 논문은 특정한 종류의 자원을 소중하게 만드는 요인과 그런 자원이 전략의 일부분으로서 중요한 이유를 다루고 있다.

〈Chasing Stars : The Myth of Talent and the Portability of Performance〉 Boris Groysberg. Princeton, NJ : Princeton University Press, 2010.

직원이 우리 기업의 가장 소중한 자산이라고 거리낌 없이 말하려는 경영자는 이 책을 읽어야 한다. 저자는 연구를 통해 개별 직원들의 많은 기여를 인정하지만, 그 인재가 기업이라는 더 큰 시스템으로부터 동떨어진 부분이 아니라 그것의 일부분으로 간주되어야 하는 이유를 증명한다.

기술변화에 대한 대처

"Meeting the Challenge of Disruptive Change," Clayton M. Christensen and Michael Overdorf. Harvard Business Review, 2000년 3월 1일.

파괴적 기술에 관한 크리스텐슨의 연구는 지난 25년 동안 가장 영향력 있는 개념 중 하나로 간주된다. 이 논문은 그의 연구에 대한 훌륭한 도입부이며, 그의 다른 논문과 저서에 대한 언급이 포함되어 있다.

이케아

〈Leading by Design—The IKEA Story〉 Bertil Torekull. New York : HarperBusiness, 1998.

이 책은 잉그바르 캄프라드와 이케아 설립 과정, 그리고 이케아의 철학을 다룬 권위 있는 전기문이다. 스웨덴어를 다소 세련되지 못하게 번역했고 객관적인 면이 부족하지만, 이케아 설립자를 가까이서 볼 수 있는 기회와 함께, 종종 그가 직접 한 말을 통해 이케아에서 목적이 하는 역할에 대해 많은 정보를 제공해준다. 책에는 이케아의 지침이 되는 원칙을 자세히 설명한 '어느 가구상의 유언(A Furniture Dealer's Testament)'이라는 문서가 수록되어 있다.

구찌

〈The House of Gucci : A Sensational Story of Murder, Madness,

Glamour and Greed〉 Sara Gay Forden. New York : Perennial, 2001.

이 책은 너무나 기묘해서 소설처럼 느껴지는 한 가문의 사업과 무용담을 담았다. 책이 갖고 있는 오락적인 가치 외에 한 기업이 여러 세대를 거치다 보면 얼마나 쉽게 경로를 이탈하는지, 가족 간의 세력다툼이 기업 경영에 또 다른 차원의 어려운 문제를 안겨주는 이유를 설명해준다.

애플

〈Return to the Little Kingdom : Steve Jobs, the Creation of Apple, and How It Changed the World〉 Michael Moritz. New York : Overlook Press, 2009.

애플의 다양한 제품이나 애플의 발전 시기를 다룬 훌륭한 책은 많다. 이 책에서 마음에 드는 부분은 애플의 초창기 시절을 있는 그대로 보여준다는 점이다. 당시 애플이 정말로 어떤 모습이었는지, 어떤 부분이 성공하고 있었고 그렇지 않았는지 제대로 알려준다(애플을 다룬 모리츠의 첫번째 저서 〈The Little Kingdom〉은 1984년에 출간되었다). 이제 막 시작한 사업가들은 모든 것이 처음에는 얼마나 변변찮은지 알게 되면 감격스러울 것이다.

스티브 잡스의 스탠포드대학 졸업식 연설, 2005년 6월 14일

연설문 : news.stanford.edu/news/2005/june15/jobs-061505.htm.

영상 : www.youtube.com/watch?v=D1R-jKKp3NA.

'죽기 전까지 살아가는 방법'이라는 제목의 이 연설에서 잡스는 자기 인생에서 가장 중요했던 시점을 이야기했다. 이 연설만큼 영감을 주는 연설은 많지 않다.

| 저자의 당부 |

이 책에 소개된 사례와 이야기들은 하버드경영대학원의 종합적인 경영자 과정중에 이루어진 5년간의 교수 내용을 기초로 한다. 이 책에서 나는 그 과정을 실제와는 다르게 EOP(기업가, 기업 소유주, 사장) 프로그램이라 불렀다. 하버드경영대학원이 제공하는 다양한 경영자 과정에 대한 추가 정보는 www.exed.hbs.edu에서 찾아볼 수 있다.

경우에 따라서는 기업의 위치나 기업이나 개인에 대한 특정한 사실을 바꾸기도 했고 이전 학생들의 사생활을 침해하지 않도록 개개인의 경험을 뒤섞은 경우도 있다. 기업이나 개인의 이름이 드러난 경우에는 허락을 받았으며, 그에 동반되는 논의에 등장하는 상세한 내용은 출판을 위해 해당 기업들의 승인을 받았다.

어떤 경우에는 이 책에서 설명한 바와는 다른 방식으로 수업중에 사례를 제시하기도 했고, 이 책에서 제시된 사례와는 다른 사례를 이용하여 중요한 사항을 똑같이 짚어주기도 했다.

| 감사의 글 |

이 책을 쓰는 내내 〈허클베리 핀〉의 마지막 구절이 자주 생각났다.

"책 만드는 일이 이렇게 힘든 일인 줄 알았다면, 난 쓰려고 하지 않았을 거야."

이 책의 마지막 줄을 쓰며 그 과정을 되돌아보니, 이 책을 만드는 작업을 통해 만난 좋은 사람들 덕에 감동이 느껴진다.

재정적으로 지원해준 하버드경영대학원 리서치 부(部)와 내가 예전에 발표했던 논문의 일부분을 이용할 수 있게 허락해준 〈하버드 비즈니스 리뷰〉에 심심한 감사의 말을 전한다. 또한 최고경영자 교육 과정의 린다 아펠게이트, 재키 보거, 캐슬린 마라와 모건 홀의 캐시진 구스타프슨, 직원개발부의 이멜다 둔다스, 베이커 도서관의 크리스 앨런 등과 함께 일하게 된 데 대해서도 감사한다. 처음에 이 책을 위한 아이디어를 함께 검토해 준 새론 존슨과 데이비드 키론의 도움은 정말로 고마웠다.

나의 동료, 데이비드 요피의 구찌와 애플에 관한 사례연구는 나의 최고경영자 교육과정의 중심이었고 이 책의 5강과 7강의 출발점이었다. 하버드경영대학원과 특히 전략 팀의 지성인들은 내가 세상을 바라보는 방식과 나의 수업 내용에 지대한 영향을 미쳤다.

일단 이 책의 출간 작업이 시작되자 완전히 새로운 공동체가 등장했다. 훌륭한 출판 에이전시가 가치를 만들어내는 여러 가지 방법을 알려준 짐 레빈, 하퍼콜린스 출판사의 편집자로 내게 훌륭한 판단력을 보여준 홀리스 하임바우치, 거친 문장들을 능숙하게 고쳐준 찰스 버크, 다양한 제안서와 원고로 도움을 준 카렌 블루멘털, 켄트 라인백, 수잔나 마골리스, 리사 베이커에도 고맙다는 말을 전한다.

이 책을 쓸 동기를 부여해주고 전략가로서 그들이 자신의 기업에 얼마나 많은 것을 추가해주는지 깨닫게 해준, 전세계 기업 대표와 경영자들과 함께 일할 수 있어서 무한한 영광이었다. 자신들의 이야기를 내게 들려주고 내 이야기를 들어준 그들에게 정말로 고맙다.

정전이 됐을 때 집에서 항상 양초를 밝혀준 나의 남편, 버거에게도 감사한다.

| Endnote |

저자의 글

1. 이런 사고방식은 A.M 브랜든버거(A.M. Brandenburger)와 B.J. 네일버프(B.J. Nalebuff)가 쓴 〈코피티션〉(New York : Doubleday, 1996, p.47)의 내용에 영감을 받았다.

제1강 • 수업의 시작 |

지금 우리에게 필요한 리더십은 무엇인가?

1. Ronald A. Heifetz and Marty Linsky, 《Leadership on the Line》(Boston : Harvard Business School Press, 2002), pp. 53–54.

제2강 • 전략적 사고능력 테스트 |

당신은 전략가인가?

1. 이 논의는 Michael E. Porter, Cynthia A. Montgomery, and Charles W. Moorman, 〈The Household Furniture Industry in 1986〉, 〈Masco Corp (A)〉, and 〈Masco Corp (B)〉, Harvard Business Publishing, Boston, 1989에서 얻은 것이다.
2. 매스코는 수도꼭지 외에 배관부품, 욕조, 월풀 욕조, 건축용 철물, 통풍 및

환기 장비, 절연제품, 양수기, 무게 분배형 히치, 윈치, 사무용가구, 황동 기프트웨어, 플라스틱 식기를 만들었다.
3. Porter, Montgomery, and Moorman, 〈The Household Furniture Industry in 1986〉, pp. 1, 5-6.
4. 〈Wall Street Transcript〉, 1987년 8월 24일.
5. Masco Annual Report, 2001.
6. Joseph Serwach, 'Masco COO Follows Unit,' 〈Crain's Detroit Business〉, 1996년 5월 27일 p. 3.

제3강 • 패망의 분석 |
실패했다면 그 이유는 무엇인가?

1. Richard Farson, Management of the Absurd (New York : Free Press, 1997), p. 15.
2. Jennifer Reingold, 'The Masco Fiasco—The Masco Corp. Was Once One of America's Most Admired Companies; Not Anymore,' Financial World, 1995년 10월 24일.
3. 'Mengel Company (A),' Harvard Business School, 1946.
4. Michael E. Porter, 'Understanding Industry Structure,' Harvard Business School course note N9-707-493, 2007년 8월 13일.
5. 업계의 경쟁요인에 대한 이 논의는 〈경쟁전략〉(New York : Free Press, 1998)과 'The Five Competitive Forces That Shape Strategy,' Harvard Business Review, 2008년 1월 1일 등, 마이클 포터의 중대한 연구 내용에 크게 의존했다.
6. 대규모 표본 연구에 따르면, 경제 전반에 걸친 산업효과는 평균적으로 기업 실적의 분산에서 10-19퍼센트를 차지한다. 제조업의 경우, 산업효과

는 종종 10퍼센트 정도이고, 다른 부문에서는 산업효과의 영향력이 훨씬 더 크다. 도소매, 숙박/오락, 서비스 산업의 경우, 산업효과는 기업 수익률 분산에서 40퍼센트 넘게 차지한다. 농업/광업과 운송 부문에서 산업효과는 분산의 39.50퍼센트와 29.35퍼센트를 각각 차지한다. A. M. McGahan and M. E. Porter, 'How Much Does Industry Matter, Really?' 〈Strategic Management Journal〉, 1977 여름호, pp. 15–30.

7. 이 체제는 포터 덕분이다. 위 내용 참조.
8. 1999년 12월 16일, 크리스토퍼 바틀렛(Christopher Bartlett)이 잭 웰치(Jack Welch)를 인터뷰함. Harvard Business School Media Services, Tape No. 10095.
9. 워렌 버핏(Warren Buffett), Brainy Quote.com, 2011년 8월 15일 접속.
10. W. Chan Kim and Renee Mauborgne, 《Blue Ocean Strategy : How to Create Uncontested Market Space and Make the Competition Irrelevant》(Boston : Harvard Business School Publishing, 2005).
11. Reingold, 'The Masco Fiasco.'

제4강 • 성공의 절대요건 Ⅰ

당신은 어떤 목적을 갖고 있는가?

1. 'IKEA : How the Swedish Retailer Became a Global Cult Brand,' 〈BusinessWeek〉, 2005년 11월 14일.
2. Bertil Torekull, 《Leading by Design : The IKEA Story》(New York : HarperBusiness, 1999), p. 10. 원래 이 책은 1998년에 스웨덴어로 된 〈이케아 역사(Historien om IKEA)〉로 출간되었다..
3. Torekull, 《Leading by Design》, p. 10.
4. Torekull, 《Leading by Design》, p. 24.

5. 같은 책., pp. 148–49.
6. Robert McKee, 《Story》 (New York : HarperCollins, 1997), pp. 181–207.
7. Torekull, Leading by Design, p. 50.
8. 2010년 이케아 연차보고서.
9. Lewis, 《Great IKEA!》, p. 39.
10. Torekull, 《Leading by Design》, p. 228에서 인용함. Ingvar Kamprad, 'A Furniture Dealer' s Testament,'
11. 같은 책., pp. 228, 231.
12. 이 추정치는 2004-2009년에 해당되며 'IKEA : Flat-pack Accounting,' 〈The Economist〉, 2006년 5월 13일(2004년 거의 11퍼센트에 달하는 순이익률 추정) ; Kerry Capell, 'IKEA : How the Swedish Retailer Became a Global Cult Brand,' 〈BusinessWeek〉, 2005년 11월 14일(2005년 9.6퍼센트 순이익률 추정, 한 애널리스트에 의해 가구제품업계에서 최고의 기업이라고 설명되었다).; 'Ikea Forecasts 'Flat' Profits for 2010,' 〈Local〉, 스웨덴판, 2010년 2월 22일(2009년 순수익률 22.9퍼센트로 추정).
13. Rodd Wagner and James K. Harter, 《The Elements of Great Managing》(Washington, DC : Gallup Press, 2006), p. 117.
14. 마이클 포터는 전략에서 트레이드오프의 가치에 대해 설득력 있게 주장했다. 'What Is Strategy?' 〈Harvard Business Review〉, 1996년 11월 1일 참조(HBR Reprint 96608로도 이용 가능함).
15. Youngme Moon, 〈IKEA Invades America〉, Harvard Business School Publishing, 2004년 9월 14일, p5에서 인용한 이케아 비전 선언서
16. 이 부가가치 도표는 하버드경영대학원의 전략교수집단에 의해 개발되었고, 애덤 브랜든버거(Adam Brandenburger), 배리 네일버프(Barry

Nalebuff), 하본 스튜어트(Harborne Stuart)의 선구적인 연구내용에 기초하고 있다. A.M. Brandenburger and H. W. Stuart, 'Value-Based Business Strategy,' 〈Journal of Economics and Management Strategy 5〉(1996), pp. 5–24 참조. 애덤 브랜든버거의 충고를 기초삼은 나는 '지불 의사'라는 명칭에 필적하는 라인을 만들기 위해 도표의 맨 마지막 라인에 '공급 의사'라는 명칭을 부여했다(브랜드버거와 스튜어트의 논문에서처럼 '기회비용'이라고 부르지 않고). 이 개념은 A. M. Brandenburger and B. 《J. Nalebuff, Co-opetition》(New York : Doubleday, 1996)에서도 전개되었다.

17. 같은 책.
18. Moon, 'IKEA Invades America.'
19. Pankaj Ghemawat and Jan W. Rivkin, 'Creating Competitive Advantage,' Harvard Business School course note 798-062, 2006년 2월 25일, 2006, p. 7.
20. 이 멋진 질문은 Brandenburger and Nalebuff, 《Co-opetition》, p. 47ff에서 소개된 논고로부터 생겨났다. 위의 책에서 저자들은 무엇보다도 고전적인 영화인 〈멋진 인생(It's a Wonderful Life)〉을 다루면서 다음과 같이 물었다. '당신의 부가가치는 무엇입니까?'

제5강 • 가치창출 시스템의 역할 |

목적을 어떻게 현실로 바꿀 것인가?

1. 데이비드 요피(David Yoffie)가 다룬 구찌 사례를 통해 처음 구찌 이야기를 알게 되었다. 〈Gucci Group N.V. (A)〉, Harvard Business Publishing, Boston, 2001년 5월 10일. 이후에 그는 구찌에 대한 두번째 글을 썼다. 'Gucci Group in 2009,' 2009년 1월 14일.

2. Sara Gay Forden, 《The House of Gucci》(New York : Perennial, 2001), p. 251.

3. 구찌의 발전과정을 이런 식으로 설명하려는 구상은 데이비드 요피가 구찌 사례 연구를 위해 처음 세운 교수계획에서 도출되었다.

4. 'What Is Strategy,' 〈Harvard Business Review〉, 1996년 11-12월, p. 62에서 포터는 업계 최고의 기업을 확인해내기 위해 생산성 프론티어(Pro-ductivity Frontier)라는 개념을 소개했다. 프론티어 위에서 한 기업이 차지하는 특정한 위치가 업계 내에서의 기업의 포지션을 확인시켜준다. 만약 기업이 프론티어 밖에 위치한다면, 업계 내의 다른 기업에 비해 그 기업의 원가가 너무 높거나 제공되는 비가격 고객가치가 너무 낮음을 의미한다. 5강에서 이용된 도표는 포터의 연구결과에 의해 영향을 받았지만, 제목과 좌표축은 수정되었다.

5. Forden, 《The House of Gucci》, p. 119.

6. Luisa Zargani, 'True Confessions,' 〈Women's Wear Daily〉, 2006년 6월 5일, p. 30.

7. Forden, 《The House of Gucci》, p. 63.

8. 같은 책., p. 110.

9. 같은 책., p. 155.

10. David Yoffie, 〈Gucci Group N.V. (A)〉, Harvard Business Publi-shing, 2009년 1월 14일, p. 3에서 인용된 대로.

11. Forden, 《The House of Gucci》, p. 142.

12. Yoffie, 《Gucci Group N.V. (A)》, p. 7.

13. Forden, 《The House of Gucci》, p. 167.

14. 곧이어 그것은 마우리치오의 최후이기도 했다. 1년 반 뒤에 그는 전처가 고용한 청부 살인자에 의해 살해되었다.

15. 2010년 8월 10일, 저자의 드 솔레 인터뷰.

16. 같은 자료.
17. 같은 자료.
18. Yoffie, 'Gucci Group N.V. (A),' p. 9.
19. 같은 자료.
20. Forden, 《The House of Gucci》, p. 255.
21. 같은 책., p. 259.
22. Gucci.com, under Gucci history, 1990년대.
23. Credit Suisse First Boston Equity Research, 'Gucci Group N.V.,' 2001년 3월 9일, p. 3.
24. Lauren Goldstein, 'Style Wars,' 〈Time〉, 2001년 4월 9일.
25. Amy Barrett, 'Fashion Model : Gucci Revival Sets Standard in Managing Trend-Heavy Sector : Italian House Buffs Brand by Focusing on Quality, Exclusivity and Image—Hidden Costs of Cachet?' 〈Wall Street Journal Europe〉, 1997년 8월 25일.
26. Forden, 《The House of Gucci》, p. 185.
27. 같은 책., p. 142.
28. 2010년 8월 10일, 저자의 드 솔레 인터뷰.
29. Credit Suisse, 'Gucci Group N.V.,' p. 14.
30. 2010년 8월 10일, 저자의 드 솔레 인터뷰.
31. Credit Suisse, 'Gucci Group N.V.,' p. 10.
32. 2010년 8월 10일, 저자의 드 솔레 인터뷰.
33. 같은 자료.
34. Yoffie, 'Gucci Group N.V. (A),' p. 8.
35. 2010년 8월 10일, 저자의 드 솔레 인터뷰.
36. Porter, 'What Is Strategy?'
37. 2010년 8월 10일, 저자의 드 솔레 인터뷰.

38. Forden, 《The House of Gucci》, pp. 322–24.
39. 〈Wall Street Journal〉, 2003년 3월 6일.
40. 2010년 8월 10일, 저자의 드 솔레 인터뷰.
41. 'The Turnaround Champ of Haute Couture,' 〈Fortune〉, 1997년 11월 12일, pp. 305–6.
42. 포터는 'What Is Strategy?' 에서 이 주장을 설득력 있게 펼쳤다.

제6강 • 본격적으로 전략 수립하기 |
당신의 전략은 무엇인가?

1. 이 책에서 설명된 전략 연습, 특히 전략 선언서를 작성하는 부분은 고인이 된 내 동료, 마이클 G. 럭스타드(Michael G. Rukstad) 연구의 영향력을 입증해준다. 그 연구내용을 설명하는 사후발표 논문인 David G. Collis and Michael G. Rukstad's 'Can You Say What Your Strategy Is?'는 2008년 4월 1일에 〈하버드 비즈니스 리뷰〉에 발표되었다. 마이클과 나는 EOP 프로그램의 전략 연습의 첫번째 반복 과정을 함께 작업했다.
2. James Champy, 'Three Ways to Define and Implement a Corporate Strategy,' 2006년 7월 13일, 2011년 8월 31일 Searchicio.com을 통해 입수한 칼럼.
3. http://www.pg.com, 2011년 8월 31일 접속.
4. http://www.nike.com, 2007년 9월 22일 접속.
5. http://www.google.com, 2007년 9월 22일 접속.
6. ttp://www.bmwgroup.com, 2011년 1월 6일 접속.
7. Elzinga, Kenneth G. and David E. Mills, 'Leegin and Precompetitive Resale Price Maintenance,' 〈The Antitrust Bulletin〉 Volume 55, no. 2, 2010년 여름.

8. 같은 자료. Stephen Labaton, 'Century-Old Ban Lifted on Minimum Retail Pricing,' 〈New York Times〉, 2007년 6월 20일도 참조.
9. http://www.FourSeasons.com, 2007년 9월 22일 접속.
10. 'About the Economist Group,' http://www.Economist.com, 2011년 8월 31일 접속.
11. http://www.Doctorswithoutborders.org, 2011년 7월 12일 접속.

제7강 • 전략의 역동적 진화 |
전략가의 역할은 어디까지인가?

1. 데이비드 요피는 경영자들이 다양한 시점에서 애플과 컴퓨터 산업을 검토할 수 있도록 여러 해에 걸친 애플 사례연구를 연이어 제공했다. 예를 들어 〈Apple Inc in 2010〉, 〈Apple Computer, 2006〉, 〈Apple Computer in 2002〉, 〈Apple Computer 1995〉, 〈Reshaping Apple's Destiny—1992〉, Harvard Business Publishing, Boston 참조.
2. Michael Moritz, 《Return to the Little Kingdom》(New York : Overlook Press, 2009), p. 183. 1984년에 모리츠는 애플의 역사를 다룬 첫 저서인 〈작은 왕국〉을 출간했다.
3. Alan Deutschman, 《The Second Coming of Steve Jobs》 (New York : Broadway Books, 2000), p. 54.
4. Moritz, 《Return to the Little Kingdom》, p.194.
5. 같은 책., pp. 217-8
6. 같은 책., p. 242.
7. 같은 책., p. 257.
8. 같은 책., p. 276.
9. 같은 책., p. 206.

10. 같은 책., p. 268.

11. 같은 책., p. 304.

12. Jeffrey S. Young and William L. Simon, 《iCon》(Hoboken, NJ : Wiley, 2005), p. 80.

13. Owen W. Linzmayer, 《Apple Confidential》 2.0 (San Francisco : No Starch Press, 2008), pp. 77–78.

14. Lee Butcher, 《Accidental Millionaire : The Rise and Fall of Steve Jobs at Apple Computer》(New York : Knightsbridge, 1990), p. 174.

15. Young and Simon, 《iCon》, p. 70.

16. Linzmayer, 《Apple Confidential 2.0》, p. 154.

17. Moritz, 《Return to the Little Kingdom》, p. 332.

18. Linzmayer, 《Apple Confidential 2.0》, p. 157.

19. 같은 책., p. 158.

20. http://Jeremyreimer.com/postman/node/329.

21. Linzmayer, 《Apple Confidential 2.0》, p. 161.

22. Yoffie, 《Apple Computer, 2006》, p. 4.

23. Brent Schlender, 'Something's Rotten in Cupertino,' 〈Fortune〉, 1997년 3월 3일, p. 100.

24. Linzmayer, 《Apple Confidential 2.0》, pp. 263–9.

25. Joseph A. Schumpeter, 《Capitalism, Socialism and Democracy》(1943; 재판, Taylor & Francis e-library, 2003), p. 84.

26. Bear Stearns, 'Computer Hardware,' Equity Research, 2002년 7월.

27. Peter Rojas, 'Why IBM Sold Its PC Business to Lenovo,' 〈Engadget〉, 2005년 1월 1일.

28. Moritz, 《Return to the Little Kingdom》, p. 299.

29. 같은 책.

30. Linzmayer, Apple Confidential 2.0, p. 247에서 인용됨.
31. 같은 책.
32. Deutschman, The Second Coming of Steve Jobs, pp. 54–55.
33. Linzmayer, 《Apple Confidential 2.0》, p. 210.
34. Moritz, 《Return to the Little Kingdom》, p. 14.
35. Deutschman, 《The Second Coming of Steve Jobs》, p. 183에서 인용됨.
36. Linzmayer, 《Apple Confidential 2.0》, p. 212에서 인용됨.
37. Adam Lashinsky, 'The Decade of Steve,' 〈Fortune〉, 2009년 11월 23일, p. 95.
38. Linzmayer, 《Apple Confidential 2.0》, p. 292에서 인용됨.
39. 같은 책., p. 289에서 인용됨(원래는 1996년 2월 19일자 〈Fortune〉에 실림).
40. 같은 책., p. 176에서 인용됨.
41. Lashinsky, 'The Decade of Steve,' p. 95.
42. Deutschman, 《The Second Coming of Steve Jobs》, p. 249.
43. Linzmayer, 《Apple Confidential 2.0》, pp. 295–98.
44. Leander Kahney, 《Inside Steve's Brain》(New York : Portfolio, 2008), pp. 185–88.
45. Steven Levy, 《The Perfect Thing》(New York : Simon & Schuster, 2007), p. 51에서 인용됨.
46. Lashinsky, 'The Decade of Steve,' p. 96에서 인용됨. 원래는 2002년 초 〈타임〉지에 실림.
47. 'Ship of Theseus,' Wikipedia, 2011년 8월 19일 접속.
48. Levy, 《The Perfect Thing》, pp. 73–74.
49. 같은 책., p. 3.
50. Apple 10-K, 2010년 10월 27일에 정리됨, p. 81.

51. Jared Newman, 'Apple iCloud : What It Is, and What It Costs,' Today at PC World blog, 2011년 8월 2일 게시.

52. NPD Group Inc., 'Windows Phone 7 Off to a Slow Start in Fourth Quarter, as Android Smartphone Market-Share Lead Increases,' 보도자료, 2011년 1월 31일.

제8강 • 완벽한 전략가가 되는 법 |

전략가로 성공하기 위해 지금 무엇을 해야 하는가?

1. Heike Bruch and Sumantra Ghoshal, 《A Bias for Action : How Effective Managers Harness Their Willpower, Achieve Results, and Stop Wasting Time》(Boston : Harvard Business School Press, 2004).

2. S tephen R. Covey, 《The Seven Habits of Highly Effective People》, New York : Fireside/Simon & Schuster, 1989.

3. Richard Swedberg, 'Rebuilding Schumpeter's Theory of Entrepreneurship,' Cornell University, 2007년 3월 6일, p. 7.

4. Schumpeter, 1911, 같은 자료에서 인용됨, p. 7.

5. Swedberg, 'Rebuilding Schumpeter's Theory of Entrepreneurship,' p. 8. 이는 슘페터의 글을 스웨드버그가 설명하고 요약한 내용이다.

6. Seymour Tilles, 'How to Evaluate Corporate Strategy,' 〈Harvard Business Review〉, 1963년 7-8월.

7. Jean-Paul Sartre, 'Existentialism and Humanism,' 〈Basic Writings〉, Stephen Priest 편집(Florence, KY : Routledge, 2001), p. 42.

8. 같은 자료., p. 29.

9. Helmuth von Moltke, 《Clausewitz on Strategy : Inspiration and

Insight from a Master Strategist, Tiha von Ghyczy》 외 편집. (NewYork : Wiley, 2001), p. 55에서 인용됨.

10. Martha C. Nussbaum, 《The Fragility of Goodness : Luck and Ethics in Greek Tragedy and Philosophy》(Cambridge : Cambridge University Press, 2001), p. 59.
11. 같은 책., p. 80.
12. http://www.brainyquote.com.
13. Max De Pree, 《Leadership Is an Art》(New York : Currency/Doubleday, 2004), p. 100.
14. Thomas J. Saporito, 'Every CEO Needs an Executive Listener,' Forbes Leadership Forum, 2011년 7월 21일.
15. De Pree, 《Leadership Is an Art》, p. 102.
16. De Pree, 《Leadership Is an Art》, p. 18.
17. C. 롤랜드 크리스텐슨(C. Roland Christensen)과 케네스 R. 앤드류스(Kenneth R. Andrews), 조셉 L. 바우어(Joseph L. Bower)는 종합관리를 주제로 공동 저술한 《Business Policy : Text and Cases》(Homewood, IL : R. D. Irwin, 1973), pp. 16–18에서 최고경영자의 역할 중의 하나가 조직의 목적을 세우는 것이라고 설명했다. 나는 조직 목적의 수호자라는 표현을 더 좋아하는데, 이 표현이 목적을 공식화하고 실행하는 두 가지 면을 모두 포함하고 더욱 지속적인 책임을 의미하기 때문이다.
18. 이는 라이너 마리아 릴케(Rainer Maria Rile)가 그의 대표작 〈젊은 시인에게 보내는 편지(Letters to a Young Poet)〉에서 던져준 충고를 생각나게 만든다.
19. Robert Nozick, 'The Experience Machine,' 《Anarchy, State, and Utopia》(New York : Basic Books, 1974), pp. 42–45.
20. 같은 자료.

21. David Baggett and Shawn Klein, 《Harry Potter and Philosophy : If Aristotle Ran Hogwarts》(Chicago : Open Court, 2004),7장, 'The Experience Machine : To Plug In or Not to Plug In.' 이 논문은 적극적으로 사는 인생처럼 진정한 삶에 대해 이야기한다.
22. 4장의 주석을 참조. 당신 기업이 없으면 세상이 어떻게 될지에 관한 첫번째 질문은 브랜든버거와 네일버프의 책 〈코피티션〉에서 인용한 것이다.

리더들이 가장 궁금해하는 몇 가지 질문

1. 이케아는 자사의 외형과 제품을 모방하려는 고의적인 시도에 너무 화가 나 스토르를 상대로 소송을 걸어 일부 영업을 바꾸도록 강제했다. 머지않아 스토르는 수익을 낼 수 없게 되었고 결국 이케아에 도움의 손길을 뻗쳤다. 이케아는 1992년에 스토르를 인수했다.
2. Christopher Brown-Humes, 'An Empire Built on a Flat-Pack,' FT.com, 2003년 11월 23일, p. 1.
3. Saporito, 같은 자료., "Every CEO Needs an Executive Listener."

SPECIAL
REPORT

MCKINSEY QUARTERLY

JULY 2012

전략가는 기업을 어떻게 이끌어가는가

How strategists lead

하버드경영대학원 교수 신시아 A. 몽고메리는 최고경영자를 대상으로 강의를 하며 전략적 리더가 기업에 안겨줄 수 있는 특별한 가치에 대해 배웠다. 여기서 그 가치를 되새겨본다.

7년 전 나는 하버드경영대학원의 전략 관련 수업을 개편했다. 25년 가까이 MBA 학생들을 가르쳤던 나는 기업주와 CEO들을 대상으로 하는 하버드의 주력 프로그램을 맡게 되었다.

경영자 교육으로 수업의 중심을 바꾸자 전략을 가르치는 방식도 달라졌다. 나는 경영자들, 심지어 노련한 경영자들마저도 자주 실수를 저지른다는 사실에 놀랐다. 예를 들어 그들은 새로운 사업의 잠재력에 너무 혹한 나머지 경쟁이 극심한 혹독한 현실을 과소평가하거나 전략과 실행이 밀접한 관계가 있음을 간과하고 만다.

또한 나는 (기업에서 이사와 고문으로 일할 때뿐 아니라) 학기중에 교육 참가자들과 나누는 대화를 통해 분석이 한계를 갖는다는 점,

기업을 재창조함에 있어 준비가 중요하다는 사실, 그리고 전략에 대해 지속적인 책임을 져야 한다는 것을 알게 되었다.

이 모든 깨달음은 전략가의 역할, 즉 기업의 의미를 만들고 이성적으로 움직이고 기업을 운영하는 것과 관련이 있다. 전략가의 역할이 이렇게 많고 그 역할들이 서로 밀접하게 연결되어 있다는 점은 전략이 객관적이고 냉철한 작업 이상의 것임을 강조해준다. 분명 분석은 도움이 되지만, 그로 인해 전략 그 자체가 기업에 활력을 불어넣는 강력한 핵심이 될 수 있는 것은 아니다.

의미 창조자로서의 전략가

나는 고위 경영자들에게 '전략'이라는 말에서 연상되는 단어 3개를 적어보라고 했다. 그들은 모두 109개의 단어를 적어냈는데 '계획, 방향, 경쟁우위'라는 단어가 가장 많이 나왔다. 2,000건 이상의 응답 중에 사람과 관련 있는 답은 단 2건뿐이었다. 하나는 '리더십'이었고 다른 하나는 '선견지명'이었다. 전략가를 언급한 사람은 아무도 없었다.

나는 4년 전 〈하버드비즈니스리뷰〉에 발표한 논문과 그 논문에서 발전한 신간 《당신은 전략가입니까》에서 리더와 전략가의 관계를 경시하거나 전혀 알아채지 못하는 인식의 위험성에 대해 지적하기 시작했다.[1] 결국 어떤 조직의 미래상과 함께 그 조직이 누구에게 왜 중요한지를 규정하는 일은 리더의 핵심적인 역할이다. 전략적 관점을 유지하고자 하는 리더는 이 기본적인 과제에 직면할 각오가 되어 있어야 한다. 아마도 명확히 규정된 시장에서 활동하고 특정한 경쟁 환경에 적합한 비즈니스모델을 구축한 단일 사업 기업은 쉽게 그 과제와 자주 마주할 것이다. 하지만 나의 경험에 비춰보았을 때, 이 과제는 다각화된 다국적기업의 최고경영진에게도 동일하게 해당된다.

기업 전체를 각 부분의 합보다 더 크게 만드는 것은 무엇일까? 그리고 기업의 여러 시스템과 절차는 그 집단 안에서 어떻게 사업에 가치를 더해줄까? 노벨경제학상 수상자인 로널드 코스는 그 문제를 다음과 같이 정의했다.

"이것은, 기업의 크기를 결정하는 힘들을 연구하는 것이 과연 가능하느냐가 제기된 물음이다. 기업가는 왜 거래를 한 건 덜 하거나, 또는 한 건 더 추진할까?" 이 물음들은 대략 다음과 같은 물음들과 같다. 이렇게 추가된 거래의 층들이 복합기업의 존재를 정당화하는 것일까? 만약 그렇다면 왜 시장에서는 (이런 기업가들의 역할이 없이) 그런 거래들이 자동적으로 추진되지 못할까? 기업의 스토리에 더 중요한 무언가가 있다면 그것은 무엇인가?

전략이 하나의 학문으로 자리잡게 된 지난 30년 동안 우리는 이 근본적인 질문들을 방치해왔다. 이제 우리는 그 질문들을 다시 생각해야 한다. 기업의 정체성과 관련된 중요한 결정을 내려야 할 사람은 바로 기업의 리더, 즉 의미를 만들어내는 전략가다. 그리고 "그게 아니라 이게 우리의 목적입니다. 우리 고객이 우리가 없는 세상보다는 우리가 있는 세상을 선호할 이유는 바로 이것입니다."라고 말할 사람은 바로 리더다. 회사 안팎의 다른 사람들도 의미 있는 방식으로 도움을 주겠지만 선택을 하고 그 선택을 책임질 사람은 결국 리더다.

이성의 대변자로서의 전략가

기업을 새로운 방향으로 대담하게 이끌어가는 선견지명 있는 리더는 널리 존경받는다. 그리고 자신감은 전략과 리더십의 핵심이다. 하지만 자신감은 자만으로 발전할 수 있는데 이는 스스로를 행동지향적인 문제 해결자라고 생각하는 다수의 성공한 사업가나 고위 관리자들에게서 자주 발견되는 특징이기도 하다.[3]

수업을 받는 고위 경영자들에게 가구제조업에 진출할 경우의 장단점을 따져보라고 하자 그들의 지나친 자신감이 그대로 드러났다. 지난 여러 해 동안 베아트리체푸드, 벌링턴 인더스트리, 챔피언, 콘솔리데이티드 푸드, 제너럴 하우스웨어스, 걸프+웨스턴, 인터마크, 루드로, 매스코, 미드, 스코트 페이퍼와 같이 잘 굴러가는 유명 기업들이 높은 운송비, 낮은 생산성, 무너지는 가격, 더딘 성장률, 낮은 수익이 특징이었던 가구사업에서 돈을 벌려고 애써 왔다. 또한 가구업계는 상당히 분열되어 있었다. 일례로 1980년대 중반 시장에서 경쟁하는 제조업체는 2,500곳이 넘었던 반면 전체 판매의 80퍼센트는 400개 업체가 차지하고 있었다. 또한 대체상품도 많아서 고객의 주머니를 열기 위한 경쟁이 치열하다. 경쟁업체들끼리 혁신과 신기술을 훔치기가 쉽고 비효율성이 만연하며 극도로 제품이 다양하고 주문에서 배달까지의 시간이 길다는 점 등, 가구업계는 골치 아픈 문제투성이다. 소비자 리서치 결과에 따르면 미국의 성인 중 가구 브랜드 이름을 하나라도 아는 사람은 많지 않았다. 거기다 가구업계는 광고도 거의 하지 않는다.

내 수업을 듣는 고위 경영자들은 적어도 3명 중 1명은 이 도전에 겁을 먹는 대신 힘을 얻는다. 실제로 대부분의 경영자들은 도전이 있는 곳에 기회가 있다고 주장한다. 그들은 쉬운 사업이라면 이미 다른 기업이 기회를 잡았을 거라고 말한다. 그들은 이 기회가 돈을 벌게 해주는 것은 물론이고, 세분화되고 촌스러우며 혼란스러운 산업에 세련됨과 규율을 가져다줄 것이라고 생각한다. 앞에서 언급한 기업 목록에서 알 수 있듯이 내 수업을 받은 학생들만 이런 생각을 가진 것은 아니다. 여러 해 동안 훌륭히 운영되던 기업들이 성공을 기대하고 전문 경영인을 투입하여 업계를 재편하겠다는 의도로 가구사업에 뛰어들었다.

하지만 이후 그 모든 회사들은 가구업계를 떠났다. 이 사실은 당신의 업계에서 작동하고 있는 경쟁요인들이 당신 기업의 일부(어쩌면 많은) 실적을 결정한다는 점을 일깨워준다. 이런 경쟁요인들은 대부분의 개별 기업과 경영자가 통제할 수 있는 부분이 아니다. 그 요인들은 당신이 맞닥뜨려야 할 현실이다. 물론 한 기업이 업계의 경쟁요인을 절대로 바꿀 수 없는 것은 아니지만 대체로 그렇게 하기는 무척 어렵다. 전략가는 무엇이 경쟁요인들인지, 그 요인들이 경쟁의 장에 어떤 영향을 미치는지, 그런 환경에서 성공하기 위해 필요한 것들이 본인의 계획에 포함되어 있는지를 파악해야 한다.

중요한 것은 업계에서 '결정적인 차별성'을 확보하는 것이다. 기능보다는 패션에 의해 지배되는 가구산업에서는 부수적인 경쟁요인들에 맞설 수 있는 강력한 경쟁우위를 알아내는 것이 중요하다. 예를 들어 이케아는 업계의 경쟁요인들을 무시하지 않고 틈새시장을 만들어냄으로써 가구산업에 새로운 경제모델을 제시했다.

기업의 리더는 업계의 경쟁요인을 재편하겠다는 대담한 전략이 실제로는 그 요인들에 대한 무관심을 의미할 경우 이성의 대변자로서 행동해야 한다. 나는 지부장, 심지어는 최고경영자들까지도 경쟁요인을 성실히 파악하였음에도 불구하고 그것에 정면으로 맞서는 대신 몇 마디의 형식적인 지적만 한 후 재빨리 계획 수립 단계로 넘어가는 경우를 반복해서 보아왔다. 전략적 계획은 적나라한 사실들과 대면하기보다는 형식적으로 점검하고 넘어가는 행사에 가까워진 것이다.

운영자로서의 전략가

한 마디로 훌륭한 전략은 희망이나 이상에 근거한 것이 아니라 시장의 환경과 기업의 중심에 위치한 아이디어와 행동을 연결해주는 다리라 할 수 있다. 그 다리가 튼튼하려면 명료하고 현실적인 기초 위에 세워져야 하고 제대로 된 운영 감각이 필요하다. 학기 초마다 내 수업을 듣는 몇몇 수강생들이 전략과 실행 중 무엇이 더 중요한지 집단 토론을 해보자고 한다. 내 생각에 이것은 잘못된 이분법이다. 하지만 이런 잘못된 논쟁은 학생들 스스로 해결해야 한다는 생각에 그냥 내버려둔다.

그러고서 나는 강의 종강 즈음에 도메니코 드 솔레가 이탈리아의 대표 패션기업인 구찌 그룹을 이끌던 시기를 다루며 그 토론에 대해 다시 얘기한다.[4] 세무 전문 변호사로 활동하던 드 솔레는 1995년 구찌의 최고경영자 자리에 올랐다. 앞서 여러 해 동안 무절제한 라이선스 계약의 여파로 구찌의 매출은 곤두박질치고 손실액은 산더미처럼 쌓여갔다. 운동화, 카드, 위스키 등 총 2만 2,000개의 상품에 붉은색과 초록색 로고가 부착되면서 구찌는

'지나치게 노출되어 가치가 떨어진 브랜드'로 전락해 있었다.

드 솔레는 구찌의 향방에 대한 자신의 의견부터 말하지 않고, 대신에 관리자들에게 진행중인 사업을 면밀히 살펴본 후 무엇이 잘 팔리고 무엇이 팔리지 않는지를 말해달라고 요청했다. 그는 전략 수립에 대해 직감에 의존하지 않고 경험에 근거를 둠으로써 '철학이 아니라 데이터로' 문제를 해결하길 원했다. 그들이 제시한 데이터는 놀라웠다. 당시 구찌의 최대 성공작 중 일부는 소수의 최신유행을 따르는 계절상품이었고, 패션보다는 스타일을 중시하며, 평생 간직할 고전적인 상품을 선호하는 여성들, 즉 구찌의 전통적인 고객층은 구찌를 다시 찾고 있는 상황은 아니었다.

드 솔레와 그의 팀, 특히 톰 포드 수석디자이너는 수집된 데이터에 따라 디자이너브랜드 시장을 포기하고 중상류층, 즉 대중을 겨냥한 명품시장을 공략하기로 결정했다. 포드는 구찌의 가죽제품을 보완하기 위해 최신 유행을 따르는 독창적이고도 짜릿한 스타일의 기성복을 매년 디자인했고, 이는 주력상품이 아닌 인기상품으로서의 기능을 십분 수행했다. 유행을 더욱 강조하는 조치는 세상 사람들의 머릿속에서 그 모든 짝퉁 가방과 구찌 화장지를 지우는 데 일조했다. 이 전략은 구찌에게 새로운 브랜드 정체성을 선사했으며, 신규 고객들을 끌어들이고 그들로 하여금 높은 마진의 핸드백과 액세서리까지 구매하도록 할 만큼의 흥분과 관심을 불러일으켰다.

드 솔레는 새로운 패션 및 브랜드 전략을 뒷받침하기 위해 광고비 지출을 2배로 늘리고 매장을 현대적으로 바꾸며 고객지원도 업그레이드했다. 눈에 보이지는 않았지만 이 전략이 성공하기까지 구찌의 공급망 역시 큰 역할을 했다. 드 솔레는 가장 훌륭한 25개의 납품업자들을 선정하기 위해 토스카나의 뒷길로 직접 차를 몰고 갔다. 구찌는 그 업자들을 대상으로 물류 시스템의 효율성을 제고하는 동시에 재정적, 기술적 지원도 제공했다. 그 결과 원가는 절감되고 유연성은 증대되었다.

실제로 드 솔레와 포드가 한 일은 조직문화와 경영 부문은 말할 것도 없고 디자인, 생산 라인업, 가격 책정, 마케팅, 유통, 제조, 물류에 이르는 모든 것들이 서로 긴밀히 조율되고 일관성을 가지며 맞물릴 수 있도록 하였다. 그 결과 함께 작동하면서 서로를 강화시키는 활동과 자원의 시스템이 구축되었다. 이는 모두 유행을 선도하고 높은 품질과 바람직한 가격을 제공하기 위한 것이었다.

이런 가치창출 시스템은 일단 제대로 구축되면 그 장점이 확연히 드러난다. 하지만 시스템을 구축하는 과정이 항상 수월하거나 아름다운 것은 아니다. 그런 시스템에 내재된 결정들은 대담한 선택인 경우가 많다. 드 솔레는 구찌의 모든 프로세스에서 엄격히 상반된 두 개의 결과로 이어지는 결정에 직면해야 했다. 즉 결정들은 유행 선도, 높은 품질, 바람직한 가치창출로 이어지거나, 그렇지 못해서 원점으로 돌아가 결정사항들을 재고해야 하는 결과로 이어졌다. 전략가들은 그런 선택을 '결정적 선택행위'라고 부르는데 이는 기업의 현재 모습이나 기업이 바라는 미래상을 중심으로 조직이 상징하는 바를 반영한다.

이 강의의 마지막 시간에 나는 학생들에게 "어디서 전략이 끝나고 실행이 시작되나요?"라고 묻는다. 하지만 명확한 답변은 나오지 않는다. 어쩌면 그럴 수밖에 없을지도 모른다. 자연스럽게 실행으로 이어지는, 잘 구상된 전략만큼 바람직한 것이 어디 있겠는가? 그동안 수천 개의 기업과 일한 경험에 비춰보면 정말로 좋은 결과를 내는, 면밀하게 고안된 시스템은 지극히 드물다. 당신을 비롯한 기업의 모든 리더는 그런 시스템을 갖추고 있는지 스스로에게 되물어야 한다. 그리고 그런 시스템이 없다면 책임지고 만들어야 한다. 기업이 자기 자신과의 약속을 지켜내는 유일한 방법은 기업의 전략가들이 운영자처럼 생각하는 것이다.

결코 끝나지 않는 임무

전략적 모멘텀을 확보하고 유지하는 일은 서로 매일 뒤엉킨 존재로 살아가는 조직과 리더가 직면해야 하는 도전이다. 이는 오랜 시간에 걸쳐 내려야 할 여러 단계의 선택으로 구성된다. 물론 가끔은 한두 가지의 중대한 선택이기도 하다. 리더로서 일하다가 어느 시점에 이르러 기업의 전략을 극적인 방식으로 점검하지 않아도 되는 경우는 지극히 드물다. 때때로 그런 불가피한 상황을 통해 섬광과도 같은 깨달음의 순간을 맞이함으로써 기업과 기업의 목적, 잠재력을 새롭게 생각하게 되기도 한다. 나는 경영자들이 자신의 기업이 무엇을 하는지, 그리고 무엇을 할 수 있는지에 대해 새로이 개념을 정립하는 순간을 목격해왔다. 그런 깨달음의 순간은 영감을 주는 동시에 촉매제 역할까지도 한다.

때로는 극적인 방식의 재편 과정이 고통스러울 수도 있다. 기업이 추구하던 복잡한 사업들을 분해해야 하거나 기업의 목표 하나가 자연스럽게 사라지는 경우에는 특히 그렇다. 조직이 어떤 모습이고 무엇이 되기를 바라는지에 대해 고민해본 여러 소유주와 경영자들은 이 과제야말로 개인의 치열한 투쟁이자 자신이 해낸 일들 중 가장 어려운 일이었다고 고백했다. 그러나 이렇게 고백한 이들이 그 경험이야말로 인생에서 가장 보람 있는 시간이기도 했다고 말하곤 한다. 그 경험은 마치 한 기업을 부활시키거나 창조하는 것만큼의 해방감을 안겨줄 수 있다. 어느 최고경영자는 자신의 경험을 이렇게 설명한 적이 있다.

"나는 우리 회사와 직원들을 사랑합니다. 그리고 도전을 사랑하고 다른 사람들이 우리 제품으로부터 많은 이익을 얻는다는 사실이 기쁩니다. 그래도 나는 몇 년 뒤에 우리가 새로운 방향으로 향할 것을 알고 있습니다. 그리고 그것은 회사의 일부를 매각하는 것을 의미할 수도 있습니다. 시장의 경쟁이 너무 심해져서 과거만큼 마진이 남지 않으니까요."

그는 이 사실을 인정하면서 움찔했다. 그런 다음 그는 목소리를 낮추고 놀라운 사실을 덧붙였다.

"하지만 근본적으로 우리를 끊임없이 새롭게 하고 계속 나아가게 하는 것은 이런 변화입니다. 이런 변화가 고통스러울 수도 있지만, 나는 장기적으로 변신하지 않는 기업은 경영하고 싶지 않습니다."

1) 더 많은 내용을 보고 싶다면 Cynthia Montgomery, The Strategist: Be the Leader Your Business Needs, New York, NY: HarperCollins, 2012; and "Putting leadership back into strategy," Harvard Business Review, January 2008, Volume 86, Number 1, pp. 54–60 참조.

2) R. H. Coase, "The nature of the firm," Economica, 1937, Volume 4, Number 16, pp. 386–405.

3) 경영자의 지나친 자신감에 대해 더 알고 싶다면 John T. Horn, Dan Lovallo, and S. Patrick Viguerie, "Beating the odds in market entry," mckinseyquarterly.com, November 2005; as well as Dan Lovallo and Olivier Sibony, "The case for behavioral strategy," mckinseyquarterly.com, March 2010, and "Distortions and deceptions in strategic decisions," mckinseyquarterly.com, February 2006 참조.

4) 구찌 사례에 대해 자세히 알고 싶다면 Mary Kwak and David Yoffie, "Gucci Group N.V. (A)," Harvard Business Publishing, Boston, May 10, 2001 참조.

ISSUE 70/SPRING 2013

STRATEGY+ BUSINESS

선구자적인 사상가 인터뷰: 신시아 몽고메리

The Thought Leader Interview: Cynthia Montgomery

하버드경영대학원 전략부의 신시아 몽고메리 교수에 따르면
기업의 리더는 기업의 목적을 이야기할 때 더 훌륭한 전략가가 된다고 한다.
– 켄 파바로(Ken Favaro), 아트 클라이너(Art Kleiner)[1]

전략은 실행해야 할 계획이라기보다는 함양해야 할 마음 상태라고 생각할 때 장기적으로 성공할 가능성이 더 크다. 이는 하버드경영대학원 팀켄 교수이자 전략부 수장이던 신시아 몽고메리가《당신은 전략가입니까》에서 제시한 전제다.

이 책은 지난 5년간 그녀가 하버드경영대학원의 최고경영자 프로그램에서 수업한 내용, 그리고 여러 대기업과 작업한 결과물을 기초로 했다. 일례로 그녀는 보스턴 근처에 있는 비영리조직인 맥린 병원과 뉴웰 러버메이드, 유넘프로비던트를 비롯해 여러 뮤추얼펀드의 이사회 회원을 역임해왔다.

노던웨스턴대학교의 켈로그경영대학원과 미시간대학교에서도

비즈니스 전략을 가르친 몽고메리 교수는 1980년대 초부터 최고경영자 교육 분야에서 그리 알려져 있지는 않지만 격렬한 논쟁이 진행되어왔음을 감지했다. 논쟁의 한쪽은 비즈니스 전략의 '포지셔닝 학파'로, 산업변동과 경쟁우위를 분석하여 경쟁에 강한 포지션을 명확히 제시하는가 못하는가에 성공이 달렸다고 본다. 몽고메리가 이쪽을 지지한다는 사실은 대표적인 경제 경영 학술지에 발표된 다수의 논문을 비롯해 마이클 포터와 공저한 《전략: 경쟁우위 추구와 확보*Strategy: Seeking and Securing Competitive Advantage*》(하바드경영대학원 출판사, 1991) 등에 잘 드러난다.

논쟁의 다른 한쪽은 학계에 '기업의 자원기반 관점(resource-based view of the firm)'으로 알려져 있다. 이는 어느 누구도 따라올 수 없는 능력과 자산을 기르느냐 기르지 못하느냐에 따라 성공이 결정된다는 주장이다. 이 분야의 대표적인 이론가는 몽고메리의 남편이자 MIT슬론경영대학원 교수인 버거 워너펠트다. 몽고메리와 데이비드 콜리스는 〈자원 경쟁: 1990년대의 전략(Competing on Resources: Strategy in the 1990s)〉(〈하바드비즈니스리뷰〉, 1995년 7, 8월호)이라는 논문에서 자원학파의 이론을 다루었다. 이 논문은 〈하바드비즈니스리뷰〉 역사상 가장 많이 복사된 논문 중 하나였다.

몽고메리의 신작은 물론 전략가의 태도와 행동에 대한 지속적인 연구는, 이런 이분법을 넘어 기업의 리더가 전략가가 되는 것이 어떤 의미인지에 초점을 맞춘다. 몽고메리가 생각하는 비즈니스 전략가는 포지션이나 자원을 분석하는 사람이 아니다. 또한 적응력을 발휘하여 예측 불허의 운명에 반작용처럼 대처하는 사람도 아니다. 전략가는 기업의 목적에 관한 대화에 관여하는 사람이다. 기업은 그 대화 수준에 따라, 그리고 그 대화를 기업의 업무 결정에 이용하는 과정에 따라 성공하거나 실패한다.

2012년 11월, 우리는 이런 접근방식이 고위 경영자들에게 갖는 의미를 더욱 명확히 알기 위해 하버드경영대학원에서 신시아 몽고메리를 만났다(곧바로 그녀는 학생들의 실명이 포함된 일화를 게재할 수 있다는 허락을 얻었다). 이 인터뷰를 통해 우리는 많은 경영대학원이 앞으로 취하게 될 방향(포지셔닝 관점과 자원 관점), 진취적인 기업가와 관리자의 역할, 전략과 실행을 통합하여 '조직의 목적을 알아내고 실현하는' 단일한 학문 분야를 탄생시킨 과정을 이해하게 될 것이다.

S+B: 당신은 전략적 관점을 전적으로 받아들이는 리더는 전통적인 관리자와는 다르다고 지적했다. 그 이유는 무엇인가?

몽고메리: 대부분의 대기업에서 누가 전략을 담당하는지, 전략가가 대체로 조직의 어떤 부서에 속해 있는지 생각해보라. 전략은 최고경영자가 아니라 전문 부서가 담당한다. 물론 전략은 최고

경영자의 책임이라고 다들 말한다. 하지만 최고경영자가 책임지는 임무들 중 하나에 불과하다. 따라서 전략은 전문가의 영역이 된다. 기업은 외부 분석에 도움을 주고 경쟁기업들에 대해 철저히 조사하고 전세계 동향을 살펴보는 전문가에게 의지한다. 그 모든 작업은 실제로 엄청난 부가가치를 제공할 수 있다. 기초를 닦는 데는 확실히 도움이 되는 것이다.

그러나 이 모든 활동의 근저에는 어느 기업의 리더라도 결국엔 답해야 하는 근본적인 질문이 자리잡고 있다. '이 기업은 무엇이 될 것이고 왜 중요할 것인가?' 라는 질문이다. 이는 감정적이고 철학적인 문제가 아니라 비정한 경제적인 문제다. 나의 옛 동료인 애덤 브란덴버거가 지적한 대로, '세상이 왜 이 기업을 필요로 하는지, 그 기업이 사라지면 무엇이 달라질 것인지' 를 묻는 것이다.

그리고 리더는 그 문제를 딱 한 번 생각해보고 끝낼 수 없다. 그 질문은 기업이 존재하는 동안 매일 설득력 있는 답을 요구한다. 기업이 서서히 발전하고 시장과 고객이 발전함에 따라 타당한 답변이 필요하다. 그러한 지속적인 발전을 가능하게 하려면 전략을 이미 해결된 문제로 생각할 수가 없다. 가끔 극적인 변화가 발생하지만 대부분의 변화는 최고경영자가 중심에 버티고 있는 상태에서 서서히 발생하여 전개된다.

일부 최고경영자 과정에서 학생들에게 각자 회사의 전략을 설명해보게 한다. 그들 중 다수는 어떤 제품을 만들겠다는 목표를 정한 다음 문서로 적어놓으면 끝이라고 말한다. 그러나 거기서 끝이 아니다. 우리는 그 전략들을 비판하고 그들은 자기 기업의 전략을 변호하는 과정을 거친다. 놀라운 점은 나이키나 GE 같은 사례연구를 다룰 때는 방심하지 않고 훌륭하게 분석하던 사람들이 자기 회사에 대해 이야기할 때는 더듬거린다는 사실이다. 그들은 어떤 기업에나 적용할 수 있는 오래되고 일반적인 이야기만 늘어놓는다. "우리는 품질 면에서 1등 기업이기 때문에, 동급 제품 중에서 최고이기 때문에, 원가가 가장 낮기 때문에 성공할 것이다." 라고 말이다.

S+B: 또 똑같이 재미없는 얘기다.

몽고메리: 정말 그렇다. 전략이론을 머리로 이해하면서도 자기 기업에는 제대로 적용하지 못하는 리더가 많다. 리더가 중요한 문제들을 자기 것으로 만들어서 전략을 되살리는 데 필요한 트레이드오프, 선택, 책임, 행동 등을 더욱 명확히 파악하려면 직접 전략에 관여하는 수밖에 없다. 나는 경영자들을 가르치면서 다른 사람의 전략에는 높은 기준을 적용하면서 정작 자신의 전략에는 그렇지 못한 현실을 일깨워주려고 노력한다.

S+B: 당신은 수업에서 그 목표를 어떻게 달성하는가?

몽고메리: 나는 하버드에서 3년 과정으로 1년에 3주씩 180명의 소유주 경영자들을 대상으로 진행되는 수업을 맡아왔다. 세번째 학기가 되면 그들은 각자 자신의 전략으로 수업을 받는다. 먼저 그들은 자기 회사 직원들의 의견에 따라 전략을 작성한 다음 서로 발표한다. 이때가 되면 분위기가 정말 심각해진다.

대개 학생들은 특정 경험을 공유하는 8~10명의 그룹으로 나뉜다. 각 그룹의 멤버가 자신의 전략을 다른 멤버들에게 발표한 다음 그룹마다 하나의 전략을 선택하여 제출한다. 나는 우리가 함께 이야기해온 원칙들을 가장 훌륭하게 구현한 전략을 제출하라고 학생들에게 말한다. 두 번의 긴 수업시간에 10개씩, 총 20개의 전략이 제출되고 각 전략은 다른 그룹의 비판을 거쳐 전체 학생들에 의해 공개적으로 다루어진다. 수업은 몇 시간씩 이어지기도 한다. 학생들이 매우 유용한 지적을 아주 많이 해주기 때문에 이제는 최고전략상뿐만 아니라 최고비평상도 시상한다.

비평의 어조는 몇 년 전 베네수엘라 출신의 최고경영자인 잭에 의해 정해졌다. 프로그램이 2~3년 차에 접어들었을 무렵 우고 차베스 정부의 압박이 심해지면서 잭의 사업은 힘들어졌다. 명확한 성장전략이 없었기 때문이었다. 어쨌든 3년째 되는 해에 잭은 다시 수업에 참여했고 자신의 문제를 직접 제기한 덕분에 수업에서 중요한 인물이 되었다.

잭은 라운지에서 이루어지는 사전 수업에 정기적으로 참여했다. 종종 이 수업은 자정을 훌쩍 넘어서까지 계속되었다. 학생들은 그 자리에서 나를 비롯하여 관심 있는 사람들과 자신의 전략을 시험했다. 30~40명 정도가 참가하는 경우가 많았다. 잭은 매일 밤 내 옆에 앉았다. 그리고 전략을 발표하는 모든 사람들에게 똑같은 질문을 던졌다.

"당신은 어떤 독특한 일을 하고 있습니까?"

가끔 그는 내가 수업에서 하듯이 이렇게 말했다.

"내가 당신의 기업이 정말로 중요한 이유를 이해할 수 있도록 해주세요."

그리고 그는 그들이 철저하게 답변해줄 때까지 계속 질문을 던졌다. 그 수업이 끝날 무렵 모든 학생들은 그 질문들을 완벽하게 소화했다. 나는 이 과정이야말로 전략에 관한 대화에서 가장 중요한 부분이라 생각하게 되었다. 리더는 다양한 상황에 대비하여 아이디어를 테스트하면서 동료들과의 심도 깊은 대화를 통해 전략을 세운다. 이 프로그램을 통해 전략을 세우는 방법을 제대로 터득한 졸업생들은 리더의 자리에 돌아갔을 때 하버드경영대학원이 개발한 어떤 전략 계획보다도 많은 도움을 받을 것이다.

S+B: 잘 굴러가는 기업이라면 최고경영자 옆에서 잭처럼 계속 의

문을 제기해주는 고위 임원들이 있어야 한다는 얘기인가?

몽고메리: 그렇다. 그런데 요즘 많은 기업이 그렇지 않다. 기업 대표가 전략을 발표하지만 종종 시대를 지나치게 앞서가는 계획이 많다. 게다가 그는 동료들에게 질문을 많이 던지지도 않는다. 나는 회의에 참가한 관리자들이 서로에게 의문을 제기함으로써 게임의 수준을 높이는 모습을 보고 싶다.

전략은 문서에 불과하거나 연례행사가 되어서는 안 된다. 그것은 세상을 바라보고 경험을 해석하고 기업이 무엇이고 왜 중요한지에 대해 생각하는 방법이 되어야 한다. 공식적인 전략 계획 수립은 그 과정의 일부분일 뿐이다. 더욱 무거운 책임감이 계속적으로 필요하다. 나는 19세기 프로이센 출신의 위대한 군사 전략가인 헬무트 폰 몰트케의 말을 자주 언급한다.

"분명 총사령관은 파란만장한 사건에 흔들리지 않으며 자신의 위대한 목적을 계속해서 생각해낼 것이다. 하지만 그가 그 목적에 도달하기 위해 가는 길은 미리 확실하게 정할 수 없다. 그는 출정하는 내내 예측할 수 없는 상황을 기초로 연달아 결정을 내려야 한다. …… 베일에 가려진 듯 확실치 않은 상황을 통과하여 사실을 평가하고 미지의 것을 분명하게 하고 빠르게 결정을 내린 다음 그 결정을 힘차고 꾸준히 실행하는가에 의해 모든 것이 좌우된다."

이는 최고사령관의 임무일 뿐만 아니라 비즈니스 전략가의 임무이기도 하다. 그리고 결코 쉽지 않은 조율 행위로서 주기적인 일이 아닌 지속적인 책임이다. 안타깝게도 경영대학원에서는 전략을 그렇게 가르치지 않은 지 오래되었다.

최종 핵심 강의

S+b: 전략 수업은 어떻게 달라졌는가?

몽고메리: 1970년대에 내가 MBA 학생일 때 대부분의 대학에서 전략은 경영방침 및 일반경영이라 불리는 강좌의 일부분으로 가르쳐졌다. 전략은 마케팅, 재무, 생산, 조직행동을 배운 뒤에 마지막으로 듣는 최종 핵심 강의였다. 모든 부분 부분을 배운 학생들은 그것들을 종합해야 했다. 강의는 생각과 실천, 즉 전략 수립과 전략 실행을 결합했다. 주요 교재인 《경영방침*Business Policy: Texts and Cases*》(Irwin, 1965. 개정판, 1982)은 그 분야의 전설적인 학자들인 롤런드 크리스텐슨, 조지프 바우어, 케네스 앤드루스가 집필했다. 이 책의 1장 제목은 '회장의 관점'이었고, 또 다른 주요 장의 제목은 '목적의 달성'이었다. 지금도 나는 함께 수업하는 최고경영자들에게 이렇게 말한다.

"누군가 당신에게 밥벌이로 무슨 일을 하냐고 묻는다면 그냥 그 사람 눈을 쳐다보고 '난 조직의 목적을 세우는 사람입니다'라고 말하세요."

마이클 포터가 경쟁구조분석을 소개한 1980년대 초부터 다수의 경영대학원들은 전략에 대한 접근방식을 바꾸기 시작했다. 그 주제에 대한 포터의 강의는 폭넓은 인기를 얻었다. 그가 전략분석에 경제학을 접목시켰기 때문이다. 그런 변화는 그 자체로 정말 좋았다. 그로 인해 시대가 달라졌을 정도다. 내 연구도 그 뒤를 따랐다. 나는 대표본 통계분석을 이용하여 한 기업의 총수익률과 그 기업이 속한 산업의 평균수익률 간의 관계를 조사했다.

그러나 시간이 지나면서 경제학은 전략이 지닌 리더십의 특징에 집중하는 것을 방해하기 시작했다. 오래지 않아 다수의 유수한 경영대학원에서는 이론과 분석론에 전념하는 경제학자들이 전략을 가르쳤다. 당신이 이렇게 행동하면 당신의 경쟁업체들은 어떤 반응을 보일까? 한 산업의 구조적 특징은 경쟁적 행동을 어떻게 형성하는가? 모두 중요한 문제인 것은 확실하지만 전략은 점차 분석을 올바로 이해시키고, 해답을 제공하고, 다른 누군가에게 그것을 실행하게 하는 하나의 활동이 되었다. 그로 인해 전략가들은 전문적인 훈련을 받은 집단이라는 인식이 강화되었다.

오늘날에는 하버드에도 일반경영이라 불리는 강좌가 없다. 다른 경영대학원도 대부분 마찬가지다. 많은 학생들은 사업을 정하고 성장시킨 뒤에 진로를 바꾸고 다시 사업을 정하는 기업가 경영

강좌를 MBA 교과과정의 핵심으로 여기게 되었다. 하지만 기업가 강좌에서는 대기업 경영법을 가르치는 대신 기업을 창업하여 자금을 조달하는 법을 가르친다. 만약 대기업의 전략 수준을 향상시키고자 한다면 우리 경영학계는 스스로 파놓은 함정에 빠지는 상황을 피할 수 있어야 한다.

S+B: 최근 몇 년간 전략에 대한 전문적, 분석적 접근방식은 그 중요성이 감소하지 않았나?

몽고메리: 그렇다. 그런 접근방식은 2000년대 초부터 숨고르기를 시작했다. 최근에 나는 그 사실을 알 수 있었다. 《당신은 전략가입니까》를 알리기 위해 몇몇 강연 에이전트 회사와 이야기를 나누었다. 전략이라는 주제가 인기가 있을 거라는 생각에서였다. 그런데 내 예상과 달리 그들은 나를 혁신이나 변화관리 전문가로 소개하겠다고 말했다. 그들이 내 책에 관심을 보인 이유는 전략이라는 주제 그 자체 때문이 아니라 내 책이 기업 리더들에게 있어 전략이 갖는 의미가 무엇인가에 초점을 맞췄기 때문이었다.

그들과의 논의를 통해 나는 전략이 활력, 즉 영민함을 크게 잃고 말았다는 사실과 함께 우리가 전략을 새로운 방식으로 받아들여야 한다는 점을 깨달았다. 나는 다른 학자들도 그런 가능성을 알아보고 있다고 생각한다. 예를 들어 하버드경영대학원 설립

100주년을 기념하는 전략 컨퍼런스에서 우리가 정한 주제는 '전략에 리더십을 다시 돌려주자'였다.

S+B: 분석적 접근방식의 한계를 직접 깨달은 때는 언제인가?

몽고메리: 최고경영자 수업을 통해 많은 것을 깨달았다. 전략을 이용하여 각자의 기업에서 강력한 변화를 이끌어낼 수 있는 관리자들과의 수업이 도움이 됐다. 밤늦게까지 수많은 대화를 나누면서 그들이 직면한 문제와 그들의 열망에 대해 많은 것을 알게 되었고, 아무도 앞으로 나서지 않는 기업에 무슨 일이 일어났는지를 알 수 있었다. 실존주의 철학자 장 폴 사르트르는 '선택의 용기'에 대해 말하면서 선택이 단순히 지능과 관련된 것이 아니라 용기가 필요한 문제임을 알고 있었다.

전략을 다룬 책들은 그런 문제를 언급하지 않는다. 또한 다른 사람들을 어떻게 참여시킬지, 선택을 내리는 책임자로서 어떻게 행동해야 할지도 거의 언급하지 않는다. 《최고경영자 승계의 진실*Inside CEO Succession: The Essential Guide to Leadership Transition*》(Wiley, 2012)을 공동 저술한 토머스 사포리토는 자신의 전략이 옳다고 확신하고 이 정도면 타인의 지원 없이도 충분히 이겨낼 수 있다고 생각했기 때문에 실패한 최고경영자들의 이야기를 들려주었다. 그는 "최고경영자는 옳다고 해서 돈을 받는 것이 아니다. 그들은 유능해야 돈을 받는다."는 사실을 일깨워주었다.

나 역시 기업의 대표들과 일하면서 창의성이 전략에서 얼마나 중요한지 알게 되었다. 전략을 잘 세우려면 머리 전체, 즉 직감과 분석 기술이 모두 필요하다. 그런데 전략을 중심으로 발전해온 문화에서는 창의성이 아주 중요하게 여겨지지 않는다. 이런 점은 달라져야 한다.

S+B: 전략이 행동 지향적일 때 전략 작업은 어떤 모습을 보여주는가?

몽고메리: 당신이 기업 대표라고 치자. 당신에겐 어떤 사업을 할지 아이디어가 있다. 그것은 시작에 불과하다. 당신은 그 아이디어를 분명하게 설명하고 투자를 결정한 다음 사람들이 거기 생명을 불어넣을 수 있도록 조직 환경을 조성해야 한다. 그것은 경쟁우위의 시스템, 즉 그 목적에 맞는 비즈니스 모델을 구축한다는 의미다. 그 모델에서는 각각의 부분들이 조화를 이루고 전체가 각 부분의 합보다 크다. 그 모델이 제대로 구축된다면 하나의 개념은 활기 넘치는 아이디어로 바뀐다. 당신의 기업이 세상에 무엇을 가져다줄 것인지, 왜 중요할지, 당신이 어떻게 그 일을 해낼지 명료한 관점이 수립되는 것이다. 수많은 방법론은 조직 전체의 구성원

들에 의해 결정되겠지만 그건 조직의 중심에 명료함이 존재하지 않는다면 일어날 수 없는 일이다.

내가 《당신은 전략가입니까》에서 다룬 이케아 같은 기업을 보라. 이케아의 설립자 잉그바르 캄프라드는 1940년대에 자신의 생각을 명확히 밝혔다. 이케아는 모두가 구입할 수 있는 저렴한 가격에 실용적이고 세련된 가구를 제공하려 했다. 이케아 매장에 들어가보면 모든 세세한 부분들이 그 생각에 맞춰져 있음을 알 수 있다. 그것은 책상 위의 서류에만 담긴 내용이 아니라 이케아라는 기업에 생명을 불어넣는 에너지다. 그 생각을 중심으로 구축된 경쟁우위 시스템은 이케아의 가장 중요한 자원에 속한다. 이케아 그룹 회장을 지낸 안데르스 달비그는 다음과 같이 표현했다.

"많은 경쟁사들이 이것들 중 한두 가지는 모방하려고 할 수 있다. 하지만 우리의 모든 것을 만들어내는 것은 어려운 일이다. 예를 들어 이케아의 소싱 방식이나 플랫팩 유통개념, 매장과 카탈로그를 모방하지 않고는 가격을 저렴하게 매길 수 없다. 스칸디나비아식 가구 디자인도 스칸디나비아 전통 없이는 쉽지 않은 일이다."

S+B: 이케아는 기본적으로 단일 사업체다. 다각화된 기업도 아이디어를 중심으로 세울 수 있나?

몽고메리: 물론 그렇다. 내가 좋아하는 사례 중 하나는 애플이다. 스티브 잡스가 애플의 최고경영자로 돌아온 지 얼마 되지 않은 2001년에 맥월드 엑스포(Macworld Expo)에서 프레젠테이션을 했다. 그 자리에서 그는 PC가 세 가지 시대를 거쳐가고 있다고 이야기했다. 그는 생산성의 시대에 이어 인터넷의 시대가 왔고, 이제 디지털 허브의 시대가 올 것이라 주장했다. 그는 MP3플레이어와 휴대전화에 대해 이야기했다. 그리고 당시 카메라 총판매량에서 15퍼센트를 차지하던 디지털카메라가 몇 년 후에는 총판매량의 50퍼센트를 점유할 거라고 말했다. 그는 더 나아가 애플이 다수의 디지털 장비에 가치를 더해줄 것이며, 애플이 판매하는 컴퓨터가 그 디지털 장비들을 하나로 묶어주는 역할을 할 거라고 지적했다.

전략은 반작용적으로 아무렇게나 내린 조치로, 나중에야 이해되는 것이라고 주장하는 사람들이 있다. 하지만 이런 경우가 있다. 애플의 주가가 여전히 매우 낮았는데도 스티브 잡스는 미리 자신의 생각을 공개했다. 애플이 아이튠스, 아이팟, 애플스토어를 내놓은 후에야 그가 공개한 생각에 비춰 모든 것이 이해가 되었다.

S+B: 《당신은 전략가입니까》에서 당신은 사람들이 이 이야기를 듣고 "그래, 맞는 얘기야. 하지만 난 스티브 잡스 같은 천재가 아니야."라는 반응을 보인다고 지적했다. 훌륭한 전략가는 천재여야 하

는가?

몽고메리: 잡스는 오늘날 천재로 널리 칭송받지만 사실 내가 가장 인정하는 부분은 그가 실패를 경험했다는 점이다. 애플에서는 리사컴퓨터가 실패했고 애플에서 쫓겨난 뒤에 설립한 넥스트에서는 자존심이 망가지는 실패를 경험했다. 그 이야기를 철저하게 파헤쳐보면 그가 어렵게 성공을 거두었음을 알 수 있다.

나는 사람들이 기업의 리더로서 스스로 전략가가 되어 기업의 가치를 높인다는 생각이 왜 유별나게 여겨지는지 알고 싶다. 또한 나는 전략이란 하나의 아이디어를 훨씬 넘어서는 것임을 이해시키려 한다. 경영대학원에서는 가끔 이런 질문을 들을 수 있다.

"아주 완벽하게 계획된 훌륭한 전략을 갖고 형편없이 실행하겠는가, 아니면 제대로 구상하지 못한 전략을 훌륭히 실행하겠는가?"

여기서 요점은 항상 훌륭한 실행이 더 선호된다는 것이다. 적어도 약간의 성과를 안겨주기 때문이다. 하지만 본질적으로 이건 멍청한 질문이다. 자신이 성취하려는 것이 무엇인지 알지도 못한다면 어떻게 실행할 수 있겠는가?

자신의 전략이 성공할지 어떨지 모르기 때문에 실행을 선호하는 마음이 생길 수 있다는 점은 충분히 이해한다. 전략에 따라 극적이고 파괴적인 모험을 감수해야 할 경우 정말로 과감하게 그 전략을 계속해서 지지할 수 있겠는가? 솔직히 말하면 위험이 훨씬 적은 안전한 선택을 하면서도 신중하게 행동하기보다는 여전히 직감에 의존하는 기업이 많다.

더욱 중요한 점은 전략이란 오류가 전혀 없는 구상이 아니라는 점이다. 단일한 해답을 얻었다고 해서 다른 선택들을 영원히 배제할 수는 없다. 기업은 어떤 경쟁우위라도 무너질 수 있는 복잡한 시스템 안에서 활동한다. 스티브 잡스조차도 시간이 지남에 따라 보태고 빼기를 했다. 전략은 아직 확정되지 않은 살아 있는 것이다. 자신의 기업이 어떤 기업인지를 규정하는 일로 시작해야 한다. 하지만 그것이 제대로 작동하지 않는다는 점을 알았다면 조정이 필요하다.

일례로 우리는 구찌 그룹에 대한 데이비드 요피의 연구사례를 가르친다. 1980년대 구찌는 모조품과 고삐 풀린 라이선스 전략으로 인해 브랜드 자체가 거의 파괴되고 말았다. 구찌 설립자의 손자인 마우리치오 구찌가 회사를 제자리로 돌려놓으려고 애썼지만 고객들은 머뭇거리며 더디게 돌아왔다.

1993년 회사를 정상으로 돌려놓기 위해 도메니코 드 솔레라는 새로운 최고경영자가 영입되었다. 드 솔레는 바람직한 가격에 패션 지향적인 의류를 생산한다는 새로운 목표를 세웠다. 그리고 회사 내의 모든 활동을 그 목적에 맞게 재정비했다. 구찌는 살아남았는가? 그렇다. 구찌는 번창했는가? 그렇다. 하지만 구찌는 과거의 전성기와는 다른 기업이 되었다. 다른 이유 때문에 중요한 기업이 된 것이다.

비슷하게 이케아의 잉그바르 캄프라드는 사업을 시작하고 얼마 지나지 않아 스웨덴을 떠나야 했다. 기존의 스웨덴 가구업체들이 그의 저렴한 가격을 싫어해서 스웨덴의 부품 제조업자들을 상대로 그에게 납품하지 말라는 압력을 넣었기 때문이다. 그는 사업이 완전히 망할 수도 있다는 생각에 새로운 부품업체를 찾아 폴란드로 갔다. 결국 가격은 정도의 차이가 아니라 종류의 차이를 만들어냈다. 달리 말하면 이케아가 완전히 다른 비즈니스 모델을 채택하게 되었다는 얘기다. 캄프라드의 전략은 그가 순순히 사업을 재규정하는 작업을 받아들였기 때문에 발전할 수 있었다.

S+B: 그렇다면 전략의 핵심은 생기 있는 아이디어를 계속해서 개선하고 발전시키고 실행하는 능력을 키우는 것이라고 할 수 있나?

몽고메리: 일반적으로 그렇다. 그것이 이제껏 이야기해온 구상과 실행의 이분법보다 낫지 않은가? 그 방법이 계획을 그저 관리하는 것보다는 낫지 않은가? 당신과 함께 전략적 관점을 발전시킬 다른 관리자들에게 전달할만한 훌륭한 깨달음이 아닌가?

하지만 가끔은 그런 활기찬 아이디어 자체가 자연스럽게 수명을 다하여 더욱 급진적인 행동이 필요하다는 사실도 인정해야 한다. 그래도 문제는 똑같이 남아 있다. 세상이 이 기업을 필요로 하는 이유는 무엇인가?

전략가 교육

S+B: 미래의 최고경영자들과 시간을 보낼 수 있다면 관리자와 전략가를 구별해낼 수 있는가?

몽고메리: 그렇다. 전략가인 리더는 지금 하는 일뿐 아니라 그 일을 하는 이유도 명확히 알고 있다. 그는 수준 높은 실행이 거기서 시작함을 알고 있다. 경영자로서 운영자로서 아무리 성공했더라도, 제품혁신이나 제조공정이 아무리 훌륭하다 해도 유의미한 특징을 갖지 못한 기업은 유능해질 수 없다. 그리고 당신이 앞으로 나가지 못한다면 당신의 기업은 침체에서 벗어나지 못할 것이다.

당신은 시간이 지남에 따라 그런 기술을 익힐 것이다. 〈유능한 관리자의 기술(Skills of an Effective Administrator)〉(〈하버드비즈니스리뷰〉, 1974년 9월호)이라는 훌륭한 논문을 쓴 로버트 카츠는 다음과 같이 지적했다.

"직장생활을 시작할 때는 회계, 공학, 인사 등 기능적 기술에 능해야 성공한다. 다음 단계에는 사람들과의 관계가 좋아야 한다.

그리고 최고의 단계에서는 구상 능력이 필요하다."

여러 해가 지난 뒤 누군가가 그에게 여전히 그 말이 옳다고 생각하는지 물었다. 그랬더니 그는 그 설명을 더욱더 열렬히 지지한다고 말했다. 하지만 그는 그런 기술은 10대가 될 때까지 갖추지 못하면 아예 갖출 수 없다고 생각했다.

나는 다르게 생각한다. 나는 나중에 나이가 들어서도 그런 기술을 익힐 수 있다고 생각한다. 나는 그런 기술이 조직의 목적을 수립하고 더 나아가 관리하는 데 정말로 중요하다는 생각에는 동의한다. 공교롭게도 나는 밥 카츠와 같은 이사회에 소속되어 있었는데 그의 구상 능력은 놀라울 정도로 뛰어났다. 그는 그 능력이 행동과 밀접하게 연결되어 있을 때만 가치를 만들어낸다는 사실 또한 알고 있었다.

가끔 나는 새로 영입할 최고경영자의 기준을 정하도록 도와달라는 요청을 받는다. 그러면 항상 개념을 잡는 능력과 그 개념을 행동으로 바꾸는 능력이 결합되어 있어야 한다는 점을 강조한다. 일반적으로 나는 기업을 바꾸어놓은 사람들을 찾는다. 기업의 존재 자체와 그 기업이 중요한 이유를 다시 규정하고 비즈니스 모델을 재구축하여 성과를 올린 사람들을 찾는다는 얘기다. 기업을 이끌어가려면 단순히 회사 운영에 성공하거나 기존의 길을 그대로 따라가는 것보다 더 많은 일을 할 수 있어야 한다.

그리고 나는 다수의 최고경영자와 일하면서 그들이 조직의 의미를 만들고 고객들에게 정말로 중요한 목적에 모든 조직원의 노력을 쏟을 수 있어야 한다는 함을 깨달았다.

S+B: 전략 수업의 미래는 어떠한가?

몽고메리: 우리는 기업 리더들이 하나의 생태계처럼 문화적으로 연결되어 있다고 생각하기 때문에 단순히 대학 수업이나 경영 컨설팅 계약에서만이 아니라 그들끼리도 새로운 형태의 대화를 나누는 분위기를 조성하고 싶다. 우리는 새로운 전략적 가능성을 도출할 수 있는 여건을 마련해주고 사람들이 기업을 새로운 방향으로 이끌어가게 해주는 그런 대화를 시작하길 원한다.

우리 프로그램의 학생인 예그스 라미아는 남아프리카공화국에서 단기보험회사로는 최대 규모인 산탐(Santam)을 이끌고 있다. 산탐은 상품의 범용화가 심해지고 가격경쟁이 치열한 데다 제 살 깎아먹기 경쟁으로 업계의 수익성이 심하게 위협받는, 차별성이 거의 없는 업종에서 활동하고 있다. 더욱이 산탐은 95년 동안 그 사업을 해오면서 남아프리카공화국의 백인 집단을 주요 고객으로 삼는 보수적이고 비싼 업체로 인식되고 있었다. 앞으로 반드시 성공하려면 산탐은 성장하는 시장에 접근해야 했다. 모든 인종과 연령대의 관심을 끄는 동시에 점점 늘고 있는 중산층으로 세력을 확대해야 했다.

예그스는 브랜드의 포지셔닝과 특징을 다시 규정하고 기업의 로고와 시각적 정체성을 새롭게 정비하여 통합된 커뮤니케이션 및 마케팅 활동을 주도적으로 전개했다. 그녀는 기존의 규범에 이의를 제기하기 위해서는 단기보험을 다시 규정해야 한다는 사실을 깨달았다. 그녀는 보험이 하찮고 불필요하고 값싼 존재가 아니라 지속적인 가치와 실체를 갖춘, 중요하고 의미 있는 존재로 인식시킬 방법을 찾았다. 이는 위험을 관리하고 각자의 미래를 진지하게 준비하라고 남아프리카 사람들을 각성시켜야 한다는 의미였다.

예그스는 아카데미상을 수상한 배우 벤 킹슬리 경에게 자사의 시리즈 광고 내레이션을 맡겼다. 그중 한편에서는 벤 킹슬리가 식당에 서 있고 그 뒤에서 바텐더가 술을 섞으며 화면 안에 나타났다가 사라졌다를 반복한다. 그는 시청자에게 안대를 끼면 바로 자기 앞에 있는 것도 못 보고 넘어가기 쉽다는 것을 알려준다. 가장 저렴한 주택보험을 들면 중요한 디테일을 놓칠 수 있다는 의미였다. 그리고 그는 이렇게 말한다.

“내가 말하는 동안 플로이드의 유니폼이 네 번이나 바뀌었다면 어쩌시겠습니까?”

광고는 인기를 얻었고 사람들은 바텐더의 유니폼이 어디서 바뀌었는지 알아내기 위해 광고를 주의깊게 지켜보았다. 광고는 칸 국제광고제에서 동상, 클리오광고제에서 은상을 수상하는 등 여러 광고제에서 상을 받았다.

풍자적인 광고로 유명한 남아프리카의 대형 패스트푸드 체인점 난도스(Nando's)가 산탐의 광고를 패러디했다. 예그스는 무시하거나 고소하겠다고 위협하는 대신 동일한 광고대행사에게 새로운 광고를 맡겼다. 산탐의 새 광고에서 내레이터는 이렇게 말했다.

"평소 같았으면 우리는 화가 났을 것이다. 하지만 솔직히 말해 우리는 으쓱해졌다."

그런 다음 그 내레이터는 난도스가 많은 음식을 요하네스버그의 보육원에 보낸다면 그들의 몰지각한 행동을 눈감아주겠다고 했다. 난도스에 대한 산탐의 도발은 남아공 전체를 사로잡았다. 그 광고는 유튜브 조회 수가 25만 건이 넘었고 산탐은 인간적이고 진보적이고 현대적이며 점차 증가하는 고객 집단에 접근 가능한 기업의 본보기로서 명성이 자자해졌다. 산탐의 광고캠페인은 브랜드를 재탄생시켰고 덕분에 기업도 다시 태어났다.

그것이 바로 전략이다. 스티브 잡스가 애플에서 한 일도 그와 다르지 않았고, 앨프리드 슬론이 처음 헨리 포드에게 맞서면서 했던 일도 마찬가지였다. 어느 누구도 포드를 이길 수는 없었지만 슬론은 다른 모습의 자동차회사를 보여주었다. 정말로 훌륭한 전략은 주변부에서 발생하지 않는다. 충분히 발달하여 쇠퇴의 길을 걷고 있는 산업에서는 영속할 수 없을 뿐이다.

정말로 훌륭한 전략은 기업에 새로운 활력을 불어넣는다. 그리고 그렇게 하려면 용기 있게 회사에 맞설 사람들을 모아야 한다. "전략은 죽었다. 하지만 전략이 영원하길."이라고 말할 수 있는 사람들이 필요하다.

---

1)켄 파바로(ken.favaro@booz.com) 〈전략+비즈니스〉지의 객원 편집자이자 부즈앤컴퍼니(Booz&Company)의 시니어 파트너다. 그는 뉴욕에 근거지를 두고 부즈앤컴퍼니의 기업전략 및 재무 분야를 이끌고 있다. 아트 클라이너(kleiner_art@ strategy-business.com)는 〈전략+비즈니스〉의 편집장이다.

현재의 모습 그대로를 유지해서는
우리가 되어야 할 모습이 될 수 없음을
기억하는 것이 중요하다.

– 맥스 드 프리(Max De Pree), 허먼 밀러(Herman Miller) 최고경영자,
《리더십은 예술이다(Leadership Is an Art)》에서